西安楼观中国道文化展示区

“大道楼观”系列丛书

終南有仙真

CULTURE OF CHINA TAOISM

杨辉 著

陕西师范大学出版总社有限公司

西安曲江出版传媒股份有限公司

图书代号：SK11N1107

图书在版编目（CIP）数据

终南有仙真 / 杨辉著. — 西安 ：陕西师范大学出版总社有限公司，2011.12

（大道楼观系列丛书）

ISBN 978-7-5613-5844-3

Ⅰ. ①终… Ⅱ. ①杨… Ⅲ. ①道士－列传－周至县 Ⅳ. ①B959.92

中国版本图书馆CIP数据核字(2011)第221350号

终南有仙真

作　　者　杨　辉
责任编辑　焦欣波
文字统筹　张爱林　王玉民
封面设计　黑子设计
出　　版　陕西师范大学出版总社有限公司
（西安市长安南路199号　邮编 710062）
发　　行　西安曲江出版传媒股份有限公司
（西安市雁塔南路300-9号曲江文化大厦C座 邮编 710061）
网　　址　http://www.snupg.com　http://www.xaqjpm.com
印　　刷　陕西金和印务有限公司
开　　本　710mm×1020mm　1/16
印　　张　25
字　　数　270千
版　　次　2011 年 12 月 第 1 版
印　　次　2011 年 12 月 第 1 次印刷
书　　号　ISBN 978-7-5613-5844-3
定　　价　46.00

读者购书、书店添货或发现印刷装订问题，请与本公司营销部联系、调换。
电　　话：(029) 85458066　85458068（传真）

文化总顾问：任法融

总　顾　问：段先念

总　策　划：李　元

顾　　　问：杨书民　寇雅玲　刘俊青　樊大可　姚立军
刘　兵　李　平　任西安　陈共德　张印寿
王碧辉　刘武周

特邀专家

任兴之　樊光春　刘学智　谢扬举　陈法永　杨恩成　刘兆英
唐　汉　张长怀　王琪玖　王安泉　杨　辉　赵国庆

编审委员会

编审会主任：樊大可

编审会副主任：刘又明　韩　彬　秦晓英　颜　可　赖国斌

编　　　委：刘明辉　耿红梅　杨　波

序

一

1976年6月，古都洛阳的考古工作者有了一个重大的发现。他们发现了一处被考定为汉卜千秋墓的墓葬，在该墓中的壁画上，人们看到了这样一幅图画：一男一女分别在仙翁持节引导下，持弓乘腾蛇，捧金乌乘三头凤鸟，面容安详，正闭目飞升。在他们的下面，是头绾双髻的仙女和口含仙草下跪迎接的仙兔。画中还有身披羽衣的力士以及人身蛇尾的女娲。在墓门内的上额，画有人首鸟身的仙人王子乔，飘然立于山顶，作凌虚飞升状。据汪涌豪先生考证，类似这样的《升天图》，在著名的长沙马王堆一号墓帛画、山东临沂金雀山汉墓帛画中也可以看到。这些以俗世之人羽化登仙为主题的画作，无疑体现着古人对成仙的渴慕。这种通过炼养求取长生久视的活动，则成为一种“游仙”的

汉卜千秋墓壁画

方式。而游仙，“即在意识和观念中虔信仙界的存在和仙人之无虚，在日常生活和行动中努力超越生命极限，达到永生永恒，就是古代中国人渴望突破有生，进入无限的一个极好的例证”。

许地山先生也说过，“道家底养生思想，进一步便成为神仙信仰。神仙是不死底人，求神仙便是求生命无限底延长”，又“道家文学每多空想，或假托古人神人，也容易与神仙家底神仙故事结合起来”。

如果说儒家的圣人是在人间生活的人的至德的代表，那么当人的现世生活由于文化或社会的原因不可避免地走向逼仄的时候，道家的“至人”、“神人”、“真人”的出现便是极为有意义的。至人、神人、真人超脱人间，游于“方外”与“物外”。他们可以不受人世诸般问题的局限，可以游走在与世俗世界全然不同的空间之中。对这一空间的发现以及孜孜不倦地寻找，在古代人的精神世界中，无疑占据着十分重要的位置。

据许地山先生考辩，在战国齐宣王的时代，神仙信仰的基础已经稳定。齐人邹衍于是将它造成阴阳消息、五德的理论以游说诸侯。邹衍因此可能是第一个推广神仙信仰的人。据《史记·孟轲传》载：

许地山《道教史》

邹衍睹有国者益淫侈，不能尚德，若大雅整之于身，施及黎庶矣，乃深观阴阳消息而作怪迂之变，终始太圣之篇十余万言。其语闳大不经，必先验小物，推而大之，至于无垠。

先列中国名山、大川、通谷、禽兽、水

土所殖、物类所珍，因而推之，及海外人之所不能睹。称引天地剖判以来，五德转移，治各有宜，而符应若兹。以为儒者所谓中国者于天下，乃八十一分居其一分耳。中国名曰赤县神州。赤县神州内自有九州，禹之序九州是也。

邹衍对这个世界的状态的说法，蛊惑了包括秦始皇、汉武帝在内的很多人。也由之开启了后世绵延不绝的对于游仙的渴慕。可以说，正是这种说法，在儒家的世界观之外，为后世中国人开启了另一种精神的可能性。葛洪在《抱朴子·遐览》中对游仙之所以成为古人安妥个体生命的价值选择的原因，作了极为精到的解释:

鄙人面墙，拘系儒教，独知有五经三史百氏之言，及浮华之诗赋，无益之短文，尽思守此，既有年矣。既生值多难之运，乱靡有定，干戈戚扬，艺文不贵，徒消工夫，苦意极思，攻微索隐，竟不能禄在其中，免此垄亩，又有损于精思，无益于年命，二毛告暮，素志衰颓，正欲反迷，以寻生道。

也就是说，当生逢乱世，正道不彰，个体生命无由找到精神的安放处的时候，游仙或许是我们可能选择的另一种人生形式。难怪有人说儒家足以处常，道家足以处变，然变常岂有定乎?

因之，当奸邪当道，则高士遐遁；国政混乱，则寻求退隐。有诗为证:

家世宅关辅。胜带宦王城。
备闻十帝事。委曲两都情。
倦见物兴衰。骤睹俗屯平。
翩翻若回掌。恍惚似朝荣。

穷途悔短计。晚志重长生。
从师入远岳。结友事仙灵。
五图发金记。九钥隐丹经。
风餐委松宿。云卧恣天行。
冠霞登彩阁。解玉饮椒庭。
蹔游越万里。少别数千龄。
凤台无还驾。箫管有遗声。
何时与汝曹。啄腐共吞腥。

鲍照

——鲍照《代升天行》

黄口为人罗，白龙乃鱼服。
得罪岂怨天，以愚陷网目。
鲸鲵未翦灭，豺狼屡翻履。
悲作楚地囚，何日秦庭哭。
遭逢二明主，前后两迁逐。
去国愁夜郎，投身窜荒谷。
半道雪屯蒙，旷如鸟出笼。
遥欣克复美，光武安可同。
天子巡剑阁，储皇守扶风。
扬袂正北辰，开襟揽群雄。
胡兵出月窟，雷破关之东。
左扫因右拂，旋收洛阳宫。
回舆入咸京，席卷六合通。

李白

叱咤开帝业，手成天地功。
大驾还长安，两日忽再中。
一朝让宝位，剑玺传无穷。
愧无秋毫力，谁念矍铄翁。
弋者何所慕，高飞仰冥鸿。
弃剑学丹砂，临炉双玉童。
寄言息夫子，岁晚陟方蓬。

——李白《流夜郎半道承恩放还兼欣剋复之美书怀示息秀才》

功名如幻何足计，学道有涯真可喜。
君归趁我鸡黍约，买田筑室从今始。

——苏轼 《送沈逵赴广南》

二

恩格斯说过，每一种社会的进步，都表现为对神圣事物的亵渎，这是人们的本性使然。而恩格斯的后学马克斯·韦伯在谈到现代性对神圣事物的“祛魅”的时候，或许早已经预见到我们这世界的顽疾所在。因之，发掘历代先贤曾经为我们开启并精心营构的精神世界，或许是我们这一代学人必须勉力为之的事情。当我翻开《历世真仙体道通鉴》、《神仙传》、

恩格斯

《列仙传》、《续仙传》等书的时候，我知道，通向世界“返魅”恢复其“神圣”性的道路已然开启，且在我们面前若隐若现，稍不留心，或许又将沉没于汗漫的现代性世道之中不可得见。

本书的写作目的并不仅在于对终南（以楼观台为中心，不涉及重阳宫）历代仙真做单纯的传记式考察，而在于从道家思想及其生活哲学出发，以历代仙真之生活经历为基础，开显出应对现时代个体基本精神问题的道家思想向度，以期为解决现时代之基本精神问题，提供一可资参照的精神空间。自然，这一精神空间带有道家之精神特色。故在对历代仙真之名目选择上，不务求完备，唯求对其中之高道及其生活哲学与现时代之现实精神问题之关系，做较为深入之价值梳理。由于相关资料极为匮乏，历代典籍所载大多只言片语，极不完备。故在写作方式上，需兼具史家言与小说家言。

五四以来中国的现代性进程，以及由这一现代性进程所导致人与自然关系之恶化与自我内在精神之分裂问题所引发的一系列现实精神困境便构成了作者思考和立论的基础。这一精神困境，构成了作者阐发仙真之生活哲学及其生命境界之基本语境。无疑，这也是仙真之生活境界对现时代个体之真正价值所在。对于作者的知识储备而言，这个目标或许太过宏阔，然如冯友兰先生在《新原人·自序》中所说：“虽不能至，心向往之，非曰能之，愿学焉。”

目录
contents

目录 contents

目录 contents

目录 contents

壹

老子：去住逍遥信自然

老子

老子犹龙。

这是儒家先师孔子的评语。

公元前494年，即周敬王二十六年。整个世界的局势，可谓动荡不安。

这一年，距离吴王阖闾战死，其子夫差即位立誓复仇已有两年。距离越王勾践率军攻吴，致使吴王夫差自杀，从而一劳永逸地改变吴越战势尚有二十一年。是年，吴王夫差在夫椒大败越军，迫使其退居会稽，而不久之后，却由于夫差的一个愚蠢的决定为吴国埋下了二十一年后兵败亡国的隐患。

也就是这一年的七八月间，已经五十七岁的孔子，第四次见到老子。

与前三次会面的情况一样，老子还是那么惜字如金，然而寥寥数语，也够孔子回去反复揣摩个十年八年了。就是在这次会面之后，孔子对他的弟子发出了“老子犹龙”的感慨（吾今日见老子，其犹龙邪）。

犹龙的意思，或许可以用这样四个字来概括：神出鬼没。这神出鬼没，既可以指司马迁所说的老子思想的“微妙难识”，也可以指他的行踪：犹如神龙见首不见尾，可以上天入地，莫测始终。包括他的身份：他到底是姓李，名耳，字聃，还是老莱子、周太史儋；他的出生：他到底是生于唐代的释法琳在《十喻篇》中所说的公元前741年，还是现代人推算的公元前571年；他任周守藏室之史时的所作所为所思所想；他见周之衰于是弃周而去西迈流沙时的内心感受；他度函谷关时为关令尹喜“强为著书”的真实状况。当然，也包括他的死亡。他是死于秦地，葬于槐里？还是与尹喜一起西出函谷，俱游流沙，服苣胜实，化胡于后？或是在为尹喜著书传道之后于楼观之上羽化登仙，千日之后又与尹喜相会于成都青羊之肆。

他为后世留下了太多的传说，这些传说，无疑都是难解之谜。

以至于在他没身之后的两千余年间，后学们因为以上诸多问题常常聚讼纷纭莫衷一是。当后人们满怀希望力图清楚地把握他的行踪、思想、感情、内心世界时，往往只是“仰之弥高，钻之弥坚；瞻之在前，忽焉在后”，非但未能将他的形象表达得更为真实清晰，反而制造了更多后世无法解开的谜团。为他的一生，蒙上了太多的神气、太多的仙气。常人所能知道的是：他老人家的行踪在云端半隐半显，只把诸多的猜测和无限的遐想，永留在了他所遗弃的这些后辈们心间，绵延长达两千余年之久。

孔子

就让我们从两千余年前他的出生说起。

第一节
八十一年始生成

关于老子出生的情况，其实也是一笔糊涂账。

《史记·老子韩非列传》中说，老子姓李，名耳，字聃，是楚国苦县（今河南鹿邑县）厉乡曲仁里人。老子大概活了一百六十多岁，也有说是二百余岁，他的长寿，全是因为他修道而养寿所致。司马迁虽未明确言及老子出生的情况，然而从他的叙述大致可以推知，老子的出生，当与常人无异。

《神仙传》中的说法，就十分神奇了，还透着许多的仙气。

老子姓李，名耳，字伯阳，外字聃，是楚国苦县赖乡曲仁里人。他的母亲感大流星而有孕。怀孕七十二年以后，剖左腋而生下老子。老子生下来就满头白发，因此家人为其取名老子。出生的时候，他的母亲恰好来到李树之下。一出生就能说话的老子便指着身旁的李树说："就以此作为我的姓氏"，因之姓李。老子面色黄白，眉毛秀丽，额头很宽，耳朵很长，眼睛也大，牙齿倒是有些稀疏，还是个方口厚唇之人。

《抱朴子·杂应篇》中依据《仙经》的记载，进一步描绘了已经被神化了的老子形象：老子身长九尺，肌肤为黄色，生有鸟喙，隆鼻，秀眉长五寸，耳朵长七寸，额头下有三理上下彻，脚下有八卦，以神龟作床，金玉为楼，白银为阶，五色云为衣，戴有重叠之冠……左有十二青龙，右有二十六白虎，前有二十四朱雀，后有七十二玄武。

《神仙传》的作者葛洪曾说过，老子在周文王时曾经做过守藏史，周武王时又做柱下史，当时人看到老子长寿，因此把他称为老子。而老子只是得道之人中更为精深的，并非是异类。他还说，如果说老子是得道者，则人人必定勉力竞慕；而如果说他是神灵异类，便不是普通人可以效仿的。葛洪此说无疑也是告诫那些肆意神化老子之人的，只可惜后世诸人，已经无法听取他的劝告，而着意将老子的形象神化、异类化。

既然对老子形象的神化早已是大势所趋，他的真实形象已然隐而不彰。我们不妨也从神话的角度，来演说老子出生时的情景。

时间回到两千五百余年前。

时在殷商十八王阳甲之十七年，岁在庚申。

这一年中的某一天，楚苦县厉乡曲仁里的一户人家中，发生了这样一件事情。

老子诞生处

这一家的妇人，白天睡觉的时候，做了这样一个梦：太阳化为流珠，进入她的口中，当她把这流珠吞咽下去以后，神奇的事情发生了。她竟然因此怀有身孕了！这一怀就是八十一年，刚好凑足太阳九九之数。这八十一年间怀孕的甘苦，常人自然无从测知，也不见史籍记载[①]。只有在一些仙话故事中，我们约略可以知晓个大概。据说，老子的母亲怀孕之后，非但未见衰老，容颜反而愈发显得年轻。而且在她怀孕八十一年间，并未因为其子孕期奇长而感到恐慌，竟然还表现得神气安闲。在此期间，她所居住的屋子，四时和畅、六气调平，冬天不会有凝寒，夏季也未见燠热，而且常常有祥光照彻室内，灵风流满庭院，众恶不来侵害，万灵暗地护卫。所以，即便怀孕八十一年而不觉其久。其余情况，便非常人所可测知了[②]。我们可以知道的是：八十一年后的这一天，这个人终于降生了。

时在殷商二十二年武丁之九年，岁在庚辰。

这一年的二月十五日卯时，这个人终于降生在楚国苦县濑（厉）乡曲仁里涡水之阴。

他的母亲从左腋生下他时，恰好站在李树之下。这人生下来时，就

①清薛大训辑《古今列仙通记》卷五《老子史略》载：“（老子）殷第十八王阳甲十七年庚申之岁，托孕于玄妙玉女，就此门中分为五别：一曰大道应化，托孕人间，乘日精，为五色之象，以明阳德也；二曰乘九龙之车，凝结变化，五色玄黄，入玄妙玉女口中，又明九龙阳精之华也；三曰处胎寄慧，与俗不同，八十一年，极太阳九九之数，然后乃生；四曰玄妙玉女感梦之后，因而有孕，容颜益少，神气安闲，八十一年悦豫无比，以明圣人降迹之异也；五曰玄妙玉女所居之室，四时和畅，六气调平，冬无凝寒，暑无烦燠，祥光照室，灵风满庭，众恶不侵，万灵潜卫，八十一年不觉为久……”亦可备一说。

②由以上描述约略可以测知：老子的母亲的孕期，极有可能超过十个月，较之常人，的确可以算作怀胎较久。余世存《老子传》亦持此观点。

须发皓白，并且可以说话，他指着李树说："这个就是我的姓氏了。"说罢，向前行走九步，步步生出莲花，莲花在土地之上开放，其大如斗，香气四溢。继而，他左手指天，右手指地，说："天上天下，唯我独尊[①]。"当其时也，日童扬辉，月妃散华，有五色祥云笼罩其上，四灵玉女翊卫捧接，可谓神异非常。

后来，这个孩子有了一个名号：老子。他姓李，名耳，字聃。在先秦时，他是思想家老子，西汉初年，他则成为政治哲学家老子，而到了东汉末年，他就是宗教家老子了。及至唐代，他被帝王封为太上玄元皇帝，备受尊崇。这一切恐怕是那个于殷商二十二年丁武之九年的二月十五日，出生在楚苦县厉乡曲仁里涡水之阴的老子所无法想象的。

老子故里

第二节
家学渊源承道本

据说，老子的父亲姓李名灵飞（一说云飞），母亲姓尹名益寿。

他的家世，也是有些来历的。

他们的家世，最早可以追溯到颛帝。当年，颛帝的后人生下大业，大业又生下娲。娲娶了有乔氏之女，此女感月光贯昂而后生下咎繇，咎繇又生伯医。伯医的后人，世代都作士师。到了夏桀之时，他们为了避开当世之乱，来到里成，遁居于伊侯之墟，因为经常食用李树的果实，便改姓为李，目的也许只是为了避乱的方便。到了商汤之时，他们的后人利正生下昌祖，昌祖曾在陈国任大夫之职，因此迁居苦县。昌祖后来

①此说大概是佛教传入中国之后，后人的附会之说。

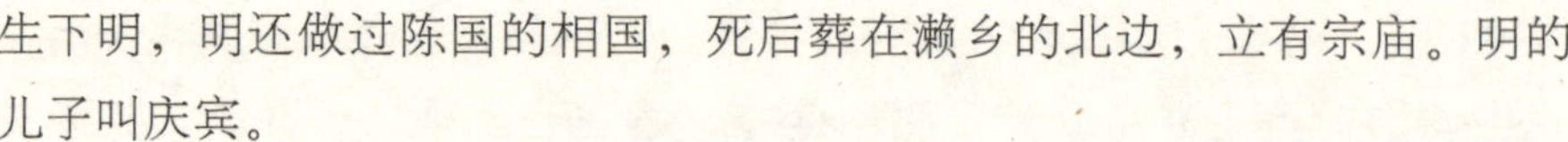

生下明，明还做过陈国的相国，死后葬在濑乡的北边，立有宗庙。明的儿子叫庆宾。

这庆宾，便是老子的祖父了。

庆宾生下灵飞，灵飞亦名虔会，便是老子的父亲。

据说，老子的祖父庆宾和父亲灵飞，后来均修得白日升天。

其时，从老子的远祖李成到父亲庆宾，已历五世。当时，苦县尚属陈国。[①]后世有人说老子是陈国人，原因即在于此。老子的父亲灵飞娶了天水尹姓女子，这女子，便是老子的母亲了。

从老子后来做周守藏室之史的经历以及他的思想倾向于王官之学的关系，可以约略测知，他应当出身于有深厚文化修养的史官世家，因为古代官师合一，世传其学。因之，有必要对老子的祖父及父亲的情况做一简单介绍。

《犹龙传》卷三《明宗绪》载：在殷商之时，老子的父亲灵飞从其父庆宾那里，传承了修身之道。可能由于精通修身之道的缘故，庆宾活到一百多岁的时候，容貌看起来还如少年一般。他先后周游了各地的名山大川，尤其对五岳情有独钟。在他出行的时候，一旦选择好居住的地方，当地必然会有云龙下迎，而且可以白日升天，足见其修道之深。灵飞因为深感其父飞升之异，自已也有志于此，于是便选择隐居，不再做官，只是在家中潜心修习内修之道。当他娶了天水尹氏之女以后，便居住在濑乡。后来便有了他的妻子白天睡觉时，梦中见到太阳逐渐变小，从天而降，化为五色流珠，吞下之后怀有身孕，八十一年后生下老子的事情。

老子故里

灵飞后来也在一百余岁的时候，修得白日升天。

从以上情况可以推知，老子生于史官世家，是极有可能的。而且

① 《史记·孔子世家》说孔子“居陈三岁”，曾经在这里拜访老子，也是极有可能的。

他的父祖也可能受到早期神仙信仰的影响，从而志于修道养寿。这一点，可能也会在老子的内心中启发出后世诸人所开出的神仙信仰之维。

不过，作为政治哲学家的老子，其思想的形成除了受家学的影响之外，还需要另一个在当时极有名气的学者的言传身教。正是由于这个人的启发，老子才可以很快明了世事兴亡变化之道，并且依赖自身的天分，开出应对“礼崩乐坏”的世道的思想，并将自己的学说，深深扎根于前人的智慧与经验之中。

第三节
师从常枞学治道

这个人叫常枞[①]。

常枞是苦县的一位隐士。

苦县虽然离周都城洛阳并不遥远，却也足以成为隐士的隐遁之所。这个常枞，选择苦县作为隐居之地，或许是命运使然，但对于此后的历史，却可谓意义非凡，这非凡的意义，非得在他遇到老子后方可显现。常枞的来历，居住在苦县的人可能并不知晓。但有一点可以肯定的是：常枞并非寻常百姓，他应该有着为周王室及诸侯服务的过去，因之对天地的化育，世事的变迁，有着自己独到的识见。

这识见，在他与学生老子相对而坐时，才会一一道出。

常枞还有着一般的隐士所不具备的忧国忧民之心。可以说，他应该是位隐士哲学家。所谓的隐士哲学家，是那些有着和隐士同样的立场、观点和生活态度，也选择不出仕为官，但却主张应该对天下大事表明自己的立场，还要不厌其烦地诉说他们选择隐士的生活方式的深层原因的人[②]。

常枞无疑属于此类。

据说，他每常行走在涡水之阴的时候，会高声吟诵这一诗句：

①一说商容，可参见易中天《先秦诸子百家争鸣》一书第三章“儒道之争”。本书采用《犹龙传》“（老子）或学于容成，问道于常枞”说。
②此处观点，可参见易中天《先秦诸子百家争鸣》一书第三章“儒道之争”。

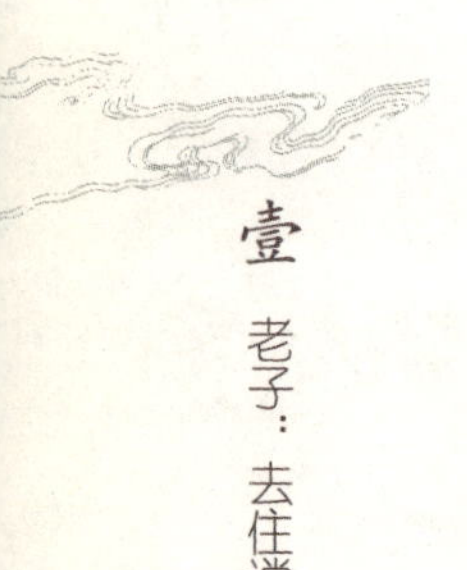

登彼西山兮，采其薇矣。

以暴易暴兮，不知其非矣。

神农虞夏忽淹没兮。

我适安归矣。

吁嗟徂兮，命之衰矣。

这歌声，老子想必听过多次，对其中的微言大义，他应该也是了然于胸的。不过，每每听到老师常枞的吟诵，他的心中与老师一样，也必然生出黍离之悲。

两千余年前，老子就是在涡水之阴，常常问道于这位高人。

多年以后的无数个不眠之夜，当老子独自一人在国家图书档案馆中，面对着记载历代兴亡得失之事的典籍时，总是会想起自己在涡水之阴问道于常枞老师时的各种场景。这些场景，不断地鞭策和提醒他直面自己人生不可规避的义务。

涡阳老子庙

有一次，和老子一起读书的人问他这样一个问题：如何看待三皇五帝对天下的治理，这种治理方式能够作为后世为政者效法的对象吗？他的回答似乎并不能让那个人满意。于是，这天下午，在涡水之阴的一个避风的山石后，他拿这个问题请教了老师常枞。

常枞老师稍加思索，便对他说："三皇五帝治理天下的方式虽然各有不同，但他们在当今之世享有的盛名却是一样的。虽然现在的为政者将他们视作圣人，那段时期也被称为是大道运行的美好时代。但事实却并非如此。黄帝治理天下时，尚且还可以让人心地纯一，人人平等，没有贵贱亲疏的分别心。到了帝尧就等而下之了，他让人们各亲其亲，结果就使得人与人之间有了隔阂，这隔阂一旦产生就难以遏制，它会使得人们私心顿起，引起纷争。有了纷争，小者是邻里纠葛，大者便会演变成战争，这样的世道，怎么能说是美好的时代呢？最后再说说夏禹，这个人统治的时期较之帝尧更为可怕，是他让人心变坏的，这个时候，人人都为自己，于是，计谋在社会中极为风行，大多又是在谋害他人。其结果呢？是世道人心大乱。因此说，三皇五帝治理天下，虽然说是天下大治，其实却是天下大乱啊！”

老子听罢，连连点头，觉得老师的话实在是于我心有戚戚焉。自己的解释为何未能让那个年轻人信服，只是道之不同，理解也异。

多年以后，当他在楼观之中为尹喜写下道德二篇的时候，特意在第二章、第三章和第八十章叙述了真正的圣人之治的状态，就是担心后人还会沉迷于关于三皇五帝治理天下的传说之中愈陷愈深难以自拔。

常枞老师还说过：“只要治理者选择无为，不瞎折腾，民众自然就归化了。统治者好静，民众自己就会端正了。统治者不多事扰民，民众自然就富足了。统治者无所欲求，民风自然就淳朴了。所以，追求所谓的‘大治’，原本就是违背了真正治道的精神的。须知，任何‘追求’，都是无益于世道人心的。”

这些在与老师常枞交相问难之时产生的思想，后来都被老子化用在自己的著作中。

当然，常枞老师对他最大的影响，却是在于提醒他注意表达自己思想的方式。老师说，在一个有可能因言获罪的时代，表达那些可能会与为政者治理国家的基本思想不同的看法时，一定要十分谨慎，这种谨慎，并不是说闭口不言，而是可以借用古人的名义，将这些思想间接地表达出来。这种方式的使用，其实也是考虑到古往今来人们言说思想时的一个基本的现象：人们往往会对古人的言语心存敬服，却会轻易地驳斥同代人的思想。为了避免这种不必要的争论对思想效力的消耗，假托古人的名义言说自己的思想，无疑是一种极好的选择了。所以，这也正是老子在后来书写道德二篇时常常会说“故圣人云”[①]、“古之所谓”[②]、“用兵有言”[③]的原因所在了。

①见《老子》第五十七章：“故圣人云：我无为而民自化，我好静而民自正，我无事而民自富，我无欲而民自朴。”
②见《老子》第二十二章：“古之所谓‘曲则全’者，岂虚言哉？”
③见《老子》第六十九章：“用兵有言：吾不敢为主而为客，不敢进寸而退尺。”

常枞老师还曾提醒他注意古人贵柔尚弱的思想。他说，古人说过，兵器太刚强便容易折断，皮革太坚硬就容易撕裂，为人君太刚强就容易亡国，为人臣太刚强便可能导致朋友绝交。在太庙之中，有一个金人，背后有这样的一段铭文：强梁者不得其死，好胜者必遇其敌，说的也是这个意思。

孙叔敖

还有，谦下不争是可以避免祸端的。当年楚庄王在河雍之间战胜晋国以后，打算赐给孙叔敖封地，但孙叔敖坚决不愿接受，等到他身患重病即将死去的时候，便特意嘱咐他的儿子说："我很快便要离开人世了，我死之后，庄王一定会赐给你封地，这时候，你一定要把肥沃的地方让给别人，自己接受那些贫瘠的地方。这些地方在别人看来，是无利可图的，既然无利可图，便不会有人生出争夺之心。"孙叔敖死后，庄王果然要将肥沃之地赐给他的儿子，他的儿子依照父亲的吩咐，婉言谢绝这肥沃之地，只接受了贫瘠的地方。按照楚国的习惯，功臣第二代的爵禄就要被褫夺的，最后只有孙叔敖的爵禄未被褫夺。这就是所谓的"损之而益"的道理使然。

常枞老师也为他说过"欲取姑予"的道理，他说，《诗》中有这么几句：将欲毁之，必重累之；将欲踣之，必高举之。《周书》中也说：将欲败之，必姑辅之；将欲取之，必姑予之。都是在说"欲取姑予"的道理，这是一种极为独特又十分有效的策略，在历史上已经屡有应验。

尤为值得一提的是：常枞还提醒他注意功遂身退的重要性。

在与隐士哲学家常枞交相问难的这些年间，老子度过了他一生中最为安静也最为平和的一段时间。多年以后，当他的内心承载着礼崩乐坏、人心丧乱的时代的精神重负时，那一段时光中的美好回忆还会时时浮现在他的眼前，使得他过早成熟的内心，多少还能得到些许安慰。也是在常枞老师的悉心教诲之下，他的思想逐渐成熟了。那个时候，他已经能够“执古之道，以御今之有”，能够明了礼崩乐坏的时代的真正问题所在，能够知晓作为一位有抱负的思想家，应该为他的时代以及他所关心的生民开出怎样一种救世之道了。

不过，他的思想重要一维的开出，还有待于另外一个更为重要的人物的出现。这个人物对老子思想的影响之大、之深、之久，是任何一位前人同辈所无法比拟的。正是这个人，促使老子深切地关注在上古时期就已经普遍存在的对女性和月神的崇拜，从而由这种崇拜最终开出他的思想精神的重要一维。这一维的开出，直接影响到老子的思想品性，最终也影响到了中国文化的品性。

这个人是一位女性。她很可能是老子的妻子。

第四节
静女俟我于城隅[1]

她叫静女[2]。

静女其姝，俟我于城隅。爱而不见，搔首踟蹰。静女其娈，贻我彤管。彤管有炜，说怿女美。自牧归荑，洵美且异。匪女之为美，美人之贻。

---

①此章说法，灵感主要来自余世存先生著《老子传》（海南出版社，2010年版），但处理大为不同。作者之所以相信如是安排不至于太错，却是依凭以下诸书：1. 陈鼓应、白奚二位先生著《老子评传》（南京大学出版社，2001年版）该书第二章“老子学说的思想文化渊源”中称：“老子的思想同母系氏族社会的原始宗教观念有着密切的渊源关系，崇尚阴柔就体现了老子对上古文化中女性崇拜的继承和哲学提升。……由于老子思想同上古女性崇拜的密切关系，一些学者甚至认为老子哲学就是一种女性哲学。”“女阴崇拜就是对女性生殖能力的崇拜，这是建立在人人皆生于母亲的这一基本事实之上的。”“老子对远古女性崇拜的继承，从宏观上看，表现为崇尚阴柔的哲学基调。老子哲学的重阴、尚柔、守雌、好静、崇俭、尚慈、谦下等基本特征，都是对女性特有的道德品格的哲学抽象，都是对女性的处世态度和经验的概括和提升，表现了女性特有的温柔含蓄和独特的智慧。”该书作者还认为：“‘道’的神话原型是月亮，老子关于‘道’的思想理论，从民俗文化的角度来看，渊源于原始宗教文化中的月神崇拜。”2. 吕思勉先生著《辨梁任公<阴阳五行说之来历>》（载《古史辨》第五册，上海古籍出版社，1982年版），在该书中吕先生认为：“（《老子》）全书之义，女权皆优于男权，与后世贵男贱女者迥别。”3. 冯友兰先生著《中国哲学史新编》（人民出版社，1983年修订本），该书在解释《道德经》第六章时，认为：“《老子》在这里所说的‘牝’，就是女性的生殖器。……女性生殖器是中空的，所以称为谷。玄牝又是不死的，所以又称为‘神’。照这个说法，《老子》是认为有一个中空的东西，万物都从那里边生出来。”4. 鲍鹏山先生著《鲍鹏山新读诸子百家》（复旦大学出版社，2009年版）中鲍先生写道：“我曾写过一篇文章，认为老子

这首诗，仿佛是专为他们量身定制的。当老子多次与静女人约黄昏后的时候，想必是反复吟唱过。

就这样，当他们唱着歌儿行走在这一年三月三日上巳节美丽的天空之下的时候，神奇的爱情悄然来临。在他们的身后，是山花遍地的田野，风拂过的树，鸟儿们的欢唱。

多年以后，老子在楼观之上的一间草庐之中为尹喜写下了这样的话：天下再也没有什么东西比水更柔弱的了，但这柔弱的水一旦攻坚胜强，却没有什么东西能够胜过它。因为没有什么东西能使水改变它的本性。弱战胜强，柔克服刚，这个道理天下人应该是知晓的，只可惜没有人能按照这个道理行事（天下莫柔弱于水，而攻坚强者莫之能胜，以其无以易之。弱之胜强，柔之胜刚，天下莫不知，莫能行）。彼时彼刻，他的脑海中分明出现了静女的形象，那么迷人，那么楚楚可怜，让人悲不自胜。当她从记忆深处款款走来时，还是那么仪态万方，那么惹人爱怜。仿佛人世间的血雨腥风，生死别离，从未压上她柔弱的肩膀。

那个下午，在苦县赖乡曲仁里涡水之阴，他们立誓誓死相依，永不分离。

多少年以后，当老子在为尹喜写道德二篇的时候，心中频频浮现出静女那淡然一笑。为何这淡然一笑会如此迷人，如此摄人魂魄，让人难以忘怀？最后，老子明白了：最好的东西，莫过于水了，水滋润万物

的哲学经验往往取之于古代的房中术。”“我们知道，古代的阴阳家本来就把男女交合谓之‘采战’的，且明清之际的通俗话本，更是直接称之为‘交战’。”5.德国学者汉斯-格奥尔格·梅勒著《<道德经>的哲学——一个德国人眼中的老子》（刘增光先生译，人民出版社，2010年版）在该书中，梅勒先生特意专设一章（第二章 性之道），论及《老子》一书中的“性之道”，她说：“《老子》论及道，但未多谈。因为道作为‘道’（Way），是生死之道。道也是生育性之道。如此一来，在其中就有一个性的维度，《老子》中许多诗意的意象都或直接或间接地与性有关。母亲和生育的意象——例如第6章：‘谷神不死，是谓玄牝’——是直接与性和生殖有关的。”“生殖是性交的结果，二者必须不同才能够相结合。阳性与阴性的性别之分通过相反相成（different but complementary）的特征体现出来。第61章说：‘牝常以静胜牡，以静为下。’显然，这些句子是关于性的。在性交中——至少从道家的观点来看——静和动是聚集到一起的……居于下位的持有力量。这就是为什么女性在性交过程中能够克服男性的原因……通过这种方式，《老子》第61章为后来男性在性交中保精的道家式实践提供了一个背景。通过防止射精，男性学会了不浪费能量，而把能量聚集在他自己的身体中。保精可以增加男性的力量和潜能。性交被认为是一种性的战斗……”本书作者认为，从以上诸种说法中无疑可以得知，《老子》一书与“性之道”，或者说是房中术的确是有着十分明确的关系的。而《犹龙传》中载：“（老子）其子名宗，仕魏为将军，有功，封于段干。”此说虽无从考证，然也不能轻易谓之荒谬。综合以上诸种信息，作者方谨慎地做出如文中所示的处理。

②此人名姓不见载于史籍，姑为之名，属虚构。

而不与相争[①]。静女是那么柔弱，那么谦卑，那么与世无争。在周围人处心积虑，甚至不惜大动干戈地追求自己所爱的时候，静女这不与他人相争的淡淡一笑，不是最有力量，最能俘获人心的吗?

在经历过无数个不眠之夜，和因极度相思而在梦境之中出现的欢悦和惆怅之后，老子和静女终于结合了。结合在苦县厉乡曲仁里涡水之阴的一间陋室之中，结合在四月的微风和蔚蓝的天空之下。

老子故里春光图

斯时，老子的父母已经在数年前相继离世，他的老师常枞也已经魂归故里多年了。

这些年间，老子曾行走在苦县的山间幽谷之中，行走在流水最终的聚集处，看过幽谷之中的潭水，看过深井，看过深不见底的洞穴，也思考过这些或身居下处，或中间空空的事物的深层意蕴所在。

然而，当他和静女在四月间的夜晚，借着皎洁的月光，一一将身上衣衫褪下之后，静女却向他展示了另外一个物事的存在，这物事，可以生养万物，可以绵延若存，可以用之不“干”[②]。

①上善若水，水善利万物而不争。
②这里采用肖兵和叶舒宪先生合著的《老子的文化解读》（湖北人民出版社，1994年版）一书中的解释。

多年以后，当他在楼观之上的一间草庐之中为尹喜著书的时候，他写下了这样的话：谷神不死，是谓玄牝。玄牝之门，是谓天地根。绵绵若存，用之不勤。“牝”是一切动物的母性生殖器官，“玄牝”则是象征着深远的看不见的生产万物的生殖器官[①]。“玄者”，深远之意。“牝”，犹后世言女，言母，是物之所由生，推而广之，亦可以是宇宙之所由生，故曰玄牝[②]。因为女性的生殖器是中空的，所以称为“谷”。玄牝又是不死的，所以又称为“神”[③]。

这便是二千余年间，总不时有人崇拜女性，将女性称为女神的深层原因所在了。只可惜当男性的力量逐渐强大从而以绝对优势主宰了言说文化的权力时，女性不断被物化和践踏。殊不知，在他们践踏女性的时候，也将中国文化的另外一种十分重要的品性逐渐遮蔽了。

这个道理，老子此时却是明白的，然而要将它化作哲学的思考，却还需假以时日。

温柔娴静的静女在这一年的四月间的一个有月亮的夜晚，将衣衫悉数褪去之后，把洁白如玉的身体毫无保留地展示在老子的面前。斯时，月光静静地洒在静女的身上，犹如牛乳一般，凹凸有致地显现出身体的曲线，分外柔和，显现出“牝”的全部秘密。

全是因为静女，老子此后才永远地爱上了富于阴柔之美，有着循环往复、阴阳转化、盈亏变更之特性的月亮。

静女使得他混乱多年的生活环境变得井然有序。她还富有爱心和同情心，他人的苦痛、忧愁和哀伤总会让静女感同身受地悄然落泪。静女也不好奢华，喜欢衣食住行一切从简。她表情达意的时候定然十分含蓄，从不肆意为事，不强人所难。在与邻里交往时，静女更是表现出极大的宽容和耐心，从未与人争执。她是阴柔的、宽恕的、忍让的、曲成的、退守的、神秘的、接受的……

①参见上书第611页任继愈先生的解释。
②同上书第603页吕思勉先生解释。考虑到行文，略有改动。
③参见冯友兰《中国哲学史新编》，人民出版社，1983年修订本，第44页。

当然，静女的种种好处，又岂是语言可以说出，可以说尽的？能说出的好，已经和她的好相去甚远了，以至于两千年来，我们的语言竟然不会再言及静女，甚至连惊鸿一瞥只言片语都没有留给她，任由她在历史的沉寂之中越飘越远，以至于无。这样也好，“无名”，原本不就是天地肇始之前的状态么？“有名”，才是万物生成的基础，或可以称为母亲，她生育万物，让这个世界充满生机与活力。所以，圣人常常回到无，以便观照这世界诸般变化的妙处。这个道理，多年以后，当静女独卧在泥土之中，逐渐与之融为一体的时候，老子坐在楼观上的一间草庐之中，为函谷关令尹喜写下了道德二篇的首章，他写道：可以说出的“道”，便不是“道”本身了。强行给“道”命名，这名字，自然也不是永恒不变的。因为，无名，才是天地肇始之前的真实状态；有名，便是万物生成而后被我们的语言指称以后的状态。在这个时候，万物便产生了，它们的产生，并非是出现在这世界之中，而是出现在我们的视野之中，可以被我们言说的状态罢了[①]。在写下这些话的时候，老子似乎还可以看到面前的月亮，只是，他不曾想到的是：这个注定将影响他的情感、思想，为他在这个混乱的世界开出救世良方的唯一的爱人静女，此后却会面临和他心中的“道”一般的境况，人们拿荒诞之语，无端崖之辞回避她。而遮蔽了静女给予的最为鲜活生动的生命体验之后的道德二篇还剩下什么呢？剩下了司马迁所谓的“微妙难识”的言说、班固所谓的“君人南面之术”、鲁迅所说的“愤辞”、还有人评价的“寡情”。

多年以后，老子端坐在楼观之上的一间草庐之中，为尹喜写下了这样的话，他说：即使知道自己是雄，也要以雌的态度自守。要努力做天下的豁壑。要做天下的豁壑，正常的德性就不会偏离，就会复归婴儿般纯洁无邪而快乐的境界。即使知道自己是突出的风光的，也要以卑微暗淡自守。做天下的扶手，正常的德性就不会出差错，就会复归于永恒。

①道。可道，非常道。名。可名，非常名。无名，天地之始；有名，万物之母。常无欲，以观其妙；常有欲，以观其缴。此两者，同出而异名，同谓之玄。玄之又玄，众妙之门。

即使知道自己是光荣的，也要屈辱自守。做天下的山谷，正常的德性就会充足，就会复归自然。[①]接下来，他还说：强大的国家，总是处于天下的下游，是天下的最终交汇处，是天下的雌性对象。雌性对象总是以贞静柔顺来征服雄性，以贞静柔顺居于雄性之下。[②]这个时候，谁又能说老子的心中不是因为想到了他和静女的诸般体验而引发了如上的思虑呢？

静女总是那么娴静，如娇花照水；总是那么安然，如华岳日出。然而却最是有力的，这力量可以远播到老子身处的任何地方，可以让老子的内心无时无刻不在想念着她，想念着她的一颦一笑，想念着她柔弱自持的样子，想念着贞静、柔顺、安然处之、不与争锋的她。

老子在第一次感到疲乏困倦无力时的震惊后，努力征服这柔弱，彻底以牡的强大刚健膨胀有力战胜这牝的柔弱无为，以静制动。然而，数个月下来，牡的富于野心的强力的冲突均被牝无声地一一化解掉。数个月后的牡已然不复当时的神勇，开始变得略显沮丧，沮丧的还有老子的内心。他想，为什么牝可以自由敞开而牡却必须依赖力的流动呢？力不是最有力量吗？为什么难以战胜牝呢？难道有力的与无力的相遇之后，最终还要败给无力吗？后来，他终于明白了这一切的缘由所在，于是，当他在楼观之上的一间草庐之中为尹喜写下道德二篇的时候，便将自己这一时段的思虑融汇在这样的句子中：将要压缩它，必须先扩张它；想要削弱它，一定要先强化它；想要废除它，一定要先推行它；想要取消它，一定要先支持它。这是最普遍的道理。这样做了，就可以柔胜刚，弱胜强。[③]

多年以后，当老子在月光之下对影成三人的时候，眼前还是会浮现出温婉的静女手把纺车的情景，历历在目，挥之不去。

---

①见《老子》第二十八章：知其雄，守其雌，为天下谿。为天下谿，常德不离，复归于婴儿。知其白，守其黑，为天下式；为天下式，常德不忒，复归于无极。知其荣，守其辱，为天下谷。为天下谷，常德乃足，复归于朴。

②见《老子》第六十一章：大国者，天下之下流，天下之交，天下之牝。牝常以静胜牡，以静为其下。

③见《老子》第三十六章：将欲翕之，必固张之；将欲弱之，必故强之；将欲废之，必固兴之；将欲取之，必固予之。是谓微明。柔胜刚，弱胜强。

老子和静女，是多次欣赏过月色的。

他们关注着月亮的朔望盈亏、阴晴圆缺等诸般月相的变化——是如此不知疲倦地循环往复，永无止息。只是尚在人间的温柔之乡中缠绵的他们不曾想到的是：人间也会有悲欢离合、喜怒哀乐、酸甜苦辣，甚或是阴阳相隔、生离死别，让人徒生悲凉却莫可奈何。他们更不会想到的是，这样的境况，会很快降临在他们的生活世界中，无情地将他们尚嫌短暂的结合打得粉碎，将他们的幸福化为梦幻泡影。他们命中注定将抱恨终天，永远不会再有第二次结合的机会了。

多年以后，老子独坐在楼观草庐之中，望着漆黑的夜色，心中还是会想起他和静女一同观望月相变化的那些夜晚，正是这些夜晚给予他的思虑，才使得他在翌日早上，为尹喜写下了这样的话："道冲，而用之或不盈。渊兮，似万物之宗。湛兮，似或存。吾不知谁之子，象帝之先。"[①]"寂兮寥兮，独立而不改，周行而不殆，可以为天地母。吾不知其名，强字之曰道，强为之名曰大。大曰逝，逝曰远，远曰反。"[②]而在写下这些话语的时候，他的内心，还是会回到他们相守的那些时光之中。

秋后的一个晚上，老子从静女口中得知：她已经怀有身孕了。

静女在把这个消息告诉他时，还含着她常有的羞涩，然而在这羞涩之下，他分明看到了母性的光辉将静女装扮得格外迷人，也格外伟大。

没有听到过草的生长，正如没有人知道人生中的灾难何时会悄然来临。

当老子驾着青牛行走在夜色苍茫的大地上的时候，也曾反复回想过静女分娩之前的诸种天象，他只记得天时晴时阴，有过雨也有过风，落过雪也流过星，不知道究竟是哪一次的变化，铸就了此后心中挥之不去的伤痛。

可以确定的是：静女就死在了分娩的那一天。在她生活在尘世的最后的几个时辰里，她的脸上还有着微笑，只是这微笑已然十分衰弱，而且还在逐渐褪去，只把永远的伤痛，留在了活在人世的老子和他的儿子李宗心间。

①见《老子》第四章。
②见《老子》第二十五章。

那一天，怀抱着已经死去多时的静女的身体，老子觉得天昏地暗，日月无光，撕心裂肺的呼喊只唤来了夜的降临。在他的耳边，是自己胸腔中的气体喷涌而出时与喉管摩擦而发出的几近于无的声音，还有儿子李宗的声声啼哭。

在为静女清洗身体的时候，老子这才发觉，静女的肢体已十分僵硬，硬到他无法将她伸出的双臂平和地安放，无法使的她圆睁的双目闭合。在接下来的好几个年头，老子每每带着年幼的李宗行走到涡水之阳的山坡上拜祭静女时，总要为静女除掉坟头的杂草，他注意到，当杂草有生命的时候，是那么柔软，而一旦枯黄死去，便分外枯槁坚硬。回想起静女死去之后的肢体的形状，老子明白了一个道理。在他为尹喜写下道德二篇之时，是这样总结的：人在活着的时候，肢体柔弱软和，当她死去时，便僵直坚硬了。草木也同样如此，有生命的时候，是柔和软弱的，死亡之后，是枯槁坚硬的……[①]所以说，“坚强”属于死亡一类，“柔弱”是生存一属。这个道理，也可以推而广之的，比如说，兵器太坚硬就会脆折，木头太坚硬就会折断。坚强的事物总处于下面，柔弱的事物又总是处于上方[②③]。

在老子身居家乡曲仁里抚养儿子李宗并日夜思索宇宙人生及治世之道的这一段时间里，外面的世界并不安静，仍然是动荡不息、战乱不止。虽说那个时代被后人视作是一个发展迅速、充满活力及创造力的时代，然而，在老子看来，深藏在这活力和创造力之下的，不过是统治者本人嗜欲的间歇性发作而已。他们热衷于修筑生前的宫殿和死后的陵寝，热衷于发动战争以开拓疆土并掠夺土地、美人与财物，他们将国土的扩大和国力的强盛视作治道的根本目的所在，将这一系列以欲望的极大满足为目的的诸种国家行为以花言巧语装扮成正义非凡的行为而强行推进，他们并不顾及在这些所谓的正义的国家行为之下的，却是生灵涂

①见《老子》第七十六章：人之生也柔弱，其死也坚强；万物草木之生也柔脆，其死也枯槁。

②见《老子》第七十六章：故坚强者死之徒，柔弱者生之徒。是以兵强则灭，木强则折。坚强处下，柔弱处上。

③本节中《道德经》原文的翻译，多采用鲍鹏山先生的解释，亦参照陈鼓应先生译文，考虑到行文统一，部分地方略有改动。详见鲍鹏山《鲍鹏山新读诸子百家》，复旦大学出版社，2009年版。

炭、流血漂橹、哀鸿遍野、民不聊生。而社会的动荡更是强化并刺激了统治者的贪欲，财富开始向一部分强者手中聚集，致使“富者田连阡陌，贫者无立锥之地”，而为了掠夺财物强大自身，诸侯们就得争霸、兼并，就得发动无休无止的以掠夺为目的的战争，其结果呢？“争地以战，杀人盈野；争城以战，杀人盈城。”在司马迁的笔下，这个时代“弑君者三十六，亡国五十二，诸侯奔走不得保其社稷者不可胜数”。置身于这样的时代之中，身居斗室而心忧天下并且已经参透这世界的症结所在的老子，怎能无动于衷？怎能坐视不管？怎能独善其身呢？

是时候了。这一天，当老子站在静女墓前遥望都城所在的方向的时候，心中浮现出人民背井离乡、流离失所，统治者为所欲为、花天酒地、横征暴敛、征战不休的诸般场景，他知道，是时候为这个世界的生民做点事情了。

于是，数日后，老子安顿好儿子李宗，背起行囊，踏上了通向周都城方向的黄土大道。自此开始了他又一阶段的人生历程，去体验即将来临的喜怒哀乐、酸甜苦辣、兴衰际遇了。

等待他的将会是什么呢？他能够振臂一呼而应者云集吗？他又会做什么呢？

第五节
守藏室中阐大道

他做了周守藏室之史。

守藏史，又称征藏史、柱下史，属于周王朝的史官[①]。史官的职责，不外记言记事，大概是没有多少机会直接参政议政的。这和老子的初衷自然是大相违背的。虽说周王很可能知晓老子学养深厚，在朝廷内外声名显赫，但他无法预料的是，老子当初的志向却并不在于此。

①此处采用陈鼓应、白奚的说法。详见陈鼓应、白奚《老子评传》，南京大学出版社，2001年版，第10页。

可以想见，胸怀兼济天下之志，希望他的治世之道能为君主所用从而为天下苍生谋福利的老子，初入周王室做官以后，每日只能站立于柱下写写画画听着君王朝臣不着边际的议论，内心应该是颇为寂寞的。

这种寂寞，积累久了，是有可能会转换成一股透彻心扉的悲凉。尤其是在这样一个是非黑白治乱颠倒的世界里。

守藏室中，保留着先辈史官们记言记事的文献资料。在朝内无事可记，镇日长闲的时候，老子便独自翻阅这些史籍，从清晨到深夜，当寒夜生凉的时候，他从这些文献中抬起头来，遥望皓月星辰，但觉夜凉如水，历史的重重负累压得他几乎喘不过气来。他很想开口说话，能够倾听他的，却只有暗夜的寒风和夏虫的哀鸣。

所幸，还是有人愿意聆听老子的大道的。比如南荣趎。

南荣趎原本是老子的弟子庚桑楚的弟子，师从庚桑楚多年，也属有些根器的。这一天，庚桑楚对他说，我的才能已经不足以教化你了，你怎么不去南边拜访一下我的老师老子，聆听他亲传大道呢？于是，九月里的某个下午，南荣趎独自一人毕恭毕敬地来拜访老子了。

不料，老子初见他时，却对他说："你怎么和这么多人一起来呢？"

南荣趎十分骇然，转身回顾，却只看到空荡荡的房屋和不远处的炊烟，并无其他人。

老子淡然一笑，说："你不晓得我在说什么吗？"

南荣趎很是羞愧，仰天长叹一声，说："我现在不晓得怎样回答了，也记不得我此前想问的问题了。"

老子说："这是为何呢？"

南荣趎回答道："我没有学习'道'的时候，有人说我愚钝。当我了解'道'了，却感到忧愁。我趋向不仁，是会祸害别人的，有志于仁，自己却总是忧愁。我做不义的事情，会伤害他人，做仁义的事情，自己却还是忧愁。我如何才能既行仁义，又能求得安心呢？望先生赐教。"

老子听罢，缓缓说道："你能始终坚守自己精神的纯一吗？能须臾不离于道吗？能无视他人的说法，不求之于他人，只求于自身吗？能单纯得像婴儿吗？你难道不知道，婴儿活动起来却并不知道自己在做什么，走起路来也不晓得要去向何方。没有外在世界杂事的侵扰，身体就像那枯槁的树枝；无那诸般欲望的鼓动，内心如同死灰一样。如果你能做到这一点，自是福也不至，祸亦不来了。既然没有了福祸，怎么会有人灾呢？又怎么会内心忧愁呢？”

南荣趎听罢，深为叹服。

还有士成绮。士成绮也是一位隐士。

士成绮长途跋涉来拜访老子，对老子说：“我听说先生是一位圣人，因此我不辞远道而来，希望您给我说说修身的道理。”

老子说：“所谓的‘道’，于大不终，于小不遗。论起它的宽广，那是无所不包。论起它的幽深，却是深不可测。那些善于修道的人，不过是能够穷尽事物之真，保守其根本，因此便可以外天地、遗万物而神气不会消耗罢了。”

士成绮也很有所得。

再就是崔瞿。崔瞿是周朝比较贤明的大夫，有志于辅佐周王革除弊政，勤于为政以求天下大治，只是苦于并未找到合适的路径，当他约略听说了老子所宣扬的“无为而治而无不治”的说法以后，有些疑惑不解，便来拜访老子，希望老子能为他排忧解纷。

他问道：“如果不‘治理’天下，又怎么能使人心向善呢？”

老子答道：“你千万要慎重，不要想着做一些扰乱人心的事情。这人心么，越是压抑它，它就越消沉，越是推进它，它就越高举，心志处于消沉和高举之间，就像是被囚禁、伤杀一般，柔美的心志，可以以柔化解刚强。一个人饱受折磨时，心境自然焦躁犹如烈火，忧郁恐惧犹如身处寒冰。变化的迅速，顷刻之间像往来于四海之外，而人心安稳时却是深沉而寂静，跃动时悬腾而高飞，是强傲而不可羁制的。”

“从黄帝开始就用仁义扰乱人心，到了三王统治时期，就已经天下大骇了。”老子继续说道，“那个时候，人们喜怒互相猜忌，愚智互相欺侮，善与不善互相非议，荒诞与信实互相讥讽，于是天下风气便衰颓了。大德有了分歧，性命的情理便散乱了；天下爱好智巧，百姓便多有纠葛。于是用斧锯来制裁，用礼法来击杀，用肉刑来处决。天下怎能不纷纷大乱？这罪过，全在于扰乱人心。于是贤能的人只能隐遁于高山深岩，而万乘君主却只会忧栗于朝廷之上，眼见人心纷扰，天下大乱，万民身处水火之中，却无计可施。”

崔瞿听了老子这个说法以后，也稍稍悟到了问题的症结所在，沉默良久之后，又问道：“那么如何才能化解这一问题呢？”

轩辕黄帝像

老子答道：“这原也并不复杂，也可谓简便易行。不过是抛弃聪明智巧，天下自然就太平了。”

这便是老子对上德之衰心有不满，于是希望借助崔瞿的问题，点化世人以使其警醒罢了。当然，或许他也希望通过影响朝内其他臣子，以间接起到影响朝政的作用吧。

在崔瞿离开之后，老子轻轻翻开史册，从容阅过，心中却时时想着斯时崔瞿的反应，他会将自己的所说铭记在心，把这种道理贯彻到行动中间去吗？已经习惯了周围人的漠然与沉寂的老子，此时内心却渐渐升腾起一线希望，这希望，虽说渺茫，却似乎是可以期盼的。

会是这样吗？

希望的破灭却很快来临了。数月之后，朝政一如既往，民心依旧散乱，时局依然动荡。身在朝堂之上参政议政的贤大夫崔瞿，言语依旧无的放矢。老子便更觉寂寞了，寂寞到不愿意再言说什么了。

每每罢朝之后，老子独自退回到守藏室之中，整理着那些方才于朝堂之上草草记录的君主与朝臣们散乱无涯隔靴搔痒的言辞之时，回想起自己多年来的政治抱负和多次无望的努力，心中真有些长歌当哭、涕泪合流的意思。

然而，稍许的安慰，总还是有的。这安慰，是他的弟子给予的。这个弟子名叫柏矩。

柏矩追随老子已有多年，很信服老子关于治道的言说，也愿意将这一道理实实在在地转化为为政的法则。不过，他也知道，自己的老师在周王室暗暗努力多年，却并无成效。并非是老师的想法不好，只是周王室积弊已久，有如人身患顽疾，不但不能力图根治，反而有些讳疾忌医，这样的局势，自然是难以接纳老师的治道的，更何况，老师的治世之道，和王室行事的本性之间，还存在着太多的冲突，在没有真正意识到问题的关键的时候，君王是万难接受老师的说法的。柏矩因此想到，既然在周王室之中难以践行大道，何不去诸侯国中尝试一下呢？

于是，柏矩来见老子了。不是来问道，是来辞行的。

柏矩说："我希望您能允许我游历天下，遍干诸侯，以成就您的治道。"

斯时老子已经有些灰心了，便对他说："算了吧，天下和这里是一样的。"

柏矩并不气馁，再三请求老师允许他出行，而且言辞恳切，去意已决。

老子见柏矩如此坚决，也不好太拂他的意思，再说，不必拿自己之所谓必无，来拂柏矩之所谓可有。便问他说："你打算先去哪儿呢？"

柏矩见老师的语气稍稍有些松动，不禁喜出望外，急忙回答说："先去齐国。"

老子沉吟良久，不再言语，虽然对柏矩此行的结果并不抱太大的希望，还是暗暗希望柏矩能够不虚此行。

于是，柏矩打点行囊，怀揣着希望，独自上路了。

一路跋山涉水，历尽艰险，内心却从未稍有懈怠。他会行之有效地将老师的治世之道传播给齐人吗？他又会有何样的遭遇呢？

多日之后，风尘仆仆的柏矩来到了齐国。初到齐国的柏矩似乎并未看到些许可能实现自己抱负的希望。

柏矩看到了受刑而死，死后还被示众的尸体。于是他将尸体推倒，使其倒卧，然后脱下朝服，小心翼翼地覆盖在尸体之上，同时仰天放声大哭，说："先生呀！先生呀！天下有大患，你却先遭难，俗话不是说不要偷盗，不要杀人么！当荣辱来临的时候，要看出他的弊病所在；

当财货积聚的时候，要明了它可能会引发的争攘。这种弊病和争攘，是会让人因此丢掉性命的。现在树立了人们所诟病的，集聚了人们所争攘的。要想不落到这步田地，办得到么？”

柏矩继续哭道：“古时候为人君主的，把所有的所得归功于人民，把所有的过失归咎于自己；以为正道在于人民，以为过错在于自己。所以只要有一个人丧失了生命，就会退而自责。现在却不是这样了。人君隐匿真相而总是责备百姓不知，制造困难却怪罪人民不敢做事，增加事务却惩罚人民不能胜任，延长途程却责怪人民不能达到。人民的智慧穷困而力量衰竭，就以虚伪的政治来应付，还常常做虚伪的事情，人君这样虚伪，士民又怎能不虚伪呢？逢到实在做不到的，便只能作假，自此上行下效，政务混乱。以至于智慧不足了便欺骗，财物不够了便盗窃。而一旦世风日下、盗贼横行的时候，要责备谁才是呢？”

柏矩哭罢，站起身来，抖落掉身上的泥土，迎风而立，遥望着都城所在的方向，不禁悲从中来，难以自持，喟然长叹一声，说：“看来老师的话没有错，天下真的是和都城一样了。”

在他的身后，齐国人熙熙攘攘，为利益往来不绝，没有人多看他一眼，也没有人愿意驻足倾听他的言说。

天空依然晴朗，风儿依旧温暖，鸟儿不时掠过，人声依然鼎沸，只是胸怀天下苍生，希望不辞劳苦，遍干诸侯以成就大道的柏矩的内心，却渐渐地冷却下去了。

意志坚定的弟子柏矩的铩羽而归，原本足以使已经对时局不抱希望的老子从此选择沉寂，缄默其口，不再对时事发言，然而历史并不允许他就此沉默，因为他还要迎接一个人的到来，这个人的问道，注定将会对后世中国思想文化史产生重大影响，由此也开启了绵延多年而不绝的思想论争。这一论争的开启，为后世诸人思想的交汇与生发提供了多样的可能，也注定将会改变中国人思想的图景，从而改写了中国思想史的方向。

这个人会是谁呢？他会向老子问些什么呢？

第六节
孔子问礼明道妙

这个人姓孔，名丘，字仲尼，是鲁国人。

很多年以后，他被称为大成至圣先师，其思想足以垂范后世，也影响了后世的政道，且以其思想治道的时间长达两千余年。有人曾发出过这样的感叹："天不生仲尼，万古长如夜。"足见后人对他推崇备至。他享尽了后世统治者及学者们祭祀的香火和祭品，还走向圣坛成为"至圣"，被祭拜、效法、称颂，却也免不了常常成为众矢之的，被言说、打击甚或辱骂。他被认为是诸子百家第一人，春秋战国时期的百家争鸣就因他而起。他是承前启后、继往开来的人物，是不能不说却难以说尽的人物，是后世论及先秦思想时注定无法绕开的话题。

不过此时，那些因他而起的思想论争还远远没有展开。他只是一个已然年迈且略显沧桑的老者，只能驻足川上，望着逐渐暗淡的夕阳的余晖和一片寂静的苍茫大地，对脚下浊浪滚滚、滔滔东流的黄河发出"逝者如斯夫！不舍昼夜"的由衷的感慨，并努力在这感慨之余多方寻找前行的方向。

也就是在这个时候，他想到了尚在周王室任守藏史的老子，想再次拜访一下这个让他始终心怀敬意、多次拜访求教却依然莫测高深的老子。

时间在周敬王二十六年，即鲁哀公元年。

两年前，也就是鲁定公十三年，五十五岁的孔子终于决定离开这个让他失望，令他伤心的母邦鲁国，从此开始了长达十四年的流亡生涯。当弟子冉有驾着车，满怀希望地和他一起离开鲁国的时候，年迈的孔子在黯然神伤之余，回想起四年前上天赐给他的那个"行道"的机会，这机会恰在他几乎无望之际降临。然而他很快便知道，这所谓的机会，不过是上天和他开的一个玩笑而已。他失败了，败得如此彻底，让他伤心欲绝、难以释怀。而这个时候，时光的流逝，岁月的催逼，已经老去了他的容颜，让他的生命即将繁华落尽，进入严冬了。然而他的内心却老

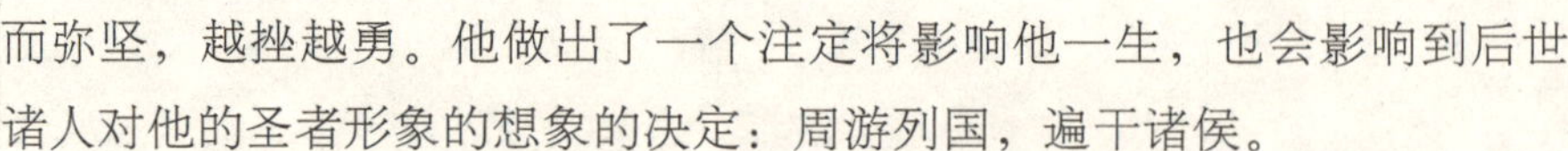

而弥坚，越挫越勇。他做出了一个注定将影响他一生，也会影响到后世诸人对他的圣者形象的想象的决定：周游列国，遍干诸侯。

但孔子此后的遭遇其实比柏矩也好不了多少。他碰过壁，开始有了挫败感，却还有更多的挫败，连同伤怀和流离失所带给他的内心的伤痛，还在不远处等待着他。只是此时，他还未阅尽人世沧桑，还未体会到“道之不行”只能“乘浮游于海”的最后的绝望。

他要见见老子，听听这位隐于朝的圣人的说法。时间是鲁哀公元年，也就是公元前494年，是为周敬王二十六年。

公元前494年，整个世界的局势其实并不稳定。

也就是这一年的七八月间，已经五十有七的儒家先师孔子，在弟子冉有的陪同下，驾着马车，一路风尘仆仆，来到周[①]问礼于老子。这已经是他第四次拜访老子了。他还清楚地记得：第一次是在他十七岁的时候，鲁昭公七年，这一年还曾有过日食。第二次是在他三十四岁时，也就是鲁昭公二十四年，这年，也奇怪地出现日食的现象。第三次是在他五十一岁的时候，当时他觉得自己努力研习《诗》、《书》、《礼》、《乐》、《易》以及《春秋》六经已有多年，理解得不可谓不透彻，只是还是觉得未能闻道，于是便拜见了老子，希望能够了解“道”究竟是什么。前三次拜访，老子说话并不多，然字字珠玑，让人如沐春风、犹如醍醐灌顶、有振聋发聩之效，只可惜自己当年还比较年轻，还不曾使得自己的思想修为达到能够和老子对话的地步。也就是因为这个原因，在第三次见到老子的六年后，孔子决定再次远行来到洛阳，问礼于老子，希望能借老子的启发，从而得窥大道。只是他此时无法预料的是：就在他见过老子之后不久，

孔子见老子图

①今河南洛阳。

老子就选择弃周而去，西迈流沙了。而他这次与老子的会面，开启后世关于儒道之争的先河，这一思想论争，竟然绵延两千余年而不绝。

这一次会面仍然十分短暂，时光的流逝，并未使老子说出更多的话。不过这些话，却也可以让孔子思量很多年了。

老子对他说："你所努力研习的六经，不过是先王的陈迹罢了。哪里是可以从中寻摸出自己行走的道路呢？况且这些人早已经腐朽消亡了，只有他们说过的话还留存着，然而说过的话，又怎能开出做事的原

孔子见老子图

则呢？世人自误，就是误在错把鞋子踏成的痕迹视作鞋子了。再说了，君子如果运气好，能够遇到明君，入朝做官成就事功，自然是可以的。而如果没这个运气，不幸生活在古代的圣人治国安邦的礼乐制度和伦理规范已经被破坏殆尽，起着毁坏人心以及人性的自然状态的时候，就应该大胆毁弃，自己也只能蓬累而行。我还听说，真正精明的商人，必然深藏自己的财物，以使得他表面上看来似乎一无所有。而真正有教养的君子，也会把这些教养深藏于内心，表面看起来则十分愚笨。而对你来说，应该去掉娇气与多欲、态色与淫志，这些对你毫无益处。我能够告诉你的，只能是这些了。"

孔子听罢，半晌没有说话，两个人就这么相对而坐，许久之后，他大约是明白老子的意思了，于是便说道："我想了很久，大概是明白一点了。鸦鹊互相亲嘴；鱼儿涂着口水；细腰的蜂儿化别个；有了弟弟，

做兄长的就会哭泣。我自己已经很久不投在变化里了，这怎么能够变化别的人呢？”

“对了，对了！”老子说，“你已经明白了。”

孔子回去以后，对他的弟子们说：“鸟，我知道它能飞；鱼，我知道它会游；兽，我明白它能走。至于龙么？我就无从把握了。只晓得它能乘着风云上天这一点罢了。”

“我今天见到老子了，他就像龙一样啊！”[①]

只是，孔子不曾想到的是，在他离开之后，老子和他的弟子庚桑楚也有一段对话。

庚桑楚望着渐渐远去的孔子的车子，说：“老师今天好像心事重重的，说的话比以往任何时候都少。”

“你说得对。”老子说，“是时候了，我得离开了。”话音很是微弱，也显得有些颓唐。

“这又是为何呢？”庚桑楚大惑不解。

“孔丘要大刀阔斧地做事情了。”老子说，“只有我明白他做的事情的根本问题所在。我和他的想法之间，冲突是根本的、致命的、难以调和的，我若是留在这里，不但于他无益，于我，恐怕也是祸患。”

“孔丘的时代迟早要来到的。”老子继续说道，“争斗也是难以避免的，我不如弃官而去，也落个自在，于人于己，都还方便。”

自轩辕黄帝以下，历朝历代，慕仙学道者，代不乏人。或服食丹药，白日飞升；或炼精养气，长生不死。而其精神根基，源出于老子。老子之学，博大精深，至大无外，至小无内，先天地生以资万类。修习其道者，上可处玉京，为神王之宗，下可处紫薇，为飞仙之主。可使人千变万化，随感应物，厥迹无常。故而班固认为，道家者流，其思想大概出自史官，因其能明了成败存亡之道，洞悉祸福流变之理，参透人生进退荣辱、兴衰际遇，于是强调清虚自守，卑弱以自持，这也是君主统治的基本方式。班固对道家思想的这番认识，无疑已经触及到道家思想的根本。或许可以这样说，老子之所以在当时的统治思想体系之外，重

①见《史记·老子申韩列传》：“吾今日见老子，其犹龙邪？”

新开创一种精神境界，是和他已然洞悉人在这个世界上的基本生存境况有着很大的关系。因此，司马迁说："老子修道德，其学以自隐无名为务。"能做到这一点，自然是不会危及统治者的统治。

但为什么老子还会"见周之衰，乃遂去"？当年迈的老子骑着青牛，在夕阳的余晖中，郁郁独行于函谷关外，任凭晚风吹拂，孤影拖长的时候，他的内心，必然充满了对这世界的诸多无奈诸般感慨，或许还有遍布的忧伤。这忧伤，如同当日夕阳投下的老子的身影一样，在中国人的精神中，绵延千年而不绝。所以，我一直觉得，老子之弃绝周人，可能并非是对我们的先祖们的彻底绝望，而是以自己的行为艺术，为后世昭示一种精神姿态。这种精神姿态的确立及其完成，无疑是与老子对他的生活世界的真相深刻洞察休戚相关的。自然，也可能和他洞悉到这时代终究会接纳孔丘的言说，使其成为治道的根本大有关联。否则，以老子的智慧"大隐于朝"，自然不是什么难事。因之，我宁愿相信章太炎先生在《诸子学略说》中的看法，他说："老子以其权术授之孔子，而征藏故书，亦悉为孔子诈取。孔子之权术，乃有过于老子者。孔学本出于老，以儒道之形式有异，不欲崇奉以为本师；而惧老子发其覆也。于是说老子曰：'乌鹊孺，鱼傅沫，细要者化，有弟而兄啼'。老子胆怯，不得不曲从其请。逢蒙杀羿之事，又其素所怵惕也。胸有不平，欲一举发，而孔氏之徒遍布东夏，吾言朝出，首领可以夕断。于是西出函谷，知秦地之无儒，而孔氏之无如我何，则始著《道德经》，以发其覆。借令其书早出，则老子必不免于杀身。"章太炎先生的这种说法，后人认为，不过是一种推测。鲁迅先生在《〈出关〉的"关"》一文中也曾说过，对章太炎先生的这一说法，"我也并不信为一定的事实"。

石拓片孔子见老子图

如果章太炎先生对孔子和老子思想关系的判定不致太错，那么，

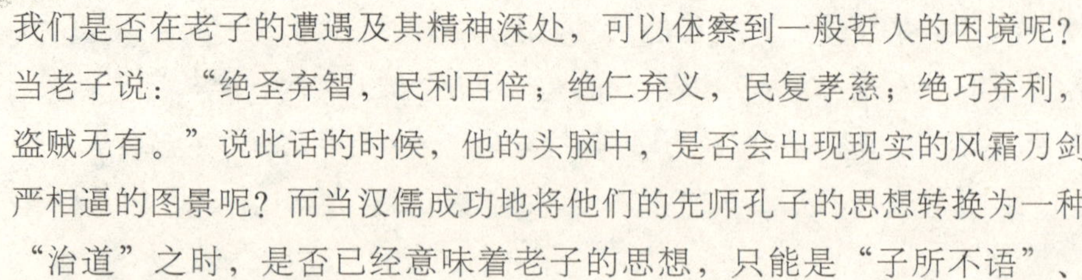

我们是否在老子的遭遇及其精神深处，可以体察到一般哲人的困境呢？当老子说：“绝圣弃智，民利百倍；绝仁弃义，民复孝慈；绝巧弃利，盗贼无有。”说此话的时候，他的头脑中，是否会出现现实的风霜刀剑严相逼的图景呢？而当汉儒成功地将他们的先师孔子的思想转换为一种“治道”之时，是否已经意味着老子的思想，只能是“子所不语”、“荒诞不经，无端崖之辞”而无法见容于正史呢？这个时候，当儒家极为成功地把持了现实世界，而现实世界又被他们弄得一团糟之时，那些“子所不语”的东西，那些“六合之内存而不论”的仙家传说，是否就开始为人们开辟了一条精神的避难之途，从而在儒家的现世之外，为我们葆有一个无限宏阔的精神世界呢？因之，我以为，孔子曾问道于老子并师事之的说法，绝非后世道家牵强附会之说，而是暗含了思想史之中的一个一直隐而不彰的重大问题。而细心考量孔子与老子思想的分歧与暗合处，也应该是深入探讨并切近中国人的精神世界的不二法门。在这一意义上，我是站在章太炎先生这一边的。

如果这种说法不至于被文人雅士斥为荒谬之词的话，或许可以以此解释为何老子会“见周之衰，乃遂去”而不会选择很容易的“隐于朝”的生活路径的原因所在。当然，孔子的思想成为治道的根本还需要假以时日，还需要一个从乌托邦到意识形态的转变过程，相较于漫长的中国历史，这一结果其实来得还算迅速，只是周游列国的孔子是无法看到了，而选择西迈流沙的老子自然也无从亲见。

老子出关

必须离开了，此时的老子已然走出守藏室，已然以他思想的力量穿透了世道人心的厚壁。他抬头望望西天的云霞和逐渐为黑暗侵蚀的苍茫大地，周王室的宫馆楼阙早已渐渐褪去，孔子的形象也不再时时泛起，他的内心却再次感受到了透彻心扉的悲凉。

是的，是时候出发了。

出发之时，黑暗已经将眼前的世界全部占据，万物早已沉寂下去，只可以听到车轮碾轧道路的声音。

陪伴他的，只有那头青牛，和驾驭牛车的徐甲。

目的地是苦县厉乡曲仁里涡水之阴。

第七节
楼观台上演二篇

在苦县厉乡曲仁里涡水之阴盘桓数年之后，命运又使他做出了西迈流沙的决定。陪伴他的，还是那头已然年迈的青牛，驾车的，还是那个徐甲。

去意满怀的老子行走在通往西方的黄尘大道上，略感疲倦的眼睛时时会和头顶巨大而空虚的天空相遇，天空中的层层白云犹如沟壑纵横，也很像人额头上的皱纹，深深地显现着心中满含的沧桑和难以言明的悲凉。天空下苍茫的大地上此刻却起风了，风儿自远方席卷过来，将眼前的诸般事物弄得摇摆不定，将地面上的黄尘泛起，将原本若隐若现的极远处的道路彻底淹没。

斯时，老子不曾想到的是，他西行的旅程一开始并不顺利。这种种不顺，很快就在他抵达函谷关时一并爆发了。

先是函谷关令尹喜的极力挽留。

四个月以后，当老子独自一人端坐在楼观台上的一间草庐之中，为尹喜写下道德二篇的首章的时候，才明确地意识到，尹喜在函谷关上等待他，并非是一个巧合，而是命运使然。

早在是年的五月壬午，尹喜就已经通过夜观天象，见到有紫气自东方来，多日之后便会抵达函谷关。这天象的异常，表明了有大圣人将度关西去，苦心修道已有多年然而进展缓慢的尹喜自然不会放过向圣人求教的绝佳机会。于是，他乞求昭王任命他出任函谷关令，以便在关上等待圣人的驾临。

七月的函谷关草木依然难得一见，阳光分外耀眼，滚滚黄尘不时从

极远处的天边遮掩过来，顷刻间将视野弄得十分狭窄。尹喜却早早就焚香沐浴斋戒，并吩咐关吏们洒扫四十里，以迎接圣人。

负责瞭望的是关吏孙景。多日前，尹喜已经吩咐过孙景，如果见到有车服异常、容貌与流俗之人不同的老者过来，一定不要放他过关。

是年的七月十二日甲子正午时分，一阵黄尘落定之后，视野便十分开阔了，不多时，便有一行二人，出现在孙景的视野之中。

尹喜见老子图

斯时，风且住，云已散，连沙尘也不再肆虐，函谷关中，迎来了孙景记忆中的这个季节难得一见的清和天气。这一行人的形象便看起来分外清晰，待他们渐行渐近之后，坐在青牛薄板车上的老人，引起了孙景的注意：这人看起来已经很老迈了，枯坐在车上，多少显出慵懒的迹象。他的那个驾车的童仆，也显得有些不耐烦，大概是不喜欢关上的景象吧，毕竟，这里相较于关内，还是太荒凉、太闭塞，也太单调了。倒是那头青牛，精神头竟是十分之足。

不消说，这人一定是关令所说的大圣人了。

孙景不敢怠慢，迅疾命关下的士兵将这老人拦下，同时将消息禀告给尹喜。

尹喜听说后，喜出望外，说："圣人来了，我得去迎接他。"说罢，立即穿好朝服，以弟子礼迎接老人于关下。

见到老人后，尹喜行罢礼，说："弟子在此等候您已有多日，希望圣人您能暂停神驾，为我讲道说法。"

函谷关古道

多年以来的诸般遭遇，早已使得老子对时人十分灰心，因之，他并不希望暴露身份，只求能即刻度关而去，退一步讲，即便此人并无恶意，且有些慧根，在不了解他的真正意图之前，还是不张扬的好。于是，他回答道：“我不过是一个贫贱老翁，家住在关东，田地却在关西，今大暂时去关西打点柴禾，不知您因何要挽留于我？希望您能放我过关，免得误了您的正事。”

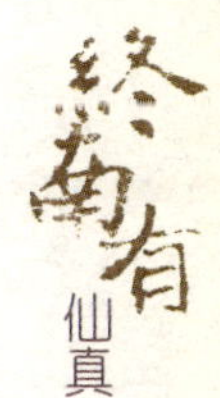

尹喜再拜说：“我知道您此次西去，并不是打点柴禾这么简单。我早已夜观天象，知道有大圣人将度关西去，恳请您不要隐瞒身份，暂留神驾，开示弟子，感激不尽。”

老子并不为所动，继续拒绝道：“我听说有一位姓古的先生，能出入有无，不终不始，永劫绵延，因此上修得白日飞升。他不日将经过函谷关。您要等待的应该是他，挽留我又有何用呢？”

尹喜又说：“我今天有幸一睹圣人您的仙颜，您真姿超绝，仙风道骨，自非常人可比。况且边夷乃蛮荒之地，去之何益。希望您垂怜弟子苦心修道多年，却未能一窥门径，稍稍留在关中，开示愚蒙，不胜感激涕零。”

老子的语气这才有些缓和，也知道眼前的这个关令，或许真是可以托付自己学说之人，于是便问道：“你是看到了何样一种天象，从而知晓我要度关西去的？”

老子的这句话，无疑已经给了尹喜一个十分明确的信息：眼前这位老人，便是圣人无疑了。尹喜自是兴奋不已，急忙回答道：“去年冬天的十月间，我看到天理星西行过昂，今年秋初，又见到有融风三次来到，再加上东南方向有真气，形状犹如龙蛇，缓缓向西而去。我便知道，这是真人将要出现的预兆。我从小便喜欢研习天文秘纬，仰观俯察所见无不应验。自从我知道圣人将度关西去，多日以来，夙夜存思，静候圣人，不敢稍有懈怠。今天有幸遇到神驾，应该是有缘分的，希望您能不吝赐教，开济沉冥。”

老子听罢，这才怡然一笑，说：“既是如此，那我就暂且留在关中吧。”

尹喜于是急忙在官舍之中设坐，并向老子行弟子礼，设宴款待老子一行。

老子在关上官舍之中坐定之后，抬眼望去，只见窗外的黄土大道犹

如绳索一般，自关下伸出，蜿蜒走向远方，在天地交接处，凝成一点。斯时，风住云散，天宽地阔，分外安宁。

夜晚，月色极美，四围风声不起，夏虫不鸣，万籁俱寂。老子命尹喜屏退左右，问他道："你想为这世间传播大道吗？"

尹喜再拜说："我知道您将退隐了，希望您能为我著书，我自会勉力将您的大道传播开去。"

老子缓缓说道："今年的十二月二十五日，我会和你一起去楼观，为你留下我的学说。"

尹喜自然是感激涕零，拜谢不已，同时表示：希望在这日子未到之前，老子可以先为关吏们讲讲道法。

老子点头应允。

尹喜即刻命人安排教席，以便老子说道。次日一早，众关吏聚集在廊下，要聆听老子讲道了。

老子坐定之后，喝了口清水润润嗓子，这才缓缓说道："道，无声无嗅，无色无味，无影无形，是不可以说的。可以说的道，已经不是道本身了。可以说的道，有常性，有常形，难以随势迁移，自然有生有盛，有衰有落。而道本身则断不会如是……"

尹喜注意到，廊下的众关吏们有的在左顾右盼，有的在低头玩石子，竟然还有人已然睡去。讲道的效果并不好，这倒是尹喜始料未及的。如此过了三日，众关吏们已经很是不耐烦了，他们在私底下纷纷表示：听不大懂，也懒得去听，生生受这份罪，还不如玩石子、跳房子、追野兔来得自在。

函谷关

老子照例宣讲。众关吏们照旧或左顾右盼，或低头玩石子，或鼾然睡去，如此又是一天。

到了第五日，宣讲的时辰已过，廊下却依然空无一人。坐在官舍之中的尹喜，却分明

听到了不远处众关吏们玩石子跳房子时常有的喧闹声。

尹喜见状，长叹一声后，只能取消了每日一例的讲道活动。老子便镇日长闲。

老子常常枯坐于关中城楼之上，遥望着极远处天地相接的地方，兀自出神，在他目力所及处，没有风，亦未见黄尘，鸟儿也不曾飞过，大地一片寂静。

寂静倒是很好，只是老子不曾料到的是，接下来发生的一件事情，却打破了他难得的清静，让他十分被动，也极为尴尬，却又无可奈何。

出事的人，是他的御者徐甲。

徐甲将他告到了尹喜面前。徐甲状告老子，是和一位美人相关。这事情的原委，还得从多年以前说起。

多年前，老子收留了无家可归的徐甲，并雇用他为驾车人，且约定每日佣钱一百钱。当时，老子就曾对徐甲说过，他要去大秦、安息等国，等到了那里以后，再将佣钱折为黄金，一并付给徐甲。斯时，徐甲倒是未表异议，多年来追随老子颠沛流离，居无定所，每日粗茶淡饭，备极辛苦，徐甲虽时时会有不满情绪，然而也不过是偶尔发发牢骚，鞭打鞭打青牛以泄不满，不曾生别的事端，倒也相安无事。直到他们一行来到函谷关，被尹喜留下。

初留函谷关上的一段时间里，并无事情发生。徐甲每日在牧牛之后，和关吏们玩石子跳房子追野兔，心情还是不错的。谁承想，昨日徐甲在田野里牧牛时，却有了别样的遭遇，彻底改变了徐甲的想法。

徐甲遇到了一位美人。时间是昨天的正午时分。

其时，徐甲正在田野之中牧牛，牛儿低头吃草，徐甲独坐一旁玩石子，正是百无聊赖之时。

就是在这时候，美人悄无声息地飘然而至。

自打看到美人的那一刻起，徐甲的眼中，就再没有青牛、石子和大地与天空了。

美人向徐甲施礼过后，开口说道："先生莫非是关令的贵客、老子的驾车人？"

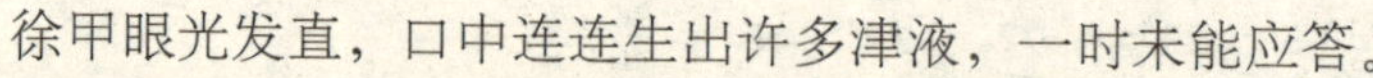

徐甲眼光发直，口中连连生出许多津液，一时未能应答。

美人继续说道："听说您追随老子已有多年，每日还有一百钱可赚。"

徐甲用力咽下津液，未及开口，又一轮津液就充塞了口中。

"这多年来的佣钱，"美人还在说，"聚集起来，可是一大笔呢。用它来买房子置地，娶老婆生孩子，日子可以过得十分滋润呢。"

"此去大秦、安息诸国，路途遥远，且不太平，随时会有性命之忧的。先生何不讨回佣钱，定居关中，既可以尽享天伦之乐的生活之趣，还可以免去劳累之苦与途中之艰险。何乐而不为呢？"说话间，美人脚下挪动，步步紧逼到徐甲面前了。

徐甲还是无语，心中却花花绿绿，并不平静。

最后，美人娇嗔一声，说："先生如愿留下，小女愿意以身相许，常侍左右……"

是日晚上，徐甲久久地失眠了，眼前总是浮现出美人楚楚可怜的迷人神态，挥之不去，回想多年来居无定所、颠沛流离的生活，展望来日与美人相拥而眠共度良宵的诸般情状，他的心中，便很容易动荡不已、躁动不安了。

天色未明，徐甲就做出了一个注定会影响他的命运，也间接地影响到老子的重大决定。

翌日早上，徐甲就将老子告到了尹喜面前，理由是：索要佣金七百万钱。尹喜听罢徐甲的讼词后，十分诧异，便将此事如实说给老子，并请老子裁决。

老子命尹喜将徐甲唤至面前。待徐甲到后，老子问明原委，知他去意已决，便说："你追随我已有二百余年，算起来，我是应该付给你七百二十万钱的。不过，你可能并不知晓：你早就命里该死，是我用太玄生符投入你的口中，使得你能活到现在。而且当年和你已有约定，待到大秦、安息诸国后，将佣金折合为黄金一并付给你。事到如今，你既然已毁弃前约，丝毫不念及我当年使你生还的恩情。那就休怪我无情了。"

说罢，只见有一道符从徐甲口中飞出，回到老子手中。站在一旁的

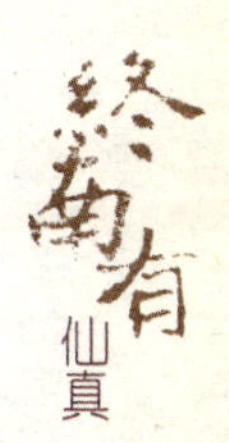

尹喜定眼看时，只见那太玄生符光亮如新，再看徐甲时，已然化作白骨一堆。

尹喜十分骇然。不过，他此时并不知晓，自打老子留在函谷关中，决意将生平所思悉数传给他时起，就谋划着用何种方式试探一下尹喜的心地是否至诚。毕竟，多年来的遭遇早已使老子对周围的人失去了信任，况且传道事大，如若所托非人，非但无益于世道人心，或许还会遗患无穷。徐甲此举，无意中给了老子试探尹喜的一个绝佳的机会。同时，老子也希望借惩罚徐甲的机会，杀鸡骇猴，以示警示之意。当然，老子是断然不会仅仅因为徐甲毁弃前约、无意前行，就如此严厉地惩罚他的。

因此，收回太玄生符以后，老子便不再言语，静观尹喜会作何反应。

那尹喜看到已成白骨的徐甲，骇然之余，顿生怜悯之心，也希望借此机会一睹老子起死回生之术，于是再拜于老子面前，祈求老子能赦免徐甲之罪，赐他回生，自己愿照价代付佣金给徐甲。

老子从尹喜的反应之中已然得知，警示之意已经达成，也愿意做个顺水人情，于是他再度将太玄生符投入白骨口中，不多时，徐甲又转身成人了。

老子便对他说："我不责怪于你，是你自己毁弃前约，负心在先，也并非是我意图惩罚于你，使得你再度化为白骨。你之所以可以依赖太玄生符得以活命，全是仰赖'道'法的，'道'在则命在，'道'失则身亡。你一旦毁弃前约，'道'自然就离开你了。'道'既然离开，你焉有命在？"

这话，无疑主要是说给尹喜听的，以警示尹喜自此用心修持，须臾不离于道。老子此举，用心良苦。既然警示尹喜之意已然达成，再留下心猿意马的徐甲，已经没有多大意义了。

于是，老子不再顾及徐甲的再三哀求，坚持将已经拿到尹喜所付佣钱的徐甲遣散，便是顺理成章的了。

徐甲去后不久。老子和尹喜约定的留下著述的日子也即将来临了。于是，在尹喜托病辞官之后，他们一行二人，走上了通往楼观的黄尘大道。

周昭王二十三年，即天上之无极元年，岁在癸丑。楼观台。

自草楼外放眼望去，目力所及处，山峦已不见起伏，远近没了差别，路瘦如绳，从草楼下蜿蜒伸出不久，便已消失不见，树木也为积雪装扮，与身后田野融为一体，渐次消失了踪影，大地一片银白。这时节，周围已没了行人，连如绳的道路，也渐渐隐去了。尹喜却知道老子要为他留下著述了。于是他沐浴斋戒，焚香洒扫，屏退左右，独自一人，守候在老子著书的草楼之外，时时拿双眼去望那天地一色处。然而除了银白，还是银白，没有鸟儿，连山风似乎也不愿打破这草楼之上的寂静了。

老子说经台

四围还是凄冷如旧，尹喜的心，却渐渐温暖起来了。就在尹喜心中逐渐入定之时，突然听见草楼之中发出多人活动的声音，尹喜一惊，迅疾自门缝向内看去。

只见有两个人，侍奉在老子左右。他们忽老忽少，无从辨别年纪，而且听到门外人声之后，身形逐渐隐去，却有影子在地面晃动。片刻之后，形状又渐次清楚起来。他们拿出腰间大约四寸左右的金壶，壶上隐约可见有五龙游动，壶中倒出的墨汁犹如三淳漆，不经意洒在地上时，悉数化作科斗之字。

原来，他们就是传说中浮提之国的神通善书，能记载造化人伦的两位仙人。他们此来，自是为辅助老子写下道德二篇的。

在他们的辅助之下，历经数个昼夜，老子便写下了道德二篇，共计十万余言。这十万余言，写于玉牒之上，以金绳编就，置于玉函之中。

老子和两位仙人昼夜精勤，焚膏继晷，辛苦著述，已然是行劳神倦了。

在老子写作此书期间，尹喜还分明看到，当金壶中墨汁用尽之时，二位仙人抛开胸膛，挖出心脏，以鲜血代替墨汁供老子使用。而当膏烛即将熄灭之时，他们便钻脑取髓，以代替膏烛，使屋中始终光亮不绝。几次三番，骨髓和鲜血便逐渐枯竭了。他们便从怀中取出一枚玉管，自管中倒出丹药的细屑，涂抹在身体上，于是鲜血和骨髓又恢复如初。之后他们继续钻脑取髓，刳心沥血，以助老子著述。

门外的尹喜见状，自是十分骇然，也就此知晓老子的著述，真可谓惊天动地，倍极艰辛了。

道德二篇十余万言写就之后，老子望着玉函，却深感卷帙太过浩繁，恐不利于后世研习，便说道："十余万言，太过繁琐，还是删繁就简，留下五千言即可。"

于是便开始在二位仙人的辅助之下努力删减，如此又耗费了很多时日。

这一天，五千言的道德二篇终于删就，二位仙人也要离开了。

斯时，门外的尹喜看到，二位仙人的目光从写有文字的玉牒上渐渐转向自己，目光含血，直视他的双眼，同时，他们开始向尹喜步步进逼。尹喜惊恐不已，正要放声大叫，却无从发出声音，眼见那两双血红的眼睛逐渐走近了……

尹喜大叫一声，突然就醒了过来。

原来是南柯一梦。

草楼中还是十分阴冷，他却惊出了一身冷汗。稍稍冷静下来之后，尹喜复又回想起梦中的情形，却觉得分外逼真，如在目前。

时间是无极元年十二月二十八日正午时分。尹喜从卧榻之上起身，披上衣衫，走出户外。看到老子所在的草楼之中突然有紫气直贯云霄，高约数百丈，同时有祥云缭绕，仙乐阵阵，接着，又有百鸟聚集其上，围绕着紫气列队齐鸣，似与仙乐相互唱和。斯时，寒风似乎已经不再凛冽，四围的积雪开始渐渐融化，草楼周围，万物渐次复苏，树木衰草竟然泛绿，蓬蓬勃勃地似乎有了春的迹象。

只有尹喜一人明白，这一天的正午时分，正是老子写完道德二篇之时。尹喜再度沐浴斋戒，焚香洒扫，恭立门外，静候老子走出草楼。

是日傍晚时分。天光逐渐黯淡下去，黑暗就悄然从地面升起了，不远处人声渐次消歇，苍茫大地，也逐渐侵入暗沉暮色，终至一片寂静。

老子自草楼之中缓步走出之际，正是最后一点天光逐渐消隐之时。

老子的步态，已然十分老迈了，从草楼之中的案几旁行走到门外，这短短几步路，在尹喜的感觉中，似乎他已走了数百年。也许是长期殚精竭虑，历经数度增删，反复批阅多日的著述活动，已经耗尽了他的精气，他的身形，已大不似往日的矫健，而他的目光，如那天光一般，似乎也渐渐黯淡下去。

斯时，一旁的尹喜，似乎听到有歌声自不远处传来，这声音，伴随着釜声的合鸣，十分苍老，也分外凄然，歌曰：

看那众人，个个兴高采烈，像赴宴，如游春。

而我，从不显露自己，淡泊宁静。

混沌如婴儿，闲散若无家。

众人富足我穷乏——我是愚人吗？

人人皆风光，唯我独昏茫。

人人都灵巧，独我笨头笨脑。

沉静恬淡如大海，

飘逸无系不知止。

众人各自有所得，我独顽冥又鄙陋。

我与众人本不同

依道而生随道死……①

尹喜听罢，心中真可谓是百感交集，忽而喜悦，忽而又悲不自胜。当他欲把斯时的诸般感受一一说给老子听时，未及开口，却分明听到老子的口中，深沉而又悠远地传出这样一句话：

“我该离开了……”

离开？！他要去哪儿呢？

①引文系鲍鹏山先生据二十章译出，考虑到行文统一，略有改动。

第八节
去住逍遥信自然①

甲寅年四月二十八日。

天气：晴，无风。

晨起有露，晶莹透亮，泽润万物，日中方消。是日晚间掌灯时分。

老子命尹喜早早屏退左右，就着昏黄的灯光，与尹喜相对而坐，沉默良久之后，缓缓对他说："我在上皇元年丁卯正月十二日丙午下降为周师，算来已有多年。深知因为王者不修德行，已经不能以道德治理天下万民了，这淫乱之俗已然不可更改，周道必然要衰微了，此乃定数，非人力所可强行改变。因此我才会选择微服远游，西迈流沙，从此隐遁，与世无涉。"

①关于老子此后的行踪，有以下诸种说法：《史记》卷六十三《老子韩非列传》载："（老子）居周久之，见周之衰，乃遂去。至关，关令尹喜曰：'子将隐矣，强为我著书。'于是老子乃著书上下篇，言道德之意五千余言而去，莫知其所终。"司马迁此说，是为后世言及老子去向的比较权威的资料，亦可能是后世仙家附会老子升天之说的史料基础。《庄子·养生主》载："老聃死，秦失（佚）吊之，三号而出。弟子曰：'非夫子之友耶？'"郦道元《水经注·十九》云："就水出南山就谷，北经大陵西，世谓之老子陵。昔李耳为周柱史，于世衰入戎于此，有冢，事非经证，然庄周著书云：'老聃死，秦佚吊之，三号而出'，是非不死之言。人禀五行之精气，阴阳有终变，亦无不化之理。以是推之，或复如传，古人许以传疑，故两存耳。"据王士伟先生考证，此地西距楼观六七里。郦道元此说亦是古代地理书关于老子"大陵"的最早记载。北周甄鸾《笑道论》亦说："（老子）身死关中，坟垅见在。"唐释道宣所撰孙盛《老子疑问跋》亦称："老子……坐观周衰，遁于西裔，行及秦壤，死于扶风，葬于槐里，非遁天之仙，信矣。"道宣《广弘明集·辨惑篇序》又称："李叟生于厉乡，死于槐里。"清人梁玉绳《史记志疑》卷二十七《路史·后记七》亦云："户县柳谷水西有老子墓。"以上关于老子之死的诸种说法，据王世伟先生考辩，地点虽有不同，但老子终老于关中，葬于终南山下就水之东，距楼观咫尺，大致是可靠的。本书作者也较为认同此说，并进一步认为，如若老子死于关中，葬于楼观近旁之说不谬。尹喜便极有可能亲见老子之死，并参与安葬。本书中亦尝试如是处理。而刘向《列仙传》关令尹条载："老子西游，喜见其气，知有真人当过，物色而遮之，果得老子。老子亦知其奇，为著书授之。后与老子俱游流沙化胡。服苣胜实，莫知其所终。"王松年撰《仙苑编珠》亦采此说。宋贾善翔撰《犹龙传》说："（老子）久之辞荣去周，青牛命驾，东离魏阙，西度函关，以吉祥草而试徐甲，以上下篇而授尹喜。复升紫府，宿约青羊。西入流沙，化于犷俗。"明洪自诚《消摇墟经》亦持此说。其他如《老子化胡西品》诸书，更是以此说为基础敷衍开去。由以上征引可见，关于老子此后行踪，史书记载语焉不详，而道书与释家的相关论述亦不统一，这里面，自然有思想论争的痕迹在，道书虽不可全信，释家所说亦未必准确。故而，本书作者采取郦道元的"故两存耳"的态度，做出老子身死楼观，尹喜似见其复驾青牛西去的折中处理。详细考辩文字，可参见王士伟先生著《楼观道源流考》（三秦出版社，2007年版），以及樊光春先生著《西北道教史》（商务印书馆，2010年版）

“不曾想会在函谷关被你强留。这或许也是定数。”老子继续说道，声音愈发低沉了，“盘桓数月，辗转来到此处，殚精竭虑，数度增删，不惜损耗精气，著述道德二篇五千言，只为将我平生所学所思，尽数传授于你，希望你能将其传播开去。此二篇，语虽简略，然意蕴深厚，不可以一途定也。上可以使君主明了治世之道，为天下苍生谋福利；下可以修真养生，求得益寿延年。如若不幸生逢乱世，或还可以在世事纷扰之中，作全身保命之用……”

尹喜说：“您的意思是不是说：自己应该不存私心，任由有形之物各自彰著。动时如流水，静时如明镜，反应如回响。恍惚如无有，寂静如清虚。相同则和谐，贪得便有失。从来不强求争先，而常常顺随别人？”

“是了，是了。”老子的声音已经十分衰弱了，他深吸一口气，徐徐说道，“认识到自己的雄强，却愿意持守雌柔，努力成为天下的溪涧；认识到可以明亮，却自行持守暗昧，做天下的山谷。人人务于争先，自己独自居后。能承受天下的污垢；人人追求实际，自己独守虚空，不敛藏反而有多余。立身行事，宽缓而不耗费，无所作为而嗤笑机巧；人人独求福，自己独自委曲求全，但求避免灾祸。以精深为根本，以简约为纲纪，认识到坚硬的就容易毁坏，锐利的就容易挫折。常常宽容待物，不侵削别人，可以说就达到顶点了。[①]这个道理，做君主的如果能持守，自然可以天下平静，民心归顺；个人若能持守，也可以全身保命的……

“鲁国有一人，姓孔名丘，躬行周礼，好言仁义，亦深谙治道……他的治道，与吾道之间，裂隙已定，难以弥合。他日亦会针锋相对、剑拔弩张，亦是定数。”

“我去之后。天下自会治乱相替，吾道亦会上下沉浮。这也是定数。”

“我去之后。可将我葬于就水之阴，不设墓碑，亦不必悼念……”

①此段对话，出自《庄子·天下篇》，译文引自陈鼓应《庄子今注今译》（中华书局，2009年版），考虑到行文统一，略有改动。

说罢，老子就开始大口大口地喘气了……

斯时，草楼之上突然狂风大作、电闪雷鸣、天光照彻、犹如白昼，顷刻间，便大雨如注，似从空中倾泻而下，窗外一片茫然。狂风暴雨稍歇之后，四周依然亮如白昼，黄土地面却干爽如常，未见落雨的痕迹。

尹喜再回身看时，只见老子已经双目紧闭、溘然长逝了。

尹喜心下十分凄然，正欲仰天痛哭，在抬头的一瞬间，却分明看到：在草楼下通往西方的小道上，有一人，形容酷似老子，驾着青牛，头也不回，一路绝尘而去……

老子出关

贰

无上真人尹喜：心凝形释羽登仙[①]

尹喜见老子图

周昭王二十三年癸丑，即天上之无极元年。

这一年的五月间，函谷关外并不多见的野草已经泛绿，关道两旁山上的数十棵树也渐渐变得丰满起来，在山风的拂动之下风中便有了些许草香，不似以往那样干燥了。然而，黄尘依然扑面，站在关上眺望时，还需要手搭凉棚，眯起双眼。而目光所及处，一条黄色的大道蜿蜒如绳一般伸向远方并逐渐收缩，在天边凝成一点，才清晰片刻，迅速又为黄尘遮蔽了。

这一天，也许真不是远行的良好时段。

然而，负责瞭望的关吏并不敢稍有懈怠。因为他们的关令说过，自己已夜观天象，见东方有紫气逐渐向西边移动过来，天上出现这样的异象，自是百年不遇，近期定然会有大圣人要出关西去。于是关令沐浴斋戒，命关吏们洒扫路面四十里，夹道烧香以迎接圣人西来。关令既然这样吩咐过了，他们怎能懈怠呢？

于是，每过大约一炷香工夫，负责瞭望的官吏便会从并不高大的城楼上探出头来，手搭凉棚，眯起双眼向远处的黄尘大道上眺望。在他的身后，蔚蓝的天上总是会有黄尘散作纱帐一般，从远处覆盖过来，风儿稍歇之后，它们便躺在城墙之上，细细地显现着风的纹路，然而未及停稳，随即又被风儿吹散了。

函谷关

就这样，黄尘伴随着关吏们的目光等待着圣人西来，终于等到了这一年的七月十二日甲子。

正午时分，风住云散，连沙尘也不再肆虐，函谷关中，迎

①此章说法，主要源自以下诸书：1.元赵道一修撰《历世真仙体道通鉴》卷八，见张继禹主编《中华道藏》，第四十七册，华夏出版社。2.明洪自诚撰《消摇墟经》卷一“老子条”及“尹喜条”，见张继禹主编《中华道藏》第四十五册。3.宋贾善翔撰《犹龙传》，《中华道藏》第四十五册。4.编撰者不详，《太上混元真録》，《中华道藏》第四十六册。5.宋谢守灏撰《混元圣纪》，《中华道藏》第四十六册。6.唐乐朋龜撰《西川青羊宫碑铭》，《中华道藏》第四十八册。7.清薛大训辑《古今列仙通纪》，首都图书馆藏清刻本。8.元张天雨编《玄品録》，《中华道藏》第四十五册。9.宋张君房纂辑《云笈七签》，卷一百二十“混元皇帝圣纪”，《中华道藏》第二十九册。10.汉刘向撰《列仙传》卷上“老子”及“关令尹”条，《中华道藏》第四十五册。11.王松年撰《仙苑编珠》卷上，《中华道藏》第四十五册。12.宋陈葆光撰《三洞群仙録》卷一，《中华道藏》第四十五册。13.汉司马迁《史记》卷六十三《老子韩非列传》，见中国道教协会研究室编《道教史资料》，上海古籍出版社，1991年版。另外，亦参考了以下诸书：(1)许地山《道教史》，华东师范大学出版社，1996年版。(2)樊光春著《西北道教史》，商务印书馆，2010年版。(3)王士伟著《楼观道源流考》，三秦出版社，2007年版。

来了这个季节少有的清和天气。负责瞭望的官吏并没有花费多少力气，就在关道上发现了一位老人。这人看起来已经很老迈了，坐在车上，多少显出慵懒的迹象。驾车的童仆，也显得有些不耐烦。

不消说，这人一定是关令所说的大圣人了。

大圣人既然已经驾临关上，剩下的事就简便易行了。关吏们将老人强留下来，并领他见过关令。关令自然大喜过望，将老人请进关内，给他吃了二十个饽饽，喝了两大碗清水。又在这一年的十二月二十八日请这位老人写下了一本书。书并不巨大，只有五千言，名叫《道德经》，还分为上下两篇，这书有些微妙难识，关吏们并不喜欢，甚至还有人觉得二十个饽饽花得有些不值。

在后来的史册中，这位老人的名号渐渐响亮起来，他姓李，名耳，字聃，也就是人们所说的老子。

而这位夜观天象，洒扫四十里，沐浴斋戒迎接老人并强留他著书的关令，在历史上也有一号，他姓尹，名喜，字文公，后世所谓的九天仙伯文始先生无上真人，说的就是他。

那些关吏们和老聃尹喜一样，或许并不能料到，周昭王二十三年癸丑七月十二日甲子，以及此后的十二月二十八日，会永载中国的史册，他们强留李耳请他写下的这五千文，会影响中国的历史和精神长达二千五百余年，而且还会影响下去……

然而这些注定要名垂青史的事件，起点不过是一名关令的一次或许并不科学的对天象的观察，一次对一位老者的算不得过分的强留，以及二十个饽饽和两大碗清水换来的这部仅有五千言的《道德经》上下篇。

也许，十分重大的历史事件，其起点，都不过是一些末端小节。老子所谓的大风起于青萍之末，说的也是这个意思。既然起点是末端小节，我们的叙述也不妨从多年前的小事开始。

第一节
少好坟索善天文

这一年九、十月间的某一天，甘肃天水某地的一户尹姓人家中，此刻已是十分热闹，只见家中无论男女老幼，表情虽然含着喜悦，脚下却有些慌乱，屋中为产妇准备的热水，已经在锅中翻滚了好多次，看起来已经有些发黄了。

原来，这一家的鲁姓妇人，已经怀胎十月，正待临盆了。

家人从三日前的凌晨等到今日的傍晚，已经足足过了三十多个时辰。然而三十多个时辰的等待并没有消散他们对这即将诞生的孩子无限的期待，依照常理判断的难产，对这孩子也许并不适用，因此，漫长的等待并未使得家人满含担忧。

原因倒也简单：这孩子的母亲怀上他的时候，便是有些异象的。

据说，十月前的某一天正午时分，鲁姓妇人躺在卧榻之上午睡时，做了一个奇怪的梦。鲁姓妇人梦见天上绛霄纷纷，犹如雨下，瞬间便流绕在她的身上，等到她醒过来的时候，便发现自己已经怀有身孕了。而他的父亲，此时尚在百里之外的镇上做买卖。

既然怀上这孩子的时候便是异常，此时他迟迟未能出生，自然是可以理解的了。

天光已然逐渐黯淡下去，黑夜渐渐降临了。

家人十分惊异地看到了如下景象：家中干硬的地面上突然生长出许多莲花，这莲花，花瓣极大，而且粉嫩可人，还伴有异香阵阵扑面而来，仔细观察莲花的花瓣，可以看到光色鲜盛，自非寻常莲花所可比拟。几乎与此同时，还有两道天光如太阳一般飞游在妇人的身边。片刻之后，这孩子便降临人间了。他们的家人自然无从预料，这孩子多年之后会成为函谷关的关令，而且因为他一次夜观天象和对一位驾青牛打算西迈流沙的老人的强留，会改变了后来两千余年的中国历史和中国人的精神世界。

莲花与天光散去很久之后，众人才回过神来，于是纷纷围上去，仔细观察这襁褓之中的孩子。只见他眼有日精，姿形长雅，而且双臂颀长，可以下垂过双膝，可以说，这孩子有天人之貌，自非常人可比。

家人自然是大喜过望，为他准备出生后的用品也精心很多，并为他取名为喜，以表明在他降生之时，家人十分喜悦之意。

尹喜像

斗转星移，时光流逝，转眼间已是十有五年，在此期间，并无多少大事可记，只是岁月催逼，父母已然衰老，孩子逐渐成人而已。

这时候，尹喜已经十五岁了。

十五岁在儒家先师孔子看来，正是一个孩子应该有志于学习的年纪。然而此时尹喜因为幼时喜欢学习坟索典籍，且追随当地的老师多年，已经善于天文秘纬，能够仰观宇宙之大，俯察品类之盛，观鸟兽之文与地之宜，而且没有不能洞彻幽微的，在他目光的烛照之下，连鬼神也没有办法隐匿，纷纷在尹喜的观照之下，显出他们真实的面相。

勤于修习炼就的异能，为他日后在周康王时出任大夫，又成为东宫宾友，做了极好的铺垫。当然，最为重要的是，也为他多年以后夜观天象，强留老子著书五千言，做了基本的也是十分重要的准备。

不过此时，距离老子西迈流沙尚有多年。尹喜还需要经历为官生涯的历练，之后，他才能够等来那个改变他的命运从而也改变历史的重要时刻。

第二节
结草为楼思至道

周康王二十一年秋九月间的一天，风儿并不萧索，草木也未见摇落，四周百草虽依然丰茂，却与树木一般，均已染了秋色，远远望去，一片金黄。正是万物成熟等待收获的好时节。

临近晌午时分，雍州终南山周至县神就乡闻仙里迎来了一位不速之客。这人约莫三十岁光景，身背简单行囊，虽然目露精光，然而还是不能掩盖他因风尘仆仆、长途跋涉而显露出的些许倦意。许是倦意使然，这人围着闻仙里山下的一棵古树打量片刻之后，就坐在了溪边的一块巨石之上。

楼观台

此时人们并不知晓，这个人和他接下来要做的事情，对雍州终南山周至县神就乡闻仙里究竟意味着什么。

他们能够知道的是：这个人很快便在闻仙里结草为楼，住了下来，这草楼后来有了一个名字：楼观。

这一住，就是一千多个日夜。

这人姓尹，名喜，字公文。此时，距离他出生那天，已有三十多个年头了。三十年的岁月沧桑，已经足以使得一个人变得沉稳、成熟。

在此前的十多个年头，尹喜为求至道，已经离开家乡几乎踏遍了有周一代的名山大川，他希望能够找到志同道合的人，共同精思至道。只可惜，多年的跋涉并未带来应有的收获。这时候，他便觉得，修道之事，需要自己独自一人勉力为之，于是他经过多次反复考量，仔细勘查，终于发现了一处修道的福地。不必说，这地方便是周至县神就乡闻仙里了。

此地中分秦甸，面距终南，可以东眺骊峰，接晴岚之浥浥；亦可西顾太白，粲积雪之皑皑。

后世有诗赞曰：

结草终南下，云萝一径深。
人穷文始迹，谁到伯阳心。
古木含天理，清风快客襟。
劳车行计促，空愧负长吟。

——《留题楼观》　薛周

早驾青牛说二篇，又闻白鹿御三天。
本期帝者能行道，岂为人间只学仙。
鹿迹若来非偶尔，桧形如望共凝然。
迟留永日空遗境，楼阁参差隐暮烟。

——《楼观》 石曼卿

尹喜在楼观住下以后，每天进入观后的山中炼神养气，精思至道。日常行事，则尽力隐德行仁，而且无意于世俗富贵，也不愿意修习俗礼，只是力求损身济物，至于闻达与否，自然不在他考虑的范围之内。

然而他虽然不求闻达，名声却很快远播到百里之外的都城之内。这也印证了后来老子的一句话：是以，圣人处无为之事，行不言之教。万物作焉而不辞，生而不有，为而不恃，功成而不居。夫唯不居，是以不去。

这时候，素来对修仙问道事颇感兴味的周穆王听说了尹喜结草为楼，精思至道而且在乡里极为闻名的事情之后，便将他召进宫中，拜为大夫，位列公卿。大约一年后，又将他召为东宫宾友，直到多年以后，那个注定将影响尹喜的命运以及中国历史走向的神奇的夜晚出现为止。不过，遗憾的是：周穆王是无法躬逢其盛了。

第三节
夜观紫气自东来

周昭王二十三年癸丑。

这一年，周王室治下的政局虽算不上稳定，但也并无大事可记，距那些注定会改变天下大势的重大历史事件的发生，尚有一段距离。虽说宇内多处并不稳定，水灾旱情频繁出现，然而相较于此后多年内的形势，这一年勉强还可以算风调雨顺，四海升平。

也就是在这一年五月间一个看似平常的夜晚，身在都城经常夜观天象的东宫宾友尹喜，注意到了一个现象。午夜时分，月光明亮，将四围的亭台楼阁照得几乎可以彻见。伫立在清风露水之中的尹喜，发现东方有紫气逐渐向西边移动过来，速度十分缓慢，尹喜稍加推算，便知道了

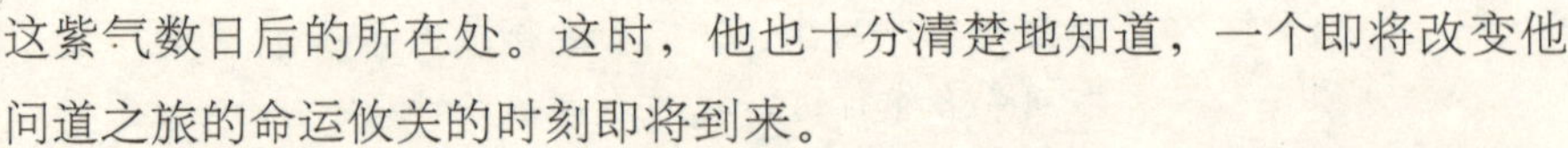

这紫气数日后的所在处。这时，他也十分清楚地知道，一个即将改变他问道之旅的命运攸关的时刻即将到来。

多年以后，当尹喜远赴成都寻找老子托生处时，行走在十分艰险的蜀道之上，面对时时会遇到的艰难险阻，定然会回想起他看到紫气东来的那个晚上的诸般场景。斯时，他才深切地意识到那天的所见到底对他意味着什么。

当时，他清楚地知道，此时天降祥瑞，必然是有大圣人要度函谷关西去。只是这圣人究竟姓甚名谁，为何要西迈流沙，他的目的究竟何在？这些问题，是尹喜所无法推算的。他能知道的只有：这圣人的到来，对他而言，也许有着难以言明的意义。这或许千年才会一遇的机会，他自然无从放过，也断然不能放过。

而等待这圣人最好的地方，便是函谷关了。

这一天晚上，躺在卧榻之上的东宫宾友尹喜，因为极度的兴奋和对即将到来的事件的期待，久久地失眠了。

失眠的人自然不会有梦，然而尹喜却分明看到了那个圣人高大的身形，在他西行所向的天边，孤烟如柱，残阳如血，只把长长的孤影，永远投在了他所遗弃的世人的所在处。

第二天早朝时，尹喜便奏请昭王，派遣他出任函谷关令。素来对尹喜十分敬重的昭王，自然慨然应允了他的请求。

于是，已经比较年长的尹喜，骑着青骡，走在了通向函谷关的黄土大道上，没有隶卒鸣锣开道，也没有众人殷勤送行。然而尹喜心中却满含着喜悦，因为只有他知道，他此去，是为了迎接那个属于他，后来也属于整个华夏民族的意义十分重大的日子的到来。

第四节
函谷关中迎老君

周昭王二十三年癸丑五月壬午末。函谷关。

从关上城楼中的大厅边放眼望去，黄土平原愈远愈低，很是死板，一直延伸到与天相接的地方，黄尘起来，便一片朦胧。风住沙停的时候，天色苍苍，倒是有极好的空气。高踞在峻坂之上的这雄关，自城楼下伸出一条黄土大道，道两旁均被黄土坡占据，拥挤得关道看起来十分瘦削。这雄关，实在是一颗泥丸就可以封住的。

在城楼上守望的关吏孙景，已经瞭望了足足三个时辰。

单调的景色看久了，是会生出疲惫的。孙景将武器斜靠在城垛上，手搭凉棚，眯起双眼，又向如绳一般蜿蜒伸向远方的关道上望了一眼，关道还是关道，黄尘还是黄尘，路上还不见关令所说的那个模样的人。

都说新官上任三把火，关令上任的时候，却只烧了一把火。这一把火还烧得莫名其妙，弄得关吏们有了多年不遇的慌乱。关令说，自己已经夜观天象，发现阳数极九，星宿值金，东方有紫气渐渐向西方移动过来，这时候天降祥瑞，必然是有大圣人要度函谷关西去。这个说法，原本就让大家觉得不可思议。再说了，现在世道不好，既然有圣人，为何不见他站出来拯救万民于水火，不做这事也就罢了。好端端的关内不待着，跑这兔子不拉屎的函谷关外做什么？关令还再三嘱咐大家说，要是看到容貌与流俗不同，车服异于常人，驾着青牛薄板车的老者，一定不要让他通过。一个年迈的老者，应该是行将就木之人了，拦他何用？又何劳关令如此记挂呢？

关令吩咐完众人之后，自己先沐浴斋戒，还派遣关吏们洒扫路面四十里，夹道烧香以迎接圣人驾临。如此兴师动众的事，函谷关上已经很久没有过了。

就这样，关吏孙景们带着老大的不乐意，在关上守望了整整两个月。

这一年的七月十二日甲子，终于伴随着新一轮的沙尘来到了。

多年以后，已经不再做关吏的孙景在都城南巷卖饽饽的时候，偶然听说了关于老子和关令尹喜十分离奇的传闻以后，面对着苍苍的天色和不时掠过的飞鸟，努力回想那一年七月十二日甲子他在关上守望时所看到的那一幕时，仍然觉得那不过是十分寻常的一个正午，时光的流逝并未将他的回忆渲染得天花乱坠。

当时，在城楼上瞭望已久的他看到了如下一幕：

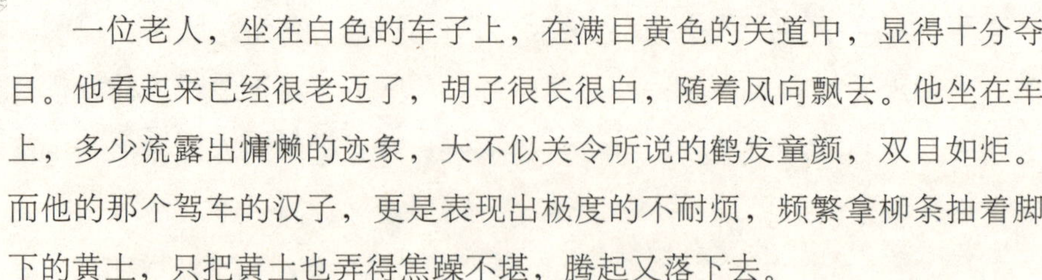

一位老人，坐在白色的车子上，在满目黄色的关道中，显得十分夺目。他看起来已经很老迈了，胡子很长很白，随着风向飘去。他坐在车上，多少流露出慵懒的迹象，大不似关令所说的鹤发童颜，双目如炬。而他的那个驾车的汉子，更是表现出极度的不耐烦，频繁拿柳条抽着脚下的黄土，只把黄土也弄得焦躁不堪，腾起又落下去。

不消说，形容如此怪异又在这时候意图度关西去，必然是关令所说的大圣人无疑了。

孙景从城楼上下来时。这个老人还在望着关上的城墙出神，目光看着多少还有点呆滞。这时候，孙景才清楚地看到了这个老者的面目。他的眼睛似乎灰蒙蒙的，面色倒还红润，耳朵很厚很长，几乎要垂到肩上，若不是胡须满面，单看这耳朵，定然十分骇人。令孙景气愤的是，这老人见他下到关口，竟然一点反应也没有。倒是那驾车的汉子，在他的武器的晃动之下，双腿不住打颤，就像遭雷击了一样。

孙景伸手拦住了他们。

老人这才把目光从城墙上收回来，从被胡须遮住的口中挤出了几句话，这声音很微弱，仿佛是从地底发出。

“我家在关东，而田地却在关西，这几天没柴禾烧了，我得去关外打点柴禾，希望您能放我过去。”

孙景却不为所动，马上招呼关上的人，通知关令下来。

尹喜听说老人已经到关口了，自是喜出望外，连连说：“今天终于来了，我可以见到圣人啦！我可以见到圣人啦，道今天终于来了……”

于是，他马上吩咐众关吏，列队出关迎接，自己则穿好朝服，整理衣冠，跪在关门口叩头不止，说道：“我是此处的关令尹喜，在这里等候您的大驾已经两个月有余了。今天终于等到了，希望您能暂时留在关中，为我说道。”

其实，老子早已知道尹喜潜心求道的事情了，知道他日后也会得道，与他还有一段师徒的缘分。不过此时，他还想试一试尹喜。

第五节
幸得老君传大道

老子既然已经做好了试一试尹喜的准备，便不能马上暴露身份。他走下车来，向尹喜长揖之后，缓缓说道："我不过是贫贱老翁一个，您为什么非要留下我呢？希望您能放我过去，好打点柴禾早日回家。"

尹喜听罢，再次叩首说："您怎么可能是去打柴禾呢？两月前我夜观天象，发现有紫气从东方来，便知道一定有大圣人要在近期出关西去。希望您能把真实身份告诉我。"

老子却还是不动声色，他说："我听说有一位姓古的先生，善入无为，永存绵绵。因此上算得上是得道高人，这个人要从你的关中经过，那才是你要找的圣人。你何苦非要留住我呢？"

尹喜十分执著，继续说："今天我有幸一睹您的仙颜，看到您圣姿超绝，一定是天上至尊，您出关之后，便是边夷之地了，没什么值得您看的。希望您能垂怜我多年潜心求道历尽艰难从不敢稍有懈怠之心，暂时留在关内，为我讲道吧。"

老子此时心中稍稍为尹喜的话语所动，便说道："你是怎么知道我将要过来的？"

尹喜听到老子这样说，也知道圣人开始心动了，于是回答道："去年冬天十月间，有一天我看到天理星西行过昂，到了本月初，融风三次经过关上，而且东方的真气像龙蛇一样逐渐向西而去。这一定是有大圣人将出现的征兆。我从小就喜欢学习天文秘纬，还能够仰观俯察，预知过去未来，没有不应验的，因此知道必然有圣人过关。自从观察到这个天象以后，我几乎夜不能寐，未敢稍有懈怠，生怕错失了圣人。现在终于有缘遇到您的仙驾，希望能蒙您教诲，开济沉冥，若能如此，自是感激不尽。"

说罢，尹喜叩头不已。

老子这才怡然一笑，说："好啊。你知道我，我也早已经知道你

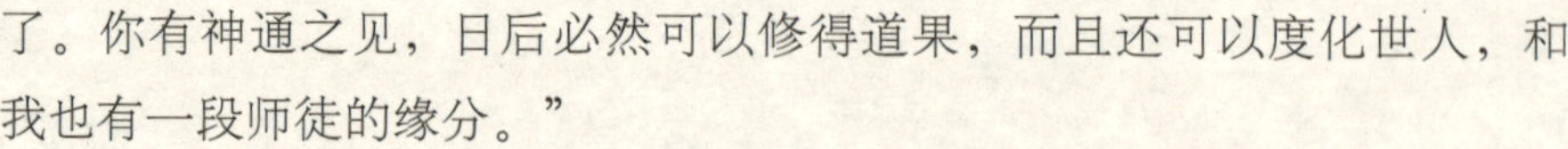

了。你有神通之见，日后必然可以修得道果，而且还可以度化世人，和我也有一段师徒的缘分。”

尹喜听到这句话，方才长舒一口气，回想起自己修道多年的艰难，今日终于可以得良师亲随左右，不仅感慨系之，竟然涕泪合流。便叩头再拜说：“敢问大圣人姓字？”声音略微有些发颤。

老子又是一笑，说：“这个说来就话长了。我的姓字渺渺，已经经过了很多年，一时无法为你说尽。不过现在我姓李，字伯阳，号老聃。”

尹喜听罢，不再多问，马上请老子进到关内，设座供养，盛情款待，执弟子礼，殷勤备至，另外还派人带着老子的赶车人徐甲去关后水草丰茂的地方饮牛。

老子在关中城楼上大厅内坐定之后，临窗一望，只见外面已经风住尘歇，极远处天边有几只鸟儿飞过，还有朵朵白云，聚集在一处，很像排列整齐的一群绵羊。绵羊下面，始终是死板的黄土，黄土路蜿蜒如绳，自关中城楼下伸出，穿过两座土坡，才铺排开来，最后与黄土平原混作一处，难以辨识。

目睹此景，老子心下有些悲凉，一如他当初决定弃周远去，西迈流沙时一般模样。

饮过清水，用过还算丰盛的午餐以后，老子便斜倚在身边的简易书架上，渐渐入睡了。

尹喜一直小心侍奉左右，待老子睡去后，他缓步走出房门，抬头远望时，只见天边一抹云霞，没有鸟儿飞过，倒是起风了。

从这一天起，老子便留在了函谷关中，前后达百余天之久。老子将内外修炼之法全部传给了尹喜，尹喜也曾请老子为众关吏说法讲道，无奈只要老子一开口，便有人呵欠连天，不需多久，所有人都伸长脖颈，以呵欠互相应和，讲课的效果并不好。几次下来，讲者比较痛苦，听者更是难过，于是便只好作罢。

关上的时间虽然流逝得相对缓慢，然而转眼间，老子应诺留在关中的一百天还是过去了大半。在这一段时间中，尹喜每天听老子讲道修习内外修炼之法，众关吏和徐甲玩石子跳房子追野兔，大家自得其乐，相处融洽，并无大事可记。

只是到了第九十八天的午间，出了一点事。这点事，说大也大，说小也小，对当事人而言，意义或许有限，然而对身为关令的尹喜来说，却有着非同寻常的意义。

他要面对一场诉讼。

第六节
起死回生显道法

诉讼人是徐甲。徐甲的事情，还得从两百余年前说起。

两百余年前的某一个清晨，驾着青牛返回都城的老子远远就看到在道路旁的土堆边躺着一个人。他急忙赶到这个人近旁，仔细俯下身去一看究竟。只见这个人面容憔悴，嘴唇焦黑，衣衫褴褛，浑身腥臭，便知道此人身患恶疾而且已经病入膏肓，如果不及时医治，必然有性命之忧。

不假思量，老子就将此人扶上牛背，自己牵着牛，迅速赶回家中。回家后又将他扶上床榻，为其清洗面容，还把自己修炼多年的金丹用温水化开，喂此人缓缓服下。约莫半袋烟功夫，这人就渐渐苏醒过来，且能开口说话了。他说的第一句话是："我的牛车呢？"

后来老子才知道，这人姓徐，没有名字。老子就称他为徐甲。徐甲原来是某家人的车夫，随着主人出门经商，不料途中遇到盗贼，主人全家为盗贼所伤。只有他一人幸得逃脱，现在，主人已不复存在，牛车也不知去向。徐甲醒来后，想起之前的悲惨经历和以后无着落的生活，不禁泪如雨下。

老子对他的遭遇深表同情，于是对他说："你以后就做我的车夫吧。我每天给你一百钱，作为雇佣之费 ，不知你意下如何？"

徐甲听罢，稍作计算便知道有利可图，于是叩头拜谢不已。就这样，徐甲为老子驾车，前后二百年有余。

在这二百年间，虽然徐甲偶尔也会对粗糙的饭食不满，对长途跋涉风吹日晒颠沛流离居无定所的生活不大乐意。但表现也仅限为没来由地猛抽青牛的背腹，半夜偷偷爬起来往牛吃的草料中投石子。也没有什么太大的问题出现。直到他们在周昭王二十三年七月十二日甲子来到函谷关，事情才起了变化。

徐甲随着老子初到函谷关时，吃的好睡的好，每天还可以玩石子跳房子追野兔，免了长途跋涉之苦，除了这地方太过单调，人烟稀少，见不到亮色外，其他的倒还令他满意。

事情的变化是和徐甲追随老子来到函谷关的第九十七天上的经历密切相关的。

徐甲这一天食欲很好，接连吃过两大碗乌鸦炸酱面，照例就和孙景等人玩石子，玩完石子跳房子，跳完房子追野兔，追着追着，就将孙景等人远远地抛在了后面。他独自一人,借着乌鸦炸酱面的猛劲，随着这野兔七拐八拐，就拐到了一处村落之外。徐甲可能并不觉得，此时，他距离函谷关已经有十多里之遥了。

这村落建在一处谷地之中，约莫有十多户人家，房屋均为黄土夯成，十分低矮。站在坡顶无需放眼，村落的整体便可以尽收眼底，看起来和函谷关也没有太大区别，只是周围水草更为丰茂，多了不少鸡鸣犬吠之声，自然也有了较多的生气。

大约三个月后，当他已经被老子遣散，常住在这个村落时的某一天晚上，望着窗外的满天星斗，徐甲还曾回想起他追野兔偶然来到这个村庄的这个午后，这时他心里才明白，此后发生的这一切，也许真是一个人的定数。

这一天徐甲在村口遇到了一位美人。

这美人至多不过十八九岁，此时正在村口井边汲水，她弯下腰去的时候，徐甲的眼睛分明看到衣衫绷紧之后显现出的诱人的体态。

徐甲接连吞咽了几口唾液，不由自主地走上前去，于是便有了以下事情的发生，这事情，注定将改变徐甲此后的命运。

斯时，令徐甲十分意外的是，这美人回身过来，看到他以后，并不躲避，而是面露微笑，迎上前来，施过礼之后，开口说道：“先生莫非是老子的御者徐甲？”

这美人知道他的名字，又是令徐甲颇感意外。

“是的”徐甲回答道，声音大不似以往的粗犷。

“您要和老子去哪里呢？”美人继续问道。

“说是去什么大秦安息国。”徐甲答道。

“大秦安息国离这儿很是遥远呢，”美人说，“你们去哪儿做什么？做生意吗？”

“不是，”徐甲说，“至于去做什么，我也并不知晓，反正随着主人的意向罢了。”

“听说老子雇佣您，每天给您一百钱呢，”美人说，“您追随了他这么多年，想必积聚了不少钱财吧？”

“哪里，”徐甲说，“总数倒是很大，七百多万钱，不过他没有结算过，白条倒是打了不少，说是到了大秦安息国再一并结算。”

“您也太实诚了，”美人说，“您也不想想，此去大秦安息国，路途遥远，又是兵荒马乱的年月，路上盗贼甚多，万一遇到强匪，坏了你们的性命，岂不人财两空？”

徐甲一时语塞。

美人继续说道：“再说了，七百万钱，可以在这儿买到很多房屋，无数牛羊，还可以娶妻生子，享受天伦之乐，这才是人生一世最为紧要的事情，您随着老子，何时是个头呢？”

徐甲稍稍想想，便觉得美人的话很有道理，只是自己不知道怎么应对，索性就不再言语，只拿眼睛死死地盯住美人。

美人最后说：“如果您从老子那儿讨回属于您的七百万钱，我愿意嫁给您，我们买房子置地，生孩子种田……”

是日晚间，徐甲躺在函谷关中自己的卧榻之上，迎来了他一生中唯一一个不眠之夜。事后回想起来，他已经不记得那一天晚上有没有月亮，看没看到星星，夜风到底是否吹响过楼上的风铃。

倒是那美人的眉眼，总在他眼前晃动，十分真实，十分可怜，也格外迷人。

翌日早上，吃过一大碗乌鸦炸酱面以后，徐甲就一纸诉状，将老子告到了函谷关令尹喜面前，索要佣钱七百万。

尹喜看毕之后，大为吃惊，也很是不解，便将诉状拿给老子看。

老子草草看过，发现了好几个错别字，还一一为他改过。之后，对尹喜解释了其中原委。

老子说："我当年俸禄微薄，无钱雇佣仆役，救了徐甲之后，念及他无以为生，便雇佣了他，答应每天给他一百钱。不过，我早早就给他说过，等到我们到了大秦安息国以后，就以等价黄金支付给他。只是我没有想到，他竟然会毁弃以前的约定，还一纸诉状，将我告到你面前。"

尹喜说："只是这数目……真是十分巨大。"

老子说："他前后追随我二百余年，应该给他支付七百万钱，倒是不假。"

尹喜听罢，面露难色，说："这倒是十分难办了……"

"这个不难，"老子说，"你把他叫过来，我有话对他说。"

不一会儿，徐甲就站在了老子和尹喜面前，此时他的脚倒是站得很稳，脸上也不似平日的谦卑，分明有些真理在握，不依不饶之人常有的无赖气。

老子见状，长叹一声，说："我以前对你说过，到了大秦安息国再把佣钱给你，你为何不能像当初允诺的那样，甘愿历尽艰险，誓死追随于我，竟然在此时向我索要佣钱，还把我告到尹关令这儿？"

"我已经打听过了。此去大秦安息国路途遥远，还十分艰险，万一要是你在途中也被贼人所伤，我向谁讨钱去？"徐甲说得理直气壮。

末了，他还加了一句："再说了，我在这儿已经有了一个相好的，等着我拿钱买房子置地呢。"

老子此时已明白了事情的症结所在，于是又长叹一口气，对徐甲说："你已经追随我二百余年，这个你自是十分清楚的了。依照命数，你早该死去的。是我用太玄长生符使你活到现在。既然你已经打定主意毁弃前约，这符，我自然是要收回的。"

说罢，只见太玄长生符从徐甲口中飞出，回到老子手中。

尹喜再看徐甲时，只见徐甲已成白骨一堆。尹喜便有些不忍，也想借机看看老子起死回生的本领，便恳求老子让徐甲再度生还，并拿来七百万钱，愿意代为偿还老子所欠佣钱。

其实老子做这件事，也是情非得已，并没有彻底抛弃徐甲的意思，退一步讲，他也希望借徐甲的事情，一方面向尹喜展示自己的道法；另一方面，也有警戒尹喜的意思在其中。

既然目的已经达到，这个顺水人情，还是做得的。不过，他还是说了这番话："唉！并非是我怪罪徐甲，才将他化为白骨，只是他毁弃前约，违心在先，道自然就离开他了。"

说罢，老子重新将太玄长生符投向枯骨。枯骨马上就生出肌肉，成为徐甲，和方才一般无二。

尹喜便把事情的详细情况告诉了徐甲。徐甲听后，十分后悔，泪流满面，连连向老子叩头谢罪不已，并表示愿意再续前约，誓死追随老子，绝不再生二心。

老子婉言谢绝，十分坚决地将徐甲遣散。后来徐甲携着尹喜给他的七百万钱，回到遇见美女的村中，买房置地，生儿育女。

尹喜这时也明白了老子的良苦用心，自此道心弥坚。

老子也觉得尹喜是托付他的学说的不二人选，于是决定答应他的请求，和他一起，去终南山下尹喜宅中，为他演说大道。

也就是在这个地方，他留下了一部著作，名为《道德经》，仅五千言，却影响了后世国人精神长达二千余年之久，而且还远播于外邦，影响了外邦哲人的思想路径。

时在无极元年癸丑十二月二十八日。

第七节
楼观台上受真经

周昭王二十三年，即天上之无极元年，岁在癸丑。

这一年的十二月二十八日傍晚时分，楼观之中突然有紫气直冲云霄，高数百丈，同时有祥云缭绕，仙乐阵阵，接着，又有百鸟聚集其

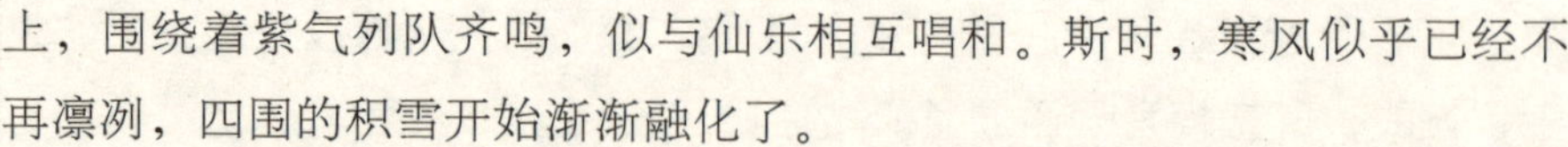

上，围绕着紫气列队齐鸣，似与仙乐相互唱和。斯时，寒风似乎已经不再凛冽，四围的积雪开始渐渐融化了。

翌日早上，人们十分惊异地看到，楼观周围方圆十里的地面之上，积雪已然悉数融化，树木也在一夜之间发出了新芽，梨树、桃树和杏树还开出了花朵。是日，四处花香弥漫，人人奔走相告：数九寒天之中，竟然有了蓬勃的春的迹象！

只有尹喜一人明白，这一天的傍晚时分，正是老子写完《道德经》上下篇之时。连日来殚精竭虑、呕心沥血著述道德二篇的老子无疑已经大大损耗了精气。当他从草楼之中缓缓走出时，步态已经显得十分老迈了，眼中也满含倦意，不复往日的炯炯有神。

在接下来的几个月间，老子就很少活动了，唯每日枯坐于草楼之上，遥望着天空频频出神。偶尔尹喜前来求问道要，老子也往往只是只言片语，极少开口了。

后来，索性连这只言片语，也不再言说了。尹喜再去看时，只见枯坐于草楼之中，闭目养神的老子，总是活像一块木头。

时间很快就到了次年的四月二十八日。

这一天，周昭王治下的四海之内，江河悉数泛涨，山川震荡频繁，而且有五色光直贯太微，异象遍及四方。

昭王听说以后，特意召问太史："这天有异象，究竟主何吉凶？"

太史回答道："应该是圣人羽化登仙之兆。"

昭王随即命人在郊外设坛祭祀。

也正是在这一天的夜深人静之时，老子命尹喜早早屏退左右，就着昏黄的灯光，与尹喜相对而坐，沉默良久之后，缓缓对他说："我在上皇元年丁卯正月十二日丙午下降为周师，算来已有多年。深知因为王者不修德行，已经不能以道德治理天下万民了，这淫乱之俗已然不可更改，周道必然要衰微了，此乃定数，非人力所可强行改变。因此我才会选择微服远游，西迈流沙。"

"之所以会留在楼观，便是想将平生所思，尽数传授于你。"老子说，声音更为低沉了，"现在，传道之事既然已经结束，我也该离

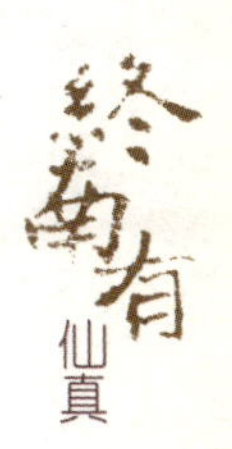

开了。”

“以前我说过的古先生，便是我的化身，现在我将返神，还于无名。”老子说，“今天是甲寅四月二十八日，也是我羽化之日。”

尹喜听罢，连连叩首，涕泪合流，说：“我愿意辞去官职，追随大人远游，共同观化天地之间。”

老子摆摆手，说：“我游于天地之表，玄冥之间，四维八极，上下无边。即便你愿意追随我，这也是你无法做到的。”

尹喜再拜，说：“我愿意入火赴渊，上天下地，即便灰身没命，也要誓死追随于您。”

老子长叹一声，说：“唉。只可惜你虽然骨相合道，但受道日浅，修行不够，如何能够追随我行化诸国？”

“不过，你可以在未来三年内，每天沐浴斋戒，修习研颂我传授于你的三一内修之道和西升之诀。等到你炼形入妙，可以出于有而入于无之时，来寻我于成都青羊肆。到那时，你自然修道已成，可以从我远游了。”

说罢，老子身坐于云华之上，冉冉升空而去。去时楼观中有五色玄黄之光照彻馆舍，良久之后，这光才渐渐消退。

尹喜望着老子升化处，目断云霄，涕泣扳恋，叩头再三，拜谢不已。

数日以后，尹喜方才听说，就在老子羽化的那一天，四海之内，江河为之泛涨，山川为之震动，而且有五色光直贯太微，异象遍及四方。

后来，为了记取当日所见，他写下了一部经书，名为《西升经》。

第八节
心凝形释羽登仙

三年后。丁巳年四月初。

成都太官李氏家中，发生了这样一件事情：

他们家的青羊丢失了。

丢失一只羊，即便对寻常人家而言，也不过是一件十分平常之事，

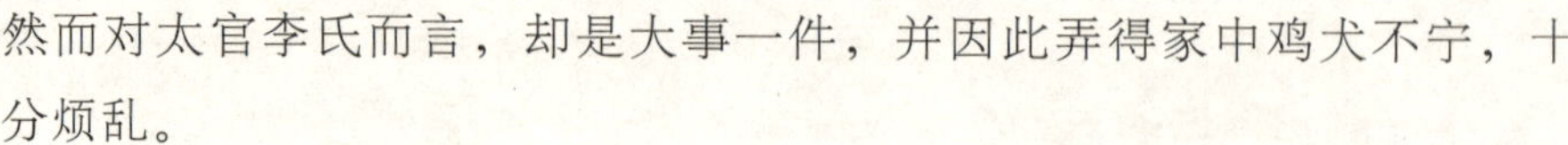

然而对太官李氏而言，却是大事一件，并因此弄得家中鸡犬不宁，十分烦乱。

这又是为何？

原来，李氏夫妇在三年前，育有一名男婴。这孩子初生下来时，便令老来得子的李氏夫妇惊异不已。他刚刚满月就会说话，而且在他出生的那天，家中还来了一只羊，这只羊毛色如同青金，十分干净，身上还常常有异光发出。这孩子对青羊可谓是备极喜爱，三年来，时常与它一起玩耍，感情颇深。青羊丢失以后，孩子便整天大哭不止，家中自然四处寻找，十分忙乱。

这名男婴，生于昭王二十三年四月二十八日。

青羊的丢失，也并非偶然。他们家人无从知晓的是：就在家中因为青羊的丢失而十分忙乱之时，成都市街上，出现了一个陌生人。

这个人风尘仆仆，行色匆匆，正在向周围人打问青羊肆的所在地。

遗憾的是，他几乎问遍了市街上遇到的人，却没有一个人知晓青羊肆的所在地，倒是很多在成都市街居住多年的人，十分确定地对他说，成都根本就没有一个叫青羊肆的地方，也善意地劝告他，没有必要再费力寻找了。

此人听到这种说法后，抬头望望天空，那里依旧是白云朵朵，犹如一群羊。天空下的房屋鳞次栉比，街道上车水马龙，行人熙来攘往，却没有一人是自己长途跋涉，历经艰险所要寻找的。

这时候，他的脸上除了多日赶路人常有的倦意外，又平添了许多沮丧，些许失望。环顾四周，一仍其旧，这失望，便愈发明显了。

这个人就是尹喜。

在过去的三年间，尹喜已经先后将老子传授给他的治国之道和修身之要、去奢减欲之法，以及老子在羽化之际为他演说的飞升之诀，编辑成共三十六章的《西升经》。加上每天诵读道德二篇数遍，并屏绝人事，依法修习，不敢稍有懈怠，此时已经修得心凝形释，可以穷达变化之妙，深通形一神万之旨。三年前老子期望他的，这时候他已经一一做成，可以追随老子遍游天下了。只是他不曾料到的是：老子和他约定相

会于成都青羊之肆，这青羊之肆如果并不存在，老子当年所说又是什么意思呢？

因此，徘徊于成都市街之中的尹喜，此时大感疑惑，不知如何行事了。

就在他左顾右盼，无计可施之时，有一个人跃入了他的视线。

这个人，是一名童子。童子形容其实并无异常，是他手中牵着的一只羊引起了尹喜的注意。

这只羊，毛体华洁、色如青金。而这童子，便是太官李氏派遣出来寻找家中丢失的青羊的。他在市街之上寻找了半日，问遍了周围行人，并无一人见到有青羊走过，就在他准备去其他地方继续寻找之际，这只青羊却神奇地出现在他面前了。只是他并不知晓，这青羊的突然出现，并非是为了缓解他数日以来的寻找之苦，而是为了尹喜。

尹喜此时已经有些灰心了，他开始怀疑是自己修行不够，以至于难以找到老子。就在此时，这童子牵着青羊行走在街市之中，出现在了他的面前。

他心中稍稍一震。他开始觉得，这一幕的出现应该是暗藏玄机的，但究竟意味着什么，一时还琢磨不透，但他知道，这有可能是个使他茅

成都青羊宫

塞顿开的机会，是不能错过的。

于是尹喜急忙赶上前去，向这童子打问这青羊的来路和去处，在他看来，既然有青羊在，自然可能会有青羊肆距此不远，只要知晓这青羊的来路和去处，便可以得知青羊肆的所在地。

听罢尹喜的问话以后，这童子回答道："我家夫人三年前生下一个儿子。在这个儿子出生的那天，家中来了这只青羊。但不知道是从何方而来。这个孩子倒是非常喜欢这只青羊，前两天，这只青羊突然丢失了，孩子便整日大哭不止，家里人也多方寻找，但连日来并无消息，今天有幸终于寻找到了。我得赶快将它牵回去，免得家中人着急。"

尹喜听完童子的回答，心中更是一震，连忙问道："这孩子生于三年前哪一天？"

童子答道："四月二十八日。"

尹喜顿时茅塞顿开，暗暗寻思道：三年前的四月二十八日，岂不是老子羽化之日？而遍寻青羊肆而不得，此时却有童子牵着青羊行走于市肆之中，岂非青羊肆之谓也？这个孩子，也定然是老子的化身了。

喜出望外的尹喜便再次对童子说："烦请你回去告诉这个孩子，就说尹喜来了。"同时，随着这个童子一起前往太官李氏家中。

到了门外，童子进去禀告，尹喜在外等候。

童子进去后，对那个孩子说："门外有一个人，说他叫尹喜，从千里之外的楼观来到这里，想见见你。"

这个孩子听说以后，马上停止哭啼，并整理好衣衫，说："请尹喜进来。"

就在尹喜跨进他家门的时候，奇怪的现象再次出现了。

只见家中院落突然变得十分宽广，而房屋也随之变得高大，似乎已经耸入云霄。与此同时，这个孩子的身下生出一座莲花座。待尹喜走进去时，他便已经端坐于莲花座之上了。

接着，这个孩子身形突然高大，似乎为白金做成，发出犹如太阳一般的光芒。见到这种景象之后，全家人均惊怪不已！

他开口说话了："我便是太上老君了，太微是宅，真一为身，主客

相因，又有什么奇怪的？”

尹喜早已匍匐在地，回想起三年来修道的艰辛以及寻找老子未得之时彷徨于无地的失望，不禁悲欣交集，再三叩首说：“没想到还能有幸得见天颜，不知您三年来起居安好否？”

老子缓缓说道：“自从与你在楼观别后，算来已有三年，这三年中，你读经有何得？又有何失？你存道守一，也有收获吗？”

尹喜稽首答道：“我依照您的教诲，奉行秘要，已经约略窥得妙处了，也已修得长存不死了。”

老子说道：“那就好，我之所以在三年前留下你独自羽化而去，就是知道你在俗世之中生活太久，深染世俗恩爱，一时间难于彻底超脱。况且你刚刚接受经诀，短时间内是无法修习成功的。因此我在这个地方等待于你。现在，你保形炼气已有三年，自然可以功德圆满了。”

尹喜感激涕零，再拜说：“圣师德重天地，恩过父母，天地可以负载我，却不能使我得道；父母可以生育我，却无法使我长存。”

说罢，更是悲欣交集，涕泪合流。

老子说：“这是你的玄分使然，也是定数，何必言谢。”又问尹喜道：“三年前你曾说过，希望追随我远游，当时你修道未成，无法成行。现在你还有这个想法吗？”

尹喜说道：“这是弟子的夙愿，三年来丝毫不改。”老子说：“好，随我前去吧。”话音未落，便有五色神龙驾车自天而将。

老子于是与尹喜相携而去，没有人知道他们究竟去了哪里。

去时，成都上空，有五色祥云笼罩其上，仙乐香风流贯其间。据说还有人看到老子和尹喜的身影，在云中若隐若现，约莫半日工夫，方才散去。

多年以后，有人说，老子和尹喜当日并未升空而去，而是相携去往西方，感化胡人去了。当胡王视老子为邪魔歪道，意图烧死老子的时候，老子却在火中为他们讲说金光明经，并且还在汤镬之中坐在莲花之上，为他们讲说过涅槃经。此后，老子还命尹喜变身为佛，以教化胡人，传播浮图之法呢。

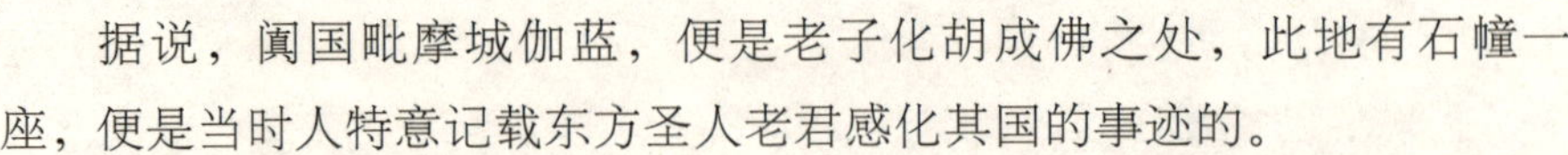

据说，阗国毗摩城伽蓝，便是老子化胡成佛之处，此地有石幢一座，便是当时人特意记载东方圣人老君感化其国的事迹的。

这些事情，尹喜都曾参与其中。后世绵延千年的佛道之争，却是因此说而起。

叁

太和尹真人：修仙人已擢仙魁

传说尹轨修行之地——隐仙岩

杜阳宫太和尹真人，名轨，字公度，山西太原人。《终南山说经台历代真仙碑记》中说他是无上真人文始先生[①]的从弟，曾经追随文始先生修习道法，而且还得到文始先生亲传妙道。《神仙传》却说文始先生是尹轨的远祖。有人说他是西周人，有人说他是西汉人，还有人说他是东汉人，具体生卒年月现在已经无迹可考。而他自己曾说过："我并没有固定的形象，有时候化身为道士，有时候化身为儒生，有时候化身为童愚，有时候则化身为长老，不能以一种形象来限定我。而且我的行迹也变幻不定，有时候和群真众仙们一起骖龙靷凤、

①即尹喜。

策空驾虚、云驰电迈，出于有而入于无，分形散影，处处游集。有时候巡游五岳的洞天福地、有时候游走在十洲的仙岛上、有时候出入八荒之地、有时候进入九幽之府；或者在碧海边垂钓、或者在阆苑采集丹华。至今我已经一千三百余岁，经历过的事情不计其数，不是你们的几篇短文就可以说尽的。”据《怀庆府志》和《真人碑记》记载，李少君把《神丹经》传给郭延，郭延又传给尹轨，后来尹轨又传给了他的弟子山世远。在楼观教团中，尹轨有着极高的地位。历朝历代典籍中关于他的传说也比较多，这些传说对他的事迹的介绍虽然说法不一，但从中大略可以窥见他的精神气象和内心世界。

第一节
少通五经晚奉道

宋明时期的很多儒学大家在回顾自己思想的变化时，大致都表达过同样的意思，即他们年轻时大多喜欢过老庄思想，但后来却回归到儒家思想。所谓的“雅好老庄，归本孔孟”说的就是这个意思。其中的原因，大概与老庄思想对身处乱世的人们重建自己的精神世界，以应对现实生活中的诸般失意有一定的帮助。但自从儒家思想成为政教制度赖以建立的精神基础以后，可以作为生活在较为稳定的社会中的知识分子的精神依托。但老庄思想和孔孟学说分别为中国知识分子建立自己的精神世界提供了不同的可能，成为知识分子精神的两大基本思想来源，使得后世知识分子在面对人生的荣辱进退、兴衰际遇时，可以自由地游走于两种不同的精神世界。

与宋明时期学者的精神选择不同的是，尹轨走着一条与他们相反的精神路径。在二十八岁前，他就熟读儒家的基本经典，从中获取了对历史变化的基本看法。他修仙学道后，之所以能够预言天下的兴盛或者衰亡，除了仙家对世相的独到预知能力以外，恐怕也和他这一时期精心研习儒家经典不无关系。尤其值得一提的是，他还上知天文，下知地理，对河洛谶纬之学也极为精通。自从他开始修仙学道以后，经常服用黄

精，每天三盒，从不间断。勤于修仙学道和坚持服用黄精，可能对他养生有较大帮助，虽然已经年过百岁，他的容颜仍然像少年人一样年轻俊美，并未因年老而身体衰弱，这可能也是仙家的独异之处。

年轻时，他经常听说自己的远祖，文始先生尹喜在周康王昭王的时候曾在楼观结草为楼，还在说经台迎接过老子，并请老子著书五千余言，以传诸后世。后来，周穆王时重修楼观，以等待得道的人前来居住讲经。为了继承先祖的精神，加之这个时候尹轨已经由研习儒学转向修仙学道，自然要选择一个极好的洞天福地，以有利于修道养生。道祖老子曾经讲经过的楼观台，必然是修道人的不二选择。于是，尹轨便迁到楼观，居住下来。

在楼观定居以后，尹轨每天勤于修道，遍览各种典籍。甚至在梦中，也常常记挂着白天读到的典籍中的语句，反复吟咏，细加揣摩，自然精进过于常人。就这样夜以继日、焚膏继晷、精心研习、勤于修道，终于感动了文始先生。文始先生多次来到尹轨居住的地方，与尹轨相见，并且亲自传授道家修炼的要诀。

这样过了不知多长时间，尹轨便能够坐在立亡变化之事。他的好几代子孙见到他以后，发现他仍然像五十岁的人。只是他的行踪仍然变幻不定，有时候在人间游走，有时候又进入山中修行一年半载，再见到他时，听他论说天下盛衰治乱、个人的安危吉凶，没有不应验的。大家便知道他已经成仙得道了。成仙得道以后，尹轨便开始游走人间，以点化世人，传授妙道，广度众生。这个时期，也留下了众多的传说。

楼观台

第二节
赐人神药避兵祸

尹真人虽然游走人间多年，但由于他的行踪不定，相貌又变幻无常，俗世中的人们即使见到他，也不一定认识。到了晋永康元年十二月，尹真人来到洛阳城，他早已测算出，洛阳城不久会有兵祸。

与老子乘着青牛出关一样，尹真人也有一个坐骑，不过不是青牛，是一头青骡，这头青骡也是有灵性的。

当尹真人乘着青骡来到洛阳城的时候，天色已晚。城门已经关闭，远望城中，华灯初上。真人便来到洛阳城西侧，在一户人家门前停下，打算晚上投宿到这家。

不料真人上前敲门的时候，这家人并不开门。因为他们家正在举行一年一度的祭祀活动，在祭祀的过程中，他们实在不愿留宿他人。过了好一会儿，尹真人便说出主人的姓名，这对已经成仙得道的真人来说，自然是十分稀松平常的了。但这家人听到以后，以为是彼此熟悉的人，便开门迎接真人进屋。

请真人进屋坐定后，借着烛光，主人方看到眼前这位客人青巾白袍、长髯秀目，似有仙者相。但仔细端详后，主人还是觉得面生，便问道："我与先生素昧平生，不知先生如何知晓我的名号？"

真人微微一笑，说："我并非仅知你一人名号，你父亲，甚至你祖上，或行善，或作恶事，我无不知晓。"

听到这句话，主人便知道眼前这位客人定然是成仙得道之人，便为真人设酒食，还为青骡准备了几升谷子。但真人并不饮食，也许是得到真人的旨意，那头青骡也没有食用谷子。

第二天早上临走前，真人对主人说："你并不是那种不急人所难的人，昨天晚上虽然一开始你并不愿意留宿我，但留宿以后便很热情，我和我的青骡虽然没有食用你准备的东西，但你的心意我已领受，作为酬谢，我赠送你神药一丸，你要随身携带。明年，这个地方会有兵祸，到时候，将会死者遍地。这个药丸可以保全你的性命。这也是前生注定我和你有这么一段仙缘。”说罢，即辞别主人，骑青骡飘然而去。

真人离开后，这家主人仔细端详手中药丸，并未发现有什么不同寻常的地方，对真人的话，也多少有些心存疑惑。是啊，凡俗之人，又怎么能够如此轻易地洞悉仙界的奥秘呢。

第二年，洛阳果然有赵王伦兴兵作乱。当时，洛阳城死者数万人，而家里有人从军的，也不见回来，在家的又被劫杀殆尽，很多人家破人亡、妻离子散。城外的尸体由于来不及掩埋，均被野狗争食，食饱人肉的野狗甚至肥到行走不便的地步。只有得到真人所赐神药的这个人，最后奇迹般地活了下来。

此人这个时候才知道，真人当日所言非虚。

第三节
驱虎避疫死怪鸟

那些有幸见到尹真人仙颜的人都知道，真人出游的时候，腰间都带着十多个漆过的竹管，竹管中装满了神药，这些神药的功效非凡，哪怕是行将就木的人，服下神药以后，也能够马上活过来。真人在人间巡游的时候，用这些神药，救活了不知多少人。

有一年，天下大旱，大旱过后很多地方又雨水不断，庄稼来不及收割，都烂在了地里，由于庄稼颗粒无收，很多人只能背井离乡，乞讨度日。不久之后，四处便饿殍遍野，甚至有些人开始易子相食，很是凄惨。更可怕的是，未及掩埋的尸体腐烂之后，又使得瘟疫流行，人们苦不堪言。尹真人来到这个地方以后，赐给他人像枣一般大小的药丸，把这些药丸涂抹到门上，一家人便不会染上瘟疫，而家中已有病人的，病也能很快痊愈。这些都是尹真人大德的体现。

尹真人有一个弟子，姓黄，名理，居住在陆浑山中。陆浑山中常常有饿虎出没，伤害了很多人。尹真人知道这个事情以后，让人砍伐了一棵大树，做成柱子，再将这些木柱分别在离家一里外的东、南、西、北四个方向各埋一根，然后在这些木柱上留下印记。从此以后，饿虎就再也没有出现过。尹真人的神迹在人间传播开来以后，只要有人遇到困难无法解决，都想法找到真人，以求得化解之道。

一次有个人对真人说，他们家屋顶上栖息着一只怪鸟，这鸟头大如斗，羽毛丰满，叫声凄厉，吓坏了很多人，请求真人设法驱逐，以免怪鸟害人。真人说："这个容易。"当即书写了一个奏符，让人放到鸟经常鸣叫的地方。到了晚上，人们便发现怪鸟已经死在符下了。

第四节
济危扶困炼金银

尹真人对那些孝敬父母的人，往往十分赞赏，遇到他们有困难的时候，也常常伸手相助。有一次，一个孝子的父亲去世了，由于家境贫寒，生活早已难以为继，根本无法筹措钱粮安葬父亲。尹真人看到孝子的艰难处境，不禁哀叹不已。在听到孝子对自己孤苦无依的处境的哭诉之后，真人便打算帮助他摆脱困境，问道："你能找到几斤铅吗？"

孝子说："可以。"之后，孝子找到铅数十斤，拿给真人。真人把这数十斤铅带到山上，投进小屋下的炉火中化成铅水，然后把神药投入其中，搅拌以后，这些铅水都变成了银子。真人把银子交给孝子，并对他说："我念及你家中贫困无力安葬父亲，所以才炼银子给你。我用铅炼银子的事情，你一定不要告诉别人。"

真人不希望这个孝子把自己炼铅成银的事情泄露出去，大概是不愿看到世人知道这事情后引发贪念。

又有一个人，因为公事簿书不清楚，必须赔付官府百万钱。虽然卖掉了家中的田宅和车牛，仍然无法渡过难关。尹真人知道这个事情后，便对自己认识的一个富人说："希望你能借百万钱给我，我要用它来救这个遇到困难的人，二十天后，我会把钱如数奉还。"

富人便拿出百万钱。真人把这些钱给了遇到困难的这个人，他说："你用这些钱买来一百两锡。"

这个人虽然不知道真人命他买锡的用意何在，但还是遵照吩咐买来

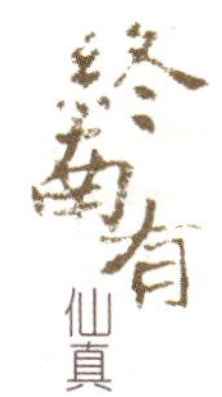

锡。与上次炼铅成银的方法一样，真人将锡化成锡水，再将一小块神药投入其中，锡水便全部变成黄金了。于是这个人将黄金卖掉，换成百万钱交给官府，躲过了这一劫。而那个借钱给真人的富人，也如数拿到了他当时借给真人的百万钱。

第五节
授书梁谌传妙道

晋惠帝永兴二年，在尹真人曾经修道过的观中举行斋醮大典时，尹真人配摄神之策，服绛章之裙，披黄文之裳，来到道士梁谌面前。梁谌当即叩头，向真人陈述自己平时修习的道法。

真人对梁谌说："我是无上真人文始先生[①]的从弟，先生登真的时候，我二十八岁，那个时候，我已经开始不食用五谷杂粮以广纳天地之大气，目的就是为了修习上道。太上体恤我，赐我太和真人的名号，并让我到下界统领杜阳宫。杜阳宫东西长四千里，南北宽七百里。山上有金城九重，玉楼十所，宫殿服玩和灵芝草不计其数，上清元阳大洞等经书百万余卷，还有金童玉女护卫这些东西，周围有日月星辰云气灵光流精洞照其下。神仙数以万计，神明圆瑛长生不死，无为自在，有时候神仙们出游天下，有时候则上升到玉京，宣布并且校正一切行业善恶报应宿命的时间，或者参订诸位神仙的图禄品位，或者驾临凡间带领亿兆人建功立行斋醮之福，有时候还监督学道的男女炼丹服药的方法。"

太和宫

在真人居留在道观的这一段时间里，梁谌得到了真人亲传的妙道，

①即尹喜。

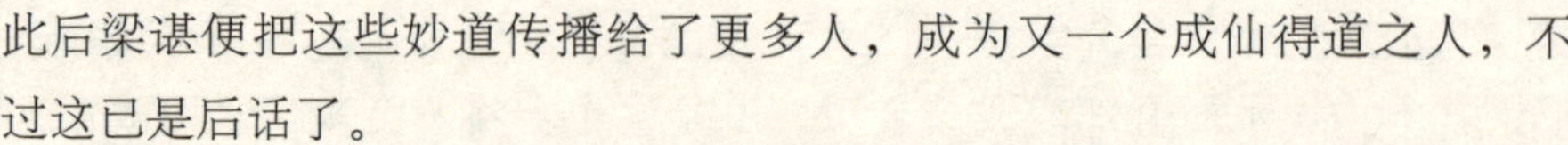

此后梁谌便把这些妙道传播给了更多人，成为又一个成仙得道之人，不过这已是后话了。

等到真人将妙道心诀悉数传给梁谌后，真人在人间的使命便完成了。于是，这一年的八月一日，在与道众论说罢道法之后，真人突然腾空，冉冉升天而去，人们似乎听到有笙箫吹奏的声音自空中来。只把器服缃素留在了人间。

有诗为证：

修仙人已擢仙魁，松下丹炉老君苔。
谁料肉飞千载后，授书又到故家来。

肆

太极杜真人：玄弢解去谢尘寰

太白山

太极杜真人，名冲，字玄逸，镐京[1]人，于周昭王二十七年丁巳，在听说文始先生尹喜羽化登真之后，来到尹喜灵宅楼观栖玄学道，并于懿王十二年己亥，羽化登真，号为太极真人，下任王屋山仙主。

《历世真仙体道通鉴》编撰者赵道一这样评价他：“杜冲究道德之妙，轻富贵之微，故天子礼之而不臣，诸侯敬之而不爵。《道德经》曰：道常无名，朴虽小，天下不敢臣。侯王若能守，万物将自宾。杜冲岂非以斯道自任，而纳王侯为道之归乎。”

在有周一代楼观传说人物中，杜冲有着较高的声誉。

②今陕西西安。

第一节
栖玄学道尹喜宅

孔夫子的后学们经常说："怪力乱神，子所不语；六合之外，存而不论。"不语怪力乱神，大概是后世儒者尊奉先师遗训的一种方式。当然，后世也不乏悄然违背先师遗训的儒生，否则可能也就不会有那么多描写神仙之事的作品出现。虽说并非所有的仙家故事均出自儒生之手，然而当历史上的诸多儒生希望通过刻苦读书走仕途之道的努力失败之后，往往借附会神仙之说以求精神安妥却也是事实[①]。尤其在有明一代中期后，当社会制度本身问题频出，无论天子诸侯，庶民百姓，贤与不肖，无不成为制度本身的牺牲品而注定难于善终的时候，情况更是如此。

但是，神仙飞升之事，并不见诸于正史，只能成为野史笔记、小说家之流关注的对象。小说家们在想象之中营构神仙世界的时候，又往往将洞天福地作为神仙生活世界的现实所指来加以精心描绘。由此开启了千年之间绵延不绝的对海外仙山的寻找，这一寻找有着极为重要的精神意义，它无疑为后世的人们在面对现实生活的诸般无奈且无由解脱之时，提供了一种精神的隐遁之法。当然，对这种精神世界的营构，或许也是佛家的选择。

许地山先生在评价《史记·孟轲传》论及邹衍的部分时说道："求神仙的最初步骤是找到神仙居住的地方。"也如《史记·封禅书》载："自齐威宣之时，邹子之徒论著终始五德之运，及秦帝而齐人奏之，故始皇采用之。而宋毋忌，正伯侨，充尚，羡门子高，最后皆燕人。为方仙道，形解销化，依于鬼神之事。邹衍以《阴阳》、《主运》显于诸侯，而燕齐海上之方士传其术不能通，然则怪迂阿谀苟合之徒自此兴，不可胜数也。自威宣燕昭使人入海求蓬莱、方丈、瀛洲，此三神山者，其传在渤海中，去人不远，至则船风引而去……始皇自以为至海上而恐不及矣，使人乃赍童男女入海求之，

①蒲松龄即是最为突出之例证。

船交海中，皆以风为解，曰：‘未能至，望见之焉。’”当然，一年后“始皇复游海上，至琅邪，过恒山，从上郡归”。不过始皇和童男女们的结果是一样的，都并未找到，可能始皇连“望见之”的幸运都没有，就在五年之后驾崩了。但始皇求仙的遭遇，并未寒了后世求仙之心。没过多少年，汉武帝即步秦始皇之后尘，勤于求仙问道，最终也是无果而终。所以，后世诗人有“忽闻海上有仙山，山在虚无缥缈间”的诗句，真是深得求仙人境况的紧要处，也就是说，只能是“未能至，望见之焉”。

因此，对修道的人来说，能否寻觅到一处洞天福地进行修炼，便是一件十分重要的事了。这也是为何太极真人杜冲在听说文始先生尹喜登真之后，来到尹真人的灵宅栖玄学道的原因所在。

然而杜冲的道缘，还得从多年前他的出生说起。

据《神仙传》、《列仙传》、《历世真仙体道通鉴》等典籍记载，仙真们出生时，往往会有神奇的事件发生，杜真人自然也不例外。据传，杜真人出生之时，周围的人看见有一只白鹤在真人家庭院的上空盘旋，久久不去，而且有一道白光自白鹤飞翔处照射而下，穿过屋顶，直达室内，片刻之后，真人就出生了。

或许出生时的灵异在决定了真人必然会有与常人不同之成就以外，同时也注定了他会有完全不同的人生道路。因为历经人生之兴衰际遇之后，人才能够知进退荣辱之无常。而人世之喜怒哀乐酸甜苦辣，也最能历练人心，亦能使人得以参透生死、明了人世诸般变化之理。就如同道祖老子一般，如果没有做周守藏室之史的那些年在图书馆里或档案馆中独守青灯，遍览经史，又怎能知国之兴衰变化之道，参透宇宙运行之理及个人求全保身之法。这也是曹雪芹在写作《红楼梦》时，安排跛足道人和癞头和尚带那块女娲补天剩余的顽石去钟鸣鼎食之家、温柔富贵之乡历经人世变幻之后，最终才皈依空门的用心所在。因之，常人每每遇到不如意事动辄怨天尤人愁容满面，实在大可不必。当然，大境界与小气量，亦因精神选择之不同而判然有别。

真人年少的时候，经常沉默寡言，也不愿意和同龄人游戏。由于家境贫寒，他常常进山打柴以贴补家用。其时，母亲体弱多病，他白天要长途跋涉，入深山采药，晚间回家之后，还需为母亲煎药，很是辛苦。但真人从不叫苦，也无怨言。所以，真人以躬行孝道闻名乡里。

某一日，真人远赴位于周至、太白、眉县三县境内的太白山为母亲采药。太白山为秦岭山脉之主峰，以其地势险峻，高耸入云，气势雄伟且山中气候瞬息万变而闻名于世。在道教之洞天福地之中，太白山位列三十六洞天之第十一位，唐广成先生杜光庭在《洞天福地岳渎名山记》中说："太白山德玄洞天，五百里，在京兆周至县内，太上所现坛。"可见太白山在道教中影响之大和地位之高。当然，杜冲在入太白山采药的时候，并不知道这些。他只想着如何尽快采到草药，好赶回家为母亲治病。无奈这味药极其难觅，杜冲几乎跑遍了大小山峰，都没有找到，就在他心灰意冷打算去其他地方继续寻找的时候，突然看到眼前不远处有一只白鹿站立于一块巨石之上，身生异光，仿佛正在仔细打量不远处的杜冲，并且召唤他随它前行。杜冲不由自主地跟在白鹿身后向太白山主峰而去。方才，他因四处采药已逾半日，早已精疲力竭，然而奇怪的是，当他随着白鹿攀登太白主峰的时候，却感到身轻如燕，行走迅疾如飞，如有神助。等到他们行走到一处绝壁下的时候，那白鹿突然化作一缕白烟，转瞬不见，在白鹿消逝处，杜冲看到，一块白石下那味药生得蓬蓬勃勃，似乎在对他微笑。

杜冲迅速赶回家中，为母亲煎药。只见有一缕白气自煎好的药中冉冉升起，而在白烟中，有数只蚊虫飞过，如仙鹤飞升，很像传说中的仙境。杜冲对此凝视良久，心中也浮想联翩，他想，如果母亲吃了这药之后能够很快痊愈，他一定要带着母亲同登太白山，拜访仙鹿。而自己日后如有机缘，也会求仙问道，以求全生。

太白山

然而，世事总难如愿，人生变幻无常。尽管杜冲对母亲悉心照料并四

处延医医治，他的母亲还是在某一日因病去世。母亲去世时，杜冲伏在母亲灵前痛哭一场，他此时已经知道人生变幻不定，生死实难把握，于是心灰意冷，无意于人间事务，只求能得到得道之人指点迷津，然后苦心修习，以成大道。

周昭王二十七年丁巳，无上真人文始先生尹喜登真。文始先生曾经得到老子亲传的长生之术，而且还得到老子在出关之前所作的《道德经》五千言，著有《无上妙道文始真经》，道名极盛，前来求仙学道的人络绎不绝。文始先生登真的消息传到镐京后，杜冲马上就听说了，他想到，如果能够去文始先生的灵宅栖玄学道，定然应是进益非常，于是很快打点行囊，辞别亲朋好友，不一日，就到了文始先生灵宅。杜冲当时并不知道，文始先生尹喜旧宅中的守玄炉，后来成为道家尊崇的三十六靖炉之一。能够有幸在此修道，自然是一桩非常幸运的事情。

据《洞天福地岳渎名山记》序中说："乾坤既辟，清浊肇分，融为江河，结为山岳。或上配辰宿，或下藏洞天，皆大圣上真，主宰其事，则有灵宫閟府，玉宇金台。"这些洞府，"含藏风雨，蕴蓄云雷，为天地之关枢，为阴阳之机轴。"这些地方，往往灵气所集，求仙之人若能居此修道，自然是一大造化，杜冲选择来到尹喜灵宅进行修炼，无疑是上好的选择。当然，这一选择的明智处，没过多久就体现出来了。

杜冲来到尹喜灵宅栖玄学道之后不久，由于文始先生灵宅原本就在求仙学道之人心中地位极高，加之杜冲来后，潜心学道，亦有道名。于是幽人逸士，从远方慕名而来，愿意与杜冲共同修习的，先后有五个人[①]，而且这五个人沉默虚远，方雅高素，志同道合，于是每日唯以道术相忘，共弘不伐之则。

周康王听说杜冲的道名之后，曾经赐给他金百镒，让他重新修葺文始先生旧宅，并为此宅赐号为楼观，让杜冲居住在其中潜心修道。这个时候，杜冲每日吟诵《道德经》五千言，并且精心营护神气，不在话下。

---

①《混元实录》说是有七个人。

第二节
楼观修道二十年

话说杜冲等人在楼观潜心修道，吟诵《道德经》，营护神气的事迹传到宫中，周穆王听说以后，对杜冲等人大为赞赏[①]，于是为他们修观建祠，并安置杜冲为道士，自此，杜冲正式成为楼观道士，主持楼观。

杜冲深知：凡欲求仙，当寻其文，得其本源，道无不成。如果不知道所出与实诀所生，那就是走上暗道，有可能南辕北辙，即便苦心修炼，往往也会事与愿违，甚至功败垂成。于是极为用心搜寻文始先生遗迹。

杜冲听说过，当年文始先生迎接老君于函谷关时，曾经问道于老君说：“我不过是一个凡夫俗子，今天有幸遇到圣人，愿意投身委命，请您为我演说大道吧。”

老君说：“你问的问题是很玄妙幽微的啊，三言两语恐怕难以说清，不过，大道守真三品为则，以一为度，以正为德，极玄极妙，需要认真参透，不可求功心切，操之过急，否则事倍功半，徒劳无益，不可不慎。”

文始先生又问：“道品既然有上、中、下三类，要想修道升仙，可以成功吗？”

老君说：“你能知道做完一万件事情以后，便可以闭塞情欲，登堂入室。而炼金食药是第一重要的事情，你知道之后一定要坚守此念，莫让丢失。”

文始先生听到这个回答后，很是高兴，于是再拜说：“敢问先生，怎样炼金呢？”

老君说：“我这里有一神方。若能依照修炼，自然可以成仙得道。况且古往今来，能够成仙的，没有不是通过服食金丹而成功的。登仙之

①据《混元圣纪》载，穆王闻尹喜真人得道上升，乃为修楼观，立道士七人以奉祠事。《穆王内传》与《楼观先师传》亦有记载。

后，便可以履九幽而入杳冥，上下虚无，因神明而俱升。”

文始先生又拜说：“希望您能告知我炼丹的要旨。”

老君便对他细说了炼丹的秘诀：“红铅黑汞大丹头，从红入黑是真修，赤中取精黑取髓，解取赤黑药无比。用赤入黑保长生，用黑入赤天仙矣。”

知道这个方法以后，杜真人依次修习，果然精进无比，效验异常。

在楼观修炼既久，杜冲的精神气象便可以和巢父、许由并称，而他的德行，也堪为世人楷模。世人莫不对其崇敬有加，以至于天子礼之而不臣，诸侯敬之而不爵也。

第三节
复向洞天观众妙

杜真人在楼观潜心务道，终日不辍，凡二十年。他的德行与诚心感动了真人展先生，展先生某一日率侍者二人，捧着碧玉函自天而降，来到杜真人修炼处。杜真人看到真仙下临，便拜首祈求真仙指点道要。展先生于是将《九华丹经》二函传授给他。并对他说：“老君和尹先生在东海八渟山召大帝校集诸位仙真，天下山川洞室仙人无论多远，都会前来。有地司因为你勤于修道，于是保举了你参加这次盛会。老君便派遣我将仙经二函转授于你。你务必勤于修炼，他日自会登真，千万不可辜负了老君对你的厚望。”

楼观台

杜冲听后，忙拜首应诺。

杜真人曾经从老君所授文始真人的修炼妙诀中，已经深悟玄理。得到展真人授予的《九华丹经》之后，杜真人依法修炼，且依方和服，没过多久便身生玉映，五脏坚润，仅容气息，流贯其间。

这时候，杜真人觉得，他应该在距楼观不远处的山中，选择一处洞穴，以便谢绝人事，潜心修持。

于是，这一天，他来到了楼观之南的石楼山。这石楼山，据《钦定大清一统志》卷一百七十八《西安府》载，其峰峦层叠，形势如楼，一名楼观山。其近旁有炼丹峰，其北为说经台。

炼丹峰

来到石楼山以后，杜真人每天吟诵道德二篇，并呼吸吐纳，保神练气，常行不辍。

寒来暑往，倏忽又是数年。数年后的这一天，又感动真人李君下凡为其授《太上素灵洞玄大有妙经》，杜冲又依照该经的指示苦心修炼，甚得其验。于是可以解胞释结①、保命凝真、领摄群神，洞观众妙了。

他苦心修习多年，终于得窥道妙的消息，此事也很快传到了周王耳中。

这个周王，对修道学仙事，也是有着极为浓厚的兴味。他便是后来被称为穆天子的周穆王。据后世的道书载，周穆王也是一位得道高人。

第四节
玄弢解去谢尘寰

听说杜真人已然修得解胞释结、保命凝真，可以领摄群神、洞观众妙的消息以后，周穆王便邀请他一起驾乘可以日行千里的追风之骏，

①《上清太一帝君太丹隐书解胞十二结节图诀》载：“夫人生由胞胎以自变，禀血精以自成，故既生而胞胎更结，既成而血液不留。不留者，帝君混合则已留住之矣。胞胎有十二结节，盘固五内，五内凝滞，结不可解，节不可除，故人之病也，由节滞也，人之死也，由节固也。常以本命日，若八节日，上请帝君与太一混合，约制百神，而解胞中坚固之结，盘根之死节也。胞有十二结，内又有十二节，节在结内，人不知解胞结节者，亦不免死矣，恒解之者长生。”

先是到达昆仑山，游览升玄圃之宫；之后，又西到龟山，在青琳之室，拜谒西王母；东游碧海，共同采若木之华；接着，又北适玄垄，南迈长离，共同挹绛山之精髓。他们或驾驱虎豹，或役使百灵，可以通冥达幽，时人自是莫测其涯。倒是有诸多传说，就此传播开去。

时间很快就到了懿王十二年己亥。这时候，杜真人已经一百二十余岁了。由于保神练气，勤于修持已有多年，一百二十余岁的杜真人看上去，仍然体貌丰盈、面色红润、精气十足，犹如少年人一般。

是年的这一天的正午时分，在楼观修习的众人突然看到有五色祥云出现在楼观上空，同时，有仙乐香风阵阵自天上来。

不久之后，大家便知道了天降祥瑞的缘由所在。原来，这一天的正午时分，正是上清元君派遣仙官下凡迎接杜真人之时。

仙官授书杜真人为太极真人，命他下任王屋山仙主。

后世有诗一首，单表杜真人事迹，诗曰：

玄弢解去谢尘寰，物里光阴一指弹。
复向洞天观众妙，高鞭黄鹤上天坛。

伍

赤诚宫彭真人：真人以踵众人喉

赤诚宫彭真人图像

赤诚宫彭真人，名宗，字法先，彭城[①]人。生活在周穆王在位时期，据《古今列仙通记》和《穆天子传》记载，周穆王也是一位著名的得道真仙，《列子·周穆王》说他“不恤国事，不乐臣妾，肆意远游”。他曾经问随他巡游的七萃之士，说：“我如此喜欢游乐之事，后世会不会说我没有德行，而且追诉我的过失？”七萃之士回答说：“后世看重的，是国家是否秩序井然，百姓是否岁岁五谷丰登，安居乐业，男女能否衣食无忧，做官的能不能各司其职，只要天子能够与民共享其利，后世自然不会认为天子有失德行。”穆王深以为然。

①今江苏徐州。

据说穆王还曾以擅长制造的造父为车夫，以各路诸侯进献给他的赤骥、盗骊、白义、逾轮、山子、骅骝等八匹神马为御驾，西征而去，一直征讨到昆仑山。这个时候，西王母出来阻止他，并请他参观黄帝之宫，且在瑶池之上设宴款待，两人诗歌相和。

周穆王与西王母

西王母歌曰：

白云在天 山陵自出
道里悠远 山川间之
将子无死 尚能复来

周穆王答曰：

予归东土 和治诸夏
万民平均 吾顾见汝
比及三年 将复而野

周穆王崇尚黄老，景慕神真，对道祖老子和关尹子非常仰慕，于是下旨命太极杜真人修缮楼观殿宇，同时建造灵坛，立庙宇供奉老子和关尹子画像，并广招天下学道的人，聚会于楼观，以便继承老子关尹子仙风。后来周穆王西游昆仑之前，还曾来楼观拜谒。彭真人就是在这个时候应聘而至楼观的。

第一节 无意利术唯好道

彭宗没有来到楼观以前，在乡里已经很有名气了。他很善于养气，而且可以不吃五谷杂粮，经常游走在山川幽谷之间，意在访仙寻道。乡里人见到他的时候，发现他行走与常人不同，迅疾如风。他喜欢饮酒，酒后和别人谈论生死变化，世道兴衰，很有见地。乡里人极为叹服。

彭城有一个人，喜欢积德行善，经常用家中钱财周济周围的穷苦人。此人家中世代经商，到了他这一代，已经渐渐有了衰败的迹象，加之他乐善好施，且不善治产业，没过几年就家道中落，只能携妻儿沿街

乞讨度日，年迈的母亲也得每天上山采摘野菜充饥。这家人的遭遇在彭城一时传得沸沸扬扬。人们都认为，积德行善，也不一定会有善报，否则这家人怎么会落到如此下场。

彭宗知道这个事情后，对这家人说："我可以教你做生意的方法，你依照这个方法过不了多久，家里就会恢复到以前的状态。"

这家人听说后，感激不已。

彭宗说："我之所以帮助你，只是不希望积德行善的人最后落到靠乞讨度日的地步，如果是这样的话，以后还有谁会相信善有善报呢？世道人心也不知会坏到什么地步。我对你只有一个要求：在你家道殷实以后，还要像以前一样急人所难，扶危济困。日后自有好报。切不可辜负了我的一番苦心。"

说罢，向这个人面授求利之术。这个人依照彭宗的方法行事，不多久果然获利很多，而且周济了更多的穷苦人。

乡里有人知道这个事情后，对他说："你既然聪慧过人，为什么不把心思用在求利之术上。如果能得到万千金银，岂不是可以享尽人间富贵？"

彭宗答道："我的志向并不在人间富贵上。又怎么会把心思用在求利之术上？"

乡里人问道："那你的志向是什么呢？"

彭宗说："人的一生，如白驹过隙，转瞬即逝。富贵功名，也不过是过眼云烟，何必太过在意。要真正任性逍遥，就要寻仙访道，以便脱洒尘网。服气炼丹，茹芝绝粒，都是对成仙得道有好处的。在这些事情上用心，才是正道。又何必在求利之术上浪费工夫呢？"

在彭城的二十年间，除慕仙学道之外，彭宗还行善积德，济危扶困，做了很多善事，这些事情在乡里传开以后，人们无不对他称颂不已。但彭宗一直觉得，修仙学道，若无名师指点，单靠个人修习，成就必然有限。因此他一直想去洞天福地，拜谒名师。也是仙缘巧合，这一年，周穆王重修楼观，命太极杜真人广招天下慕道之士，共继老君及关尹子仙风。得到这个消息后，彭宗知道，这无疑是天赐仙缘，于是打点行囊，走上了西去求仙之路。

第二节
师事太极杜真人

太极杜真人，曾师从文始先生尹喜修道多年，周康王的时候，赐居楼观，每天吟诵《道德》真经，营护神气。周穆王时，他正式成为楼观道士，在楼观潜心务道二十多年，还曾经得到真人传授的《九华丹经》和《太上素灵洞玄大有妙经》。杜真人依照这些经书修习道法，果然非常灵验。彭宗来楼观台的时候，正是杜真人道名最盛之时。这一年彭宗二十岁。

由于彭宗天资聪慧、根器匪浅、悟性过人，又勤于修道，杜真人非常赏识他，认为他日后必有大成。但杜真人知道，世人恋慕神仙的很多，有根器的也为数不少，然而真正能抛却尘世俗情俗务的，却极为难得。所以神仙并不难做，只是世人难以做到用心修炼罢了。何况万法以人为主，人则以心为主，无主则法不生，无心则身不立。便有心在传授彭宗丹经心诀之前，试探一下他的修道之心是否至诚。

某一天，杜真人带着彭宗等弟子入山采药。来到一处悬崖峭壁上，这峭壁高入云端，其下云雾笼罩，深不可测。恰巧一味药生在峭壁上。当时山中刚刚落过雨，道路泥泞，峭壁上又生有极厚的青苔，更是湿滑无比，难以下脚，也无从攀援。真人对弟子说：“这一味药功效非凡，用之炼丹，能使丹药药力增加百倍，常人食之，可以去病强身益寿延年。修道人食之，可以进益非常。不知你们谁能够上去将其采下？”

众弟子明白，峭壁上光滑无比，并无树枝草叶可以攀援，稍有不慎，便会跌入万丈深渊，性命不保。众弟子心中暗想，他们来到楼观，目的是为了修仙学道，现在未能成仙，也不曾得道，如果死在此处，很是不值，所以众人虽然端详峭壁良久，却无人敢应。

真人又说：“近来楼观台周围的村庄流行瘟疫，死者无数，我们这次采药，主要还是为了制成丹药，救助患病者，而丹药之中，这味药是

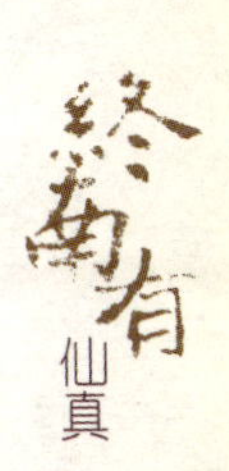

不能缺少的。”

此时，彭宗站出来说：“我可以试一试。”

说话间，彭宗便走到峭壁边，借着山石突出的部分，小心翼翼地攀援而上。诸人都为他捏着一把汗。

过了半晌工夫，彭宗才攀援到了草药所在的峭壁处，伸手抓住此药，将其采下。但就在他转身准备返回的时候，脚下突然一滑，迅疾跌下深渊。众人无不惊骇，纷纷朝深渊连连呼喊，但山中除了众人的回音外，就是鸟儿和狼虫虎豹的叫声，彭宗的声音，却再也听不到。

众人此时除了惊骇以外，无计可施，只能回头看着杜真人。真人并不惊慌，徐徐对众人说：“我们马上下山，在山下自然可以找到他。”

众人纷纷暗想，即便在山下找到，恐怕也只是一具尸体而已，从这样高的悬崖上掉下去，要想活命，是万万不能的，彭宗并未得道，自然也不会像以往的神仙一般，尸解而去，于是暗暗为彭宗掬了一把泪。

待众人疾行到山下，四处寻找，最后才在一处乱石堆中，找到了彭宗。彭宗浑身已经是伤痕累累，就在众人为他的死亡伤心的时候，彭宗竟然缓缓醒来，而且并不慌乱，就像什么事情也没有发生一样，和平时一般端严恭敬。他起身后，将紧握在手中的草药交给杜真人。杜真人虽然在心中对彭宗赞叹不已，却并没有说什么。

回到观中后，有人对彭宗说：“今天师父让人上悬崖采药，大家都知道很可能凶多吉少，所以都不愿意去。况且我们从四面八方来到楼观，不就是为了苦心修炼，成仙得道，如果你今天死在悬崖下，岂不是很不值？”

彭宗淡淡地反问道：“我们来到楼观，当然是为了修仙得道，但修仙又是为了什么？”

这个人回答说：“据说你以前在彭城的时候，就开始苦心修习。来到楼观台以后，也已经有好几年了，怎么到现在你还不明白修仙的目的？不管我们这些人以前是做什么的，现在之所以聚集到楼观，都是为了以后可以成仙。成仙以后，自然可以随性变化，超脱凡尘，长生不死，免受人间生死别离，兴衰际遇的左右，岂不快活异常？如果不是为了这个目的，我们又何必抛弃凡俗的快活，苦心修道呢？”

彭宗说：“你能这样说，说明你还没有明白修仙学道的真谛。我们修仙学道的精神根源，出于老子，老子之言，先天地生而资万类。可以上处玉京，为万神之宗；下在紫薇，为万仙之主。千变万化，有德不德，随感应物，厥迹无常。其为教也，可以去邪类，澡雪心神。而其最终目的，则在于积行树功，累德增善，乃至白日升天，长生世上。如果不能修道为善，惠泽他人，只求个人的快活，自然不是大道，也注定不能成仙。况且死生有命，富贵在天，这是圣人教诲人们的最紧要处，人能相信这八个字，自然可以去除一切贪心妒心痴心，患得患失心，计长短心，吉凶趋避，恩仇报复心。消除了这些心思，专一向道，才有可能修成正果。”

听到这番话以后，此人深为叹服。又有一次，杜真人派遣彭宗等人去西山打柴。时值盛夏，西山毒蛇很多，众人虽然十分小心，但还是有几个人被毒蛇咬伤，其中就有彭宗。其他人被咬伤后，很是恼怒，纷纷将毒蛇杀伤，只有彭宗并无恼怒之色，继续打柴。杜真人知道以后，更是觉得彭宗诚心难得。

于是，杜真人亲自立坛盟誓，将丹经五千文玄一之道传给彭宗。彭宗很快就炼神入妙、洞达灵源，而且有了很多“异能”。

第三节
练就异能成大道

得到师父杜真人传授的雌一之道后。依照杜真人传授的方法，彭宗更加勤于修炼，很快就抵达道术的最为幽深玄妙处，境界已经远远超过和他一起修炼的众位道人。

得道以后的彭宗，气象境界已经和以往大有不同。比如说，有一天晚上，在彭宗修习道法的时候，空中出现神灯数枚，凝晖留耀，洞畅幽寞，很是神奇。而到了早上，当彭宗修炼的时候，则因为他气象高明，常常有五色云出现在空中，霏霏萦绕，经久不散。这些神奇的现象，在求仙学道的人看来，自然是得道的标志了。而这样的现象，在彭宗得到杜真人亲传妙道苦心修行之前，可是从来也没有出现过。

这个时候的彭宗，已经能够三天三夜通为一息，还能够沉到水底一整天之后才出来。

有一年，道观西南的一个村中经常有妖魔作祟，村里人来求彭真人，希望他前去驱逐。彭真人说："不要紧，我也不用亲自前去，今天晚上我为你们画三百五十一符，你们将这些符带在身上，妖魔自会离去。明天一早，你们派人来取。"村人拜谢而去。

当天晚上，道观中众道士发现真人的房中不时有祥光溢出，感到非常奇怪，于是大家从窗外有祥光的地方向屋中看去，只见真人手持巨笔，正在描画符咒，凡是真人新画成的符咒，都有祥光四溢。众道人这才明白其中原委，连连称奇。

第二天一早，村中人取走符咒，辞别真人，回到村中，为众人分发符咒时，才觉得真人果然料事如神，因为村中人，男女老少加在一起，恰好是三百五十一人，而且其中还包括昨天晚上刚刚出生的一个孩子。

自此以后，妖魔鬼怪再也没有在村中出现，而且村中人个个身体康健，但这已经是后话了。

做完这件事情以后，真人对众道人说："我要休息了，在我醒来之前，无论多久，任何人也不要打扰我。"于是他闭上眼睛，身体僵挺平直地仰卧于榻上，酣然睡去。

时光如流，寒来暑往，一年多以后，当众道人来到彭真人的屋子，十分惊异地发现，彭真人竟然像一年前的姿势一样仰卧于榻上，身体并未动过分毫，经年的尘土落在他的身上，已经积了一寸多厚。众道人都以为彭真人已经仙逝，正打算为他料理后事。这时候，彭真人突然起来，而且脸上的颜色较之以前更加光鲜。令众人惊讶不已。有了这些事情以后，真人的道名日隆。慕名前来的四方道众越来越多。

在一个惠风和畅的春日清晨，真人要为众道人演说老君的《道德经》五千言。当时聚集到说经台下的道众多达上百人。只见真人坐定之后，一口气即诵《道德经》五千言，而且言声清畅，毫无磕绊，且传播极远，十里之外，也能听到真人诵经的声音。一时间，真人的诵经之声仿佛已经贯彻宇宙，连草木也不再随风摇摆，鸟兽停下脚步，水中的鱼儿不再游动，纷纷凝神细听真人的讲说。这样的事情，在真人没有羽化登仙之前，是说经台经常会有的事情。

楼观台后的深山中经常有毒蛇猛虎出没，伤及行人。彭真人以气禁之，此时即便有人上前触摸，毒蛇猛兽也无法动弹，更无力伤人。直到真人解除符咒，它们才能够离开。

彭真人不但经常驯化毒禽猛兽，护佑百姓，还除恶惩奸，奖掖良善。曾经有一个猎户，性极恶劣，在乡里经常欺压百姓，可谓作恶多端。他还毁僧谤道，甚至有一次，竟然跑到观外辱骂道人。彭真人于是用气禁之，使这个猎户不自觉中手足相缚，无法动弹，如同行尸一般，真人还派遣幽灵在门外教训他。门内人只听到他叩头求饶的声音。等到这个人真心悔过，并保证积德行善绝不作恶以后，真人才将他释放。

就这样，真人一直在楼观台讲经说道，点化世人。他一百五十岁的时候，看起来仍然像二十多岁的少年，可见炼精养气，求仙学道，不但可以白日飞升，上界成仙，还能够延年益寿，使青春永驻。难怪自轩辕黄帝以来，历朝历代，求仙学道之人络绎不绝。只可惜求仙学道之途在我们这个时代，早已经销声匿迹，不可得见。

楼观台后山

否则，对那些不满于现世又不愿离弃现世的人来说，该是多大的希望，多大的安慰啊！

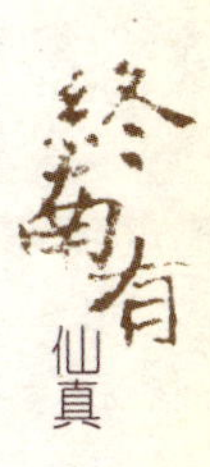

到了厉王十三年丙申正月，太上老君派遣仙官下临楼观，迎接彭真人升入仙界，并封他为太清真人，让他主管赤城宫。

有诗为证：

真人以踵众人喉，其息深兮道日休。
尽道蒙庄发幽微，焉知其说有踪由。

陆

太清宋真人：虚实双融到大通

宗圣宫

古楼观为天下道林张本之地。据《终南山古楼观宗圣宫图跋文》载："天下形势之雄者，在郡曰长安；长安形胜之钜者，在山曰终南；终南名胜之最者，在宫曰楼观。楼观者，真人尹氏之故宅，太上老君说《道德经》之处也。"《书·大禹》、《诗经·小雅》均对楼观赞颂有加。其观之所在，中分秦甸，面距终南，东眺骊峰，接晴岚之浥浥，西顾太白，粲积雪之皑皑。其中奔走群仙，包滈玄泽，草木光怪，又为天下洞天之冠。古之闳衍博大真人，或游于其间，或居住修道，因此亦有仙都之名。周康王时大夫文始先生尹喜在此结草为楼，观星望气，以待圣人，后果遇太上老君，执弟子礼，斋薰问道，遂受师傅所载，祖述玄妙，世有真人。虽市朝数易，然仙迹长存，物愈老而地愈灵。其中卿云日覆其上，寿鹤时来其间，树无宿巢之禽，而野有护持之树。

宋苏子瞻曾赋诗曰：

鸟噪猿呼昼闭门，寂寥谁识古皇尊。
青牛久已辞辕轭，白鹤时来访子孙。
山近朔风吹积雪，天寒落日淡孤村。
道人应怪游人众，汲尽阶前井水浑。
门前古碣卧斜阳，阅世如流事可伤。
常有游人悲晋惠，强修遗庙学秦皇。

张好古亦有诗云：

紫气东来演二篇，真风千古播垓埏。
根深固蒂文虽简，治国修身意最玄。
灵境不随尘世改，圣经喜有翠珉镌。
一宵高卧烟霞窟，输与华阳老神仙。

以上两首诗，均是在说古楼观作为太上老君演说《道德经》二篇之地，关尹子受书修炼学道之处的神妙处。这也是后世求仙学道之人，不远千里，前来楼观求仙问道，锐意修行的原因所在。周厉王二十一年甲辰岁，便有一人，来楼观求仙问道。此人潜心务道二十余年后，便得仙官授书为太清真人，下司中岳嵩高山神仙之禄。在楼观修行登真之群仙中，此人道名亦盛，为后世求仙学道之人敬仰，并时常效法其道。

第一节
问道楼观步虚旷

时间回到两千多年前，也就是周厉王甲辰年。

这一年盛夏的某个正午，艳阳高照，酷热难当，没有风，道路旁的树木几乎纹丝不动，鸟儿也不再四处觅食。不远处的村落中，不时有鸡鸣犬吠的声音传到耳边，这声音或许也因酷热而渐渐淡去。午间做饭时升腾起的炊烟，此时也消失不见。楼观台四周的田陌之中，早起劳作的农夫已经回家用过午饭，或者在与家人闲谈，讨论今年秋季

楼观台

的庄稼长势，或者与三五好友，聚集在村口的古树下，纳凉休息。间或有几个农人，因为刚刚做完农活，肩上扛着锄头，在田间地头的小树下，以手掌作扇子，频频扇去脸上的汗水，即便如此，当他们继续行走时，仍然汗如雨下。或许他们在想，今年夏季可是近几年以来最热的了，不过，冬不冷夏不热，庄稼不会长好的。因此上，他们脸上虽然汗水直流，心里却对秋季的丰收，充满了希望。而在他们的脚下，几头耕牛卧在地头的水沟中，只听见它们呼出的气体，冲击得一沟污水不时发出“咕嘟咕嘟”的声音，这声音，划破几乎凝滞的空气，传到田地不远处的行人的耳畔。

此时，在通向楼观的黄土小道上，走来一个人。

这个人衣衫褴褛，行色匆匆，肩上的包袱似乎很是沉重，压得他的头低垂下来，脸上的旧汗珠还没来得及擦拭，新的汗珠就很快流下来，汗珠从脸上滴下，打在厚厚的黄土上，激起一点点的扬尘。未及淌下的汗水，则腌得他的眼睛总是眯着，难以睁得很开。即便如此，当他行走到一处稍高的土坡上，用袖子奋力拭去脸上的汗水抬头远望的时候，仍然看到了他跋涉多日，最渴望看到的一幕。

我们可以想见，两千年前于一天之中最热的时候，行走在楼观外的土路上抬头远望的人，一定看到了不远处的楼观，古木参天，楼宇巍峨，似有祥云笼罩其上，时有野鹤留恋其间。这个时候，他的内心一定是百感交集、五味杂陈，回首来处，不免热泪盈眶，感慨不已。

他想到了自己多年以来的坎坷际遇，想起了早逝的父母和不幸死于水患的兄弟，也想到了自己在他们的灵前失声痛哭的悲凉，还有心灰意冷不再留恋尘世之时遇到的那位隐者。隐者教他读老子《道德经》

五千言，并对他详细讲述《道德经》中的微言大义，使得他在人生最为痛苦困顿的时期能够在老君的大道之中颖悟人生之变幻和世事的无常。也是那位隐者，告诉了他只有前来楼观，师事真人，潜心务道，才能脱离尘世牵绊，修道成仙。于是，在这位隐者远游之后，他变卖家产，悉数周济穷苦之人，自己唯留换洗衣服数件，踏上了远去楼观的求道之路。

尽管他的内心充满了希望的喜悦，然而多日的长途跋涉，仍然使得他困倦不已。此时，当他看到近在眼前的楼观时，怎能不热泪长流呢?

此人姓宋，名伦，字德玄，洛阳人①。

宋德玄来到楼观的时候，楼观已经建宫好多年了。在这些年间，已有很多苦心修习之士成仙得道，在此登真。前有文始先生尹真人，后有尹真人的从弟杜阳宫太和真人尹轨，还有王屋山太极杜真人、赤城宫彭真人等。这些真人留下的仙迹，加上太上老君曾在此演说《道德经》五千言的盛事，怎能不吸引四方道众前来修习呢？宋德玄就是带着这种对先贤的崇敬之情，以及潜心修道继承仙统的志向留在了楼观台，开始了他长达二十多年的修道之旅，其中酸甜苦辣，悲欣交集，就只有他自己知晓了。

当然，宋德玄栖止楼观以后，凝心寝景，抱一冲和，不喜欢与人交接，只求独步虚旷，唯每日来到楼观后的山间溪畔吟诵《道德真经》五千言。虽刮风下雨，从不间断，这是有迹可循的。早在洛阳的时候，他已经从那位隐者处得到《道德经》一书，并且经常吟诵，对《道德经》中的深意，自觉已经大致明了，不过来到楼观台以后，随时间的推移和阅历的变化，他的精神境界已经和当年大有分别，此时再读《道德经》，理解自然更加深入。他尤其喜欢《道德经》的第八十章，并且时常涵泳其间。其文曰：

小国寡民。使有什伯之器而不用，使民重死而不远徙。虽有舟舆，无所乘之；虽有甲兵，无所陈之；使民复结绳而用之。甘其食，美其服，安其居，乐其俗。邻国相望，鸡犬之声相闻，民至老死不相往来。

①一说洛源人。

每当吟诵这一章的时候，他总是会想起自己由洛阳来到楼观时一路上所看到的景象：他见过诸侯之间的战事，兵临城下众人厮杀流血漂橹的惨象；见过邻里之间因为微小的利益产生纠纷而大打出手的景象；见过盗贼因潜入他人家中实施偷盗而被抓后严刑拷打的时刻；见过荒郊野外群兽争食互相撕咬的场景。这些，难道不是因为私欲膨胀引发贪念而起的矛盾纠葛吗？如果人们真能清心寡欲，则会贪念不起，则会偷盗不生纠葛无有。对国家来说，如果国君不生贪念，哪里又会有战争呢？没有战争人民怎么会流离失所、妻离子散呢？因此可以说，老子在这一章中表达的，并不是后世很多人所认为的落后的政治理想，而是老子在见证了周朝的衰微、洞悉了历史的玄妙之后，对现实发出的隐晦的批判罢了。而且其中也包含了老子对生民的关切，谁还能说老子仅仅主张无所作为呢？老子自然也不会想到，当他在两千五百年前黄土飞扬的函谷关写下这些语句的时候，其实也道尽了我们这个时代的真实状况。

他还喜欢《道德经》第五章：

天地不仁，以万物为刍狗；圣人不仁，以百姓为刍狗。天地之间，其犹橐籥乎！虚而不屈，动而愈出。多言数穷，不如守中。

他认为，在这一章中，老子道尽了他对这个世界基本状况的体认与思考。以这一章的观点为基础，老子才生发出对这个世界的可能性的独有想象。像老子这样的圣贤大德，当他把眼光投向我们生活世界的历史与现实的时候，怎么不会有诸多感慨，而为我们提供一个精神的指路明灯呢？孔子说，老子犹龙，是说老子的思想博大精深，虽然只留下了短短五千余言，却包含了这世间的诸般真知。对后世学者来说，自然是深奥难测，难怪有人会发出“瞻之在前，忽焉在后”的感慨了。

像宋德玄这样的聪慧之人，也是用了整整二十多年才慢慢领会了《道德经》中的微言大义，并且能够将这些微言大义化作自己修行的路径，不断提升自己的精神境界。这是何样艰难而百感交集的问道之旅啊！千年以下，当后世愚顽如我辈者，动辄即对老子的思想指手画脚、视为平常，与宋真人二十余载潜心研读而成大道的精神相比，我

们是多么浅薄啊！

当他读到“大道废，有仁义。智慧出，有大伪。六亲不和，有孝慈。国家昏乱，有忠臣”。更是觉得，老子哪里是在说他自己的时代，分明就是在说周厉王时候的世道啊。

在当时居住在楼观修道的道众之中，宋德玄对《道德经》理解之深刻，见识之独特，是很为其他人赞赏的。人们纷纷认为，总有一天，宋德玄的成就会远在他人之上。

这一段时间，在每日诵读《道德经》之外，宋德玄还坚持服用黄菁白术①，长达二十年之久。

第二节
密感老君授真经

说经台

自从宋德玄来到楼观台以后，潜心务道，锐意进取。斗转星移，不觉已是二十年。在这二十年间，他每天诵读《道德经》很多遍，而且从无间断，加上他经常服用黄精白术，炼精养气，积二十年之力，已经和其他道众的修行境界大为不同。而这个时候，对修道者而言，往往也是最为关键的时候，如果能够有幸得到高人指点，得道成仙，不过就是顷刻间的事。然而，一切须得仰赖仙缘，岂是自己可以主宰的。

夏去秋来的这一天，正是一个难得的月圆之夜。宋德玄独自一人行走在观后小溪旁，他看到圆月如轮，挂在一棵枯树枝上，这树枝如同

①据宋马端临《文献通考》（卷二百二十五）《道藏书目》条下，作者评说“按道家之术，杂而多端，先儒之论备矣。盖清静一说也；炼养一说也；服食又一说也；符箓又一说也；经典科教又一说也。黄帝、老子、列御寇、庄周之书，所言者，清净无为而已，而略及炼养之事。服食以下，所不道也。至于赤松子、魏伯阳之徒，则言炼养，而不言清净。卢生、李少君、栾大之徒，则言服食，而不言炼养。”参见许地山《道教史》。

人的手指，高高地伸向十分高远的天空，在月光的映照之下，树枝显得愈发黝黑，而它伸向天空的姿态，又多么像宋德玄此时的心境啊。望着天空遥远的月亮，听着潺潺的流水声和不知名的鸟儿的叫声，宋德玄顿觉内心澄澈，他想，不知月中的嫦娥和天界的神仙，此时是否也像自己远望着上界一样，俯察着身在下界苦心求仙的自己呢？不知自己何时才能羽化而登仙啊！

回想自己二十年来走过的这条温暖而百感交集的求仙之旅，宋德玄不禁感慨系之，热泪长流，忍不住高声吟诵《道德真经》首章曰：

道。可道，非常道。名。可名，非常名。无名，天地之始；有名，万物之母。常无欲，以观其妙；常有欲，以观其缴。此两者，同出而异名，同谓之玄。玄之又玄，众妙之门……

他的吟诵之声，在这个月朗星稀，众人已经酣然入睡的寂寥夜晚，似乎显得十分动人，连山间微风拂过的树，月亮下的草丛和虫儿，此刻也在凝神细听。这声音，似乎也借着月光撒播的灵气传播到了上界，连游走在琼楼玉宇中的神仙，此刻怕是也在听吧。

这时候，似乎天地间的一切都沉寂了下来。只留着宋德玄的吟诵之声，响彻宇内。

不觉间，宋德玄已经行走到一块巨石前。他刚刚来到楼观时，就听得众人说过，这条溪畔的巨石也是有些灵气的，相传当年文始先生登真之前，就是在这块巨石之上向他的从弟太和真人尹轨亲传妙道的。不过今夜的这块巨石，在月光的沐浴之下，似乎与往日并无不同。宋德玄停下脚步，想象着当年文始先生和太和真人论道的场景，隐隐约约也觉得，文始先生似乎就坐在这块石头之上，披九色离罗之帔，建七映晖晨之冠……宋德玄不禁飘飘然，只觉眼光愈加迷离，四周景物渐渐淡去，宛若进入梦境……

但他马上就知道，这并非是梦，而是他二十年潜心务道，勤于修行，感动了太上老君，老君此刻向他显灵了。

待他仔细看时，只见老君项负圆明，面放金光，旁边有六个仙童，左右各三个，站立在老君两侧。他们就是传说中辅真执禄的仙童吧？

宋德玄随即拜倒在老君面前，祈求老君感念他修道之诚，授予他修炼的真诀。

老君对宋德玄潜心修道的事迹已经了如指掌，此次下到凡间，就是为了点化他，于是，老君缓缓说道："我有景中之道，通真之经，这真经，生乎三元之始，出乎九玄之庭，五德合庆，六气凝精，分真散景，保固遐龄。如果你能依照这个方法修习，自然可以立致云軿，出于有而入于无，彻幽洞冥，三光并耀，二气斋灵，变化适意，飞升上清也。"

宋德玄听到这话，更是五体投地，声泪悲咽。

老君向他摆摆手，示意他不必太过动情。并打开宝韫，从中取出《灵飞六甲素奏丹符》一书，赐予宋德玄。同时对他说："如果你能精修上道，味真想玄，行之无隙，修之能坚，自然保你飞升上清，凌空驾虚。但必须注意的是，敬之则福降，慢之则祸缠。道与能行，慎勿轻传也。"

老子像

说罢，老君与众位童子均消失不见。只见眼前的巨石，连同巨石后的远山愈来愈清晰。

宋德玄对着老君消失处，叩头不已。在他的头顶，是巨大而高远的天空，以及天空中的一轮明月映照下的树。只是树下的人，已和方才大为不同了。

第三节 依经修行成大道

宋德玄得到老君所赐的《灵飞六甲素奏丹符》以后，更加勤于修炼，锐意修行，没过多久就能自然通感。在他修行的时候，曾经有玉童六人，侍奉左右。看到这个景象的修道之人自然知道，宋德玄已成仙得道了。

成仙得道之后的宋真人就不再待在楼观了，他要云游四方，点化世人，广播仙缘，济世救人。

这也是修仙问道的人的最终目的，即以他们的精神境界去感化那些还挣扎在世俗困境之中的凡俗之士。宋真人深知，凡俗之人，有贤有愚，有善有恶，根器不同，境界也异，因此不能用同样的方法使其了悟。于是，他常常化身为平常人，针对不同的对象采取不同的方法来点化他们，使他们能脱离世俗牵绊，稍窥大道，也希望因此能使这世间邪恶不彰而善行永驻。传说中，他有时候会化作悬壶济世的行医者，有时则是云游四方的道人，有时候是学富五车的书生。有一次，为了点化一个痴迷凡间欲望以至于元气亏损行将就木的老人，宋真人甚至还化作二八芳龄貌若天仙的女子，以使此人明了过度迷信房中之术、驭女之法，不但难以修成大道，甚至还会损毁元气、促人速死，无益于道。当然，这个时候他已经能够预知未来，对他人的祸福吉凶，更是了如指掌、洞若观火，而且他察物如神，所作判断，没有不应验的。

话说这一天，宋真人云游到洛阳城中的一处街市之上，只见街上店铺林立，车水马龙，行人熙来攘往，很是繁华。街上偶尔有王公贵族携家眷同游，也有平常百姓引车买浆之流行走其间。真人知道，越是表面繁华的地方，越会有极度困顿之人有待点化。于是，真人便化作一个算命先生，寻找到一处较为安静的街角，铺开卦摊，等待有人求医问卦。

整整一个上午，前来求医问卦的人络绎不绝。遇到寻常百姓前来求医，真人并不为他们开出寻常医生所开的药方，而是随手从路旁抓到几株野草，稍施法术，这野草便成为治病的良药，使病者立刻痊愈。真人还把道家行气导引按摩祛病的方法传授给他们，以使他们有病治病，无病强身。真人先后为他们传授了叩齿集神法、搅淑津法、摩肾堂法、摇天柱法等等。

有一个人，身患风湿，苦不堪言，虽然四处求医，食药无数，但收效甚微。真人为他开了这样一个处方：

立夏四月节，运主少阴二气，时配手厥阴心包络风木。每日寅卯时闭息瞑目，反换两手，抑掣两膝，各五七度，叩齿吐纳咽液。

又有一少年，常常梦遗滑精。真人教他以下两种方法：

仰卧，右手枕头，左手混固阴厥行功，左腿直舒，右腿蜷曲，存想运气二十四口。

端坐扳起两脚，搓摩两脚心，施功运气，左右各三十，故精散不走。

有人家中频繁出现奇怪的事情，而且家人相继生病，无药可治。真人为其书写符咒曰：

第一上丹明堂，白帝除凶。六宫明净，道化长生。百病速去，使汝长生。

命他分做多份，让家人时常携带，则百病自除。

正午时分，真人抬头看看天光，只见日头已经行过中天，稍作测算，真人便知道他今日要等之人，很快就会出现。

不多时，便有一人出现在真人的卦摊前。此人衣衫虽然稍显破旧，但还干净，只是面带菜色，精神萎靡，目光呆滞，印堂发暗，一望便知此人是个书生，而且邪气缠身已久，如不早日为其驱除，恐有性命之忧。

书生未及开口，真人便将其多日以来的诸般遭遇一一道来，还说此人尚有八十老母在堂，也是百病缠身，无力医治。

书生听完真人的描述以后，惊骇不已。自然也知道真人有化解之法，于是声泪俱下，纳头便拜，祈求真人念及他尚有老母在堂需要奉养，为他化解邪气，并救治他缠绵病榻的母亲。

原来，真人早已经测算出洛阳城外的这个王姓书生，某一天晚上在村外草庵中读罢诗书返回家中时，途经一座老坟，被其中一只厉鬼缠住。这个厉鬼化作美貌少女，夜夜来到书生家中，与书生缠绵床榻云雨不断，未过一月，书生便元阳亏损，渐渐露出下世的光景。而且真人还知道，这个书生居住的房子，数日后会有大火，如果不及时迁出，其家人均会葬身火海。

于是真人为他书写符咒两副，其一专为书生祛除厉鬼，其二则为其母祛除恶疾。书写完毕，真人命他回家之后，将为他书写的符咒贴在门首，则厉鬼永不来犯；将为他母亲书写的符咒焚化，从她的左鼻孔吹进，则疾病立除。并命他明日子时带其母迁居村外，午时之后再回去。

书生听罢，拿了符咒，如获至宝，再三拜谢而去。并依照真人指示，一一照办。其母后来果然痊愈，而在书生带着母亲迁居村外的时候，村中起了大火，数十间茅草屋，在大火之中均化为灰烬。

书生自此虔心向道，常常敬颂《道德真经》，并且以孝道闻名乡里，还曾远赴楼观访仙问道。

第四节
开示众人入善门

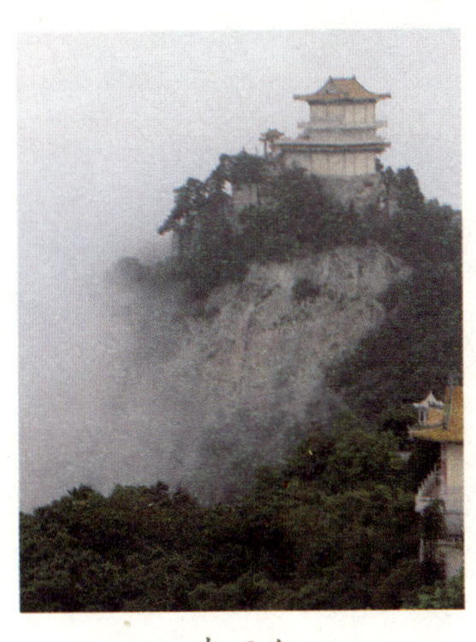

南五台

宋真人在人间云游四方、点化众人的时候，留下了很多动人的故事，其中有两个故事最有代表性，也最能体现真人济世救人的博大仁爱之心，而这种精神境界，也最能体现《道德真经》的核心要旨。后人只知晓依照《道德真经》修习，可以长生久视，益寿延年，羽化登仙，殊不知圣人最紧要关切处，却是在导人向善复归自然。有国者得其要旨，可以使国家长治久安，百姓安居乐业；凡俗之人得其精神，则可以化解痴顽，排忧解纷。

话说这一天，宋真人与几位道友相携云游到长安城外的南五台山中。南五台山势险峻，古木参天，百草丰茂，有多条溪水流贯其间，鸟兽虫鱼不计其数，是个极好的修道之处。往日宋真人来山中时，这些鸟兽见人并不避开，常常追随真人同行山中。这一天却和往日极为不同，当宋真人一行走到山上时，所有鸟兽看到行人以后，唯恐避之不及。宋真人便知道，其中必有隐情。于是真人化作野鹤，飞上枝头，向同在枝头的其他鸟儿详细询问了其中原委。原来，南五台山中的鸟兽世世代代居住在山中，与人为善，从不伤及行人，而且与人向来相安无事。但最近山下来了数家猎户，或挖掘陷阱捕食野兽，或者编织罗网捕获鸟雀，还有人在溪中打捞小鱼，晒成鱼干，卖于集上。山中野兽虫鱼已经死伤无数，所以个个自危。

说话间，已经有几个猎人从山下携猎具缓缓上来。真人便命众鸟兽悉数散去，隐于丛林深处。自己随即化作一只麋鹿，悠然行走在路边不远处的溪水旁。而那几位道人，相继和几个猎户打过招呼，却并不把此事说破。

这几位猎户中，有善于捕获猛兽的张猎户，有精于网罗鸟雀的冯猎户，还有射箭很准的姜猎户。最近一段时间，由于南五台众鸟兽看到有人进山，很快便藏进丛林深处，或隐于深谷之中，或栖于悬岩峭壁之上，很难捕获。因此，众位猎户近期虽然频繁进山，但收获很少。当他们看到不远处的麋鹿时，自然是非常兴奋了。

于是，他们迅速摆开阵势，试图捕获这只麋鹿，姜猎户射出一箭，眼看就要命中麋鹿的要害，但箭快要接近麋鹿时却稍稍一偏，射在了一旁草丛中。

那麋鹿回身看了看众位猎户，并不急着逃走，而是继续沿着溪水缓缓上行，与他们始终保持五十步到一百步之间，这个距离，恰好在姜猎户弓箭的射程之内。就在麋鹿绕过一块巨石的当口，姜猎户又射一箭，这一箭比上一箭更为精准，也更加有力，但这支箭还是没能射中麋鹿，只是没入了一旁的溪水中，没了丝毫力气，随着溪水流向下游。姜猎户有点烦躁，相继将随身携带的箭全部射出，但仍然无一命中。

这时候，张猎户知道，麋鹿如果继续按着现在的路线行走，不多时，便会走到他早已设置好的陷阱之中，到时候捕获自然是易如反掌。于是招呼其余二人继续追赶。

果然，麋鹿很快就走到了陷阱所在处。但令他们吃惊的是，麋鹿走在陷阱之上如履平地，并未跌入。又突然消失不见，却有一只鸠鸽，从麋鹿消失的地方飞出来。冯猎户马上张开罗网，试图网罗这只鸠鸽，但忙碌半日，仍然一无所获。众猎户并不放弃，继续追赶，到一棵千年古树之下时，这只鸠鸽又化作一只白鹤，向云端飞去。众猎户这才明白，原来麋鹿、鸠鸽和白鹤，都是神仙所变，于是马上了悟仙人点化他们的良苦用心。

此后，众猎户毁掉猎具，转而经营农事，南五台中，就再也没有出现捕猎鸟兽的事情。

又有一天，宋真人与众神仙游宴山林之后，飘然飞步，以一日千里的速度，返回楼观，行至半路，看到道旁有一群人，似乎因身患恶疾而遭人遗弃，其中男女老幼不下十人，个个形容憔悴极为虚弱。真人稍作观察，便知道这些人都患有蛊癞之症。

于是真人化作一个身患蛊癞之症的老者，步履蹒跚地走到他们面前，问明情况。真人所料不差，这些人果然因患恶疾而遭家人遗弃。据他们描述，当地世世代代常有人身患蛊癞之症，无论如何精心治疗均无效果，因此，多年来家家户户都有死于此病的。而当地盛传此病传染极快，一旦患有此症，无论老幼，即会遭人遗弃，只能在荒郊野外自生自灭。真人有心将治疗蛊癞之症的方法传给他们，便从路边的树上随意摘取树叶数十枚，用手指剪成耕牛的样子，之后吹口仙气，这些树叶马上就变成耕牛数头。真人让人将这些耕牛宰杀之后，放入锅中煮熬半日，待牛肉烂熟之后，再加上当地田间地头十分常见的一种野草，搅拌进牛肉之中，分餐服下，半日后，众人的病症便渐渐消除。

南五台

这个时候，众人才知道，眼前这位与他们一样身患蛊癞之症的老者原来是神仙下凡，意在救治他们。于是连连叩头，拜谢不已。而真人早已乘五色祥云飞升而去。

众人便把真人传授的治疗蛊癞之症的方法带回村里，此后，村中一旦有人身患此疾，即依法治疗，自然功效非凡。

真人传授的这种方法被当地人代代相传，到了金元时期，被称为金元四大家之一的丹溪朱氏，用“倒仓法”以牛肉治疗瘫劳蛊癞之症，就是从宋真人这里来的。

宋真人在人间修道行医，度化众人，不觉间就已经过了很多年，在这些年间，被宋真人度化的人中，有的也和真人一样苦心修道，后来羽化登仙；有一些则弃恶从善皈依玄门；还有更多的人，则是在真人的点化之下，修习导引按摩之术，而至身体康健益寿延年。这便是真人根据个人根器之不同，以不同的方式点化的结果。

到了宣王三十二年，宋真人已经九十多岁了[①]。

这一年七月中的一天，宋真人正在观中为道众讲解《道德真经》，天上突然出现五色祥云。众人抬头看去，原来是老君派遣仙官来迎接宋真人，并且授书宋真人为太清真人，下司中岳嵩高山神仙之禄。

于是宋真人随仙官登仙而去。

据说后世在楼观修道的人还曾经在观后小溪旁的巨石上看到过宋真人，真人还为他们讲解过《道德经》五千言呢。

后世也曾流传有一首诗，是赞颂宋真人的，诗曰：

太清仙客道中龙，虚实双融到大通。
万水千山遮不住，自南自北自西东。

①《终南山说经台历代仙真碑记》亦载：“（宋真人）以景王乙巳年冲举”。本书采用《历世真仙体道通鉴》卷九宋伦条之说：“（宋伦）年九十余，以宣王三十二年丁巳七月，太上遣仙官下迎，授书为太清真人，下司中岳中高山神仙之禄焉。”

柒

西岳冯真人：一枕清风睡正酣

班固

《太平御览》道部卷八“道士”条载：“《太宵经》曰：‘人行大道，谓之道士’，又云：‘从道为事，故称也。’”由此可见，所谓道士者，与修习道法、躬行大道休戚相关。周穆王喜好黄老之术，为文始先生从弟尹轨真人修建楼观，广纳天下幽逸之人，置为道士，以便承继老君、尹真人仙统，使天下人能广结仙缘，修成大道。而修行之法，最紧要处，在于道士能“不欲临丧损神坏气，所以去世不仕，而独存焉”。也就是说，不行走在仕途之上，便可以远离俗世的喜怒哀乐和悲欢离合，而能够保身养气，修成大道。难怪班固要说道家思想是出于史官，明了成败存亡祸福古今之道后，选择秉要执本，清虚以自守，卑弱以自持的精神路径。这一精神路径，不尚繁华，清简无为，能够使君臣自正。太史公也说过："老子所贵道，虚无，因应变化于无为，故著书辞称微妙难识。"辞称微妙难识，或许是老子在参透世事变化，古今兴亡之道后，精心选择的写作方式，这种方式，可以把他对世道的深切领悟，隐藏在渺茫难识的字句之中，以待有识之士洞察其妙。对寻常人而言，不过是寻常语而已。

周穆王

老子无疑也是在某种特定时刻才展现自己的全部意义的。千年之下，我们可以想见，当他在楼观写下《道德经》五千言的时候，心中一定时常面对莽莽苍苍黄尘扑面的大地和狗苟蝇营于世俗名利的周朝的子民，一定闪过这样的念头：总有一天，会有一些与他有着相同生活经历的有识之士在历尽人间的悲苦参透人事变化之后，打开他的作品，读到他精心营构的思想世界的玄妙语句，在瞬间与他在真正的精神世界里相遇，从而发出"吾道不孤"的感慨吧，那个时候，身在天上的老子那饱经沧桑的脸庞上恐怕也会流露出如莲的喜悦吧？

当然，老子并不需要等待太久。

周宣王时，便有一个人，走着一条与老子极为相近的生活道路，而经过进退荣辱兴衰际遇的历练之后，他也走着与老子同样的精神路径。

这个人姓冯，名长，字延寿，是骊山人。

第一节
弃却周宣柱下官

证道歌曰：

流转金精养万神，自然不死得长生。

莫学世人贪欲乐，役役终成一聚尘。

当十五岁的冯延寿面对巍巍骊山、郁郁黄花、青青河畔草以及不远的将来入朝做官的人生道路时，可能不会想到，多年以后他会捐弃财帛，绝去郊游，选择入道之门。

那个时候，这个选择对一个普通人来说，或许并不是不得不为之。毕竟，抛却尘世富贵，选择入道之门，不是一件十分容易的事情。何况对一个在十五岁的时候就通晓阴阳占侯之书，从而得到帝王赏识的人来说，选择这样一条人生道路恐怕有着一些难于向他人道及的困境和精神苦痛。这困境和苦痛在成就他的精神大道的同时，也自然将他与世俗的富贵荣辱截然分开，让他在历经人世的悲苦艰辛之后，能够在另外一种精神道路上越走越远，从而寻找到安托灵魂的逍遥之法。

冯延寿选择入道之门，与他在周宣王时期曾入朝为官的经历有着千丝万缕的联系。或者可以说，正是因为他做过官，走过仕途之道，才会选择遁入玄门，摒弃富贵，任性逍遥。

冯延寿做过周宣王的柱下史。

《史记·张丞相列传》说："苍，秦时为御史，主柱下方书。"司马贞索隐说："周秦皆有柱下史，谓御史也，所掌及侍立恒在殿柱之

骊山避暑图

下。”也就是说，柱下史，是负责记录的史官，大致相当于现在所谓的秘书。既然是史官，自然有极为便利的条件接触到政府档案馆中的历史文献，也可能关在阴冷的屋子里读那些史官们记事记言的文字，以及在这些文字之下历朝历代的兴废之事，明了历史中隐含着的把戏、惨烈和危险。这些危险，难道不会延伸到他的生活世界和精神之中吗？难道不会使得他深感世事变化无常，人生祸福相依，因此生出“伴君如伴虎”的感慨吗？难道他不会终日战战兢兢如履薄冰以求全身吗？

那个时候，他常常“内澄外混”，也就是揣着明白装糊涂。他还得“懼涉兴衰”，慎言慎行难得糊涂莫谈国事。他能“睹天文之错乱”，而“天文之错乱”就是老子当年走出周守藏室之时“在阳光下他眯眼看人间，人间混乱而无道，正如一塌糊涂的历史”，“周朝的大厦将倾，山河将崩，九州幅裂”。当时，老子明白这一切后，去意已决，于是西迈流沙，自函谷关绝尘而去。对他的后人冯延寿而言，他似乎不能做出与先师老子同样的选择，他无法西迈而去。何况西去之后，谁能保证他面对的不是和周朝同样的生存困境呢？他不能冒这个险，何况如果宣王知道他要选择出关，弃绝周室，一定会觉得，生逢这样的盛世，离开就是不忠，就是和朝廷作对，而胆敢和朝廷作对的人，统治者是绝对不会手下留情的。

退一步讲，冯延寿这个时候已经知道，当他明了古今兴废之事和君王南面之术以后，应该唯唯诺诺、噤若寒蝉地做一个孔夫子所谓乡愿一类的人物。内澄外混、懼涉兴衰，才能够避免“祸将及己”。当他能“恐祸将及己的时候”，断然不会是将自己彻底打造成那样的窝囊人物，他不能铤而走险，但也无法活得窝囊。

如何选择既可以让他能“避祸”而全其身，又不至于太过违背自己的精神意愿呢？

可以说，当后世的很多学者在批判道家思想自老子以后堕为求仙之

术而每况愈下的时候[1]，他们可能忽略了一个十分重要的事实：世道之不同，人之选择必然也异。因之，我一直以为，后世道家不再如他们的先师老子一般，选择一种极为明显的绝尘之道，而在求仙问道之事上用心用力，实属无奈且用心良苦。实在不必求全责备，吹毛求疵。

最后，冯延寿的选择是“乃退居托疾，潜光幽遁”，也就是说，即便选择“退居”也必须有一个多少说得过去的理由，在众多的理由之中，或许再也没有比“托疾”更好的了。“疾”是不可抗的因素，并不是主观不合作，而是客观不允许。依照常理，臣下已经有病在身了，君主再勉强的话，就有点不能体恤臣下了。后世臣子经常选择“称病不朝”，就是深得冯延寿的选择之妙了。而只有“退居”之后，才能够置身事外，变成对任何人都无害的圈外人。

退居之后，能干什么？自然不能“致君尧舜上，再使风俗淳”，但或许可以做点别的。

第二节
便拖藜杖入终南

既然冯延寿已经选择了“托疾”、“退居”的生活道路，官场之中的兴衰际遇、进退荣辱自然和他不会有太大关系。但他也不能像老子一样选择西迈流沙，这条道路因为前途未卜可能会将他置入更加凶险的境地，有了在宣王朝做柱下史的经历之后，世事洞明如冯延寿者，自然是不会选择这条道路的。千年以下，我们可以想见，当冯延寿真正选择退居，收拾行囊，走出“柱下”，面对血红残阳和苍茫大地的时候，心中或许会生出“敢问路在何方”的感慨。

---

①梁刘勰《灭惑论》（现存《弘明集》卷八）说：“案道家立法，厥品有三：上标老子，次述神仙，下袭道陵。太上为宗，寻柱史嘉遁，实为大贤，著书论道，贵在无为；理归静一，化本虚柔。然而三世不死，慧业靡闻，斯乃导俗之良书，非出世之妙经也。若乃神仙小道，名为五通，福极生天，体尽飞腾。神通而未免有漏，寿远而不能无终。功非饵药，德沿业修，于是愚狡方士，伪托遂滋。

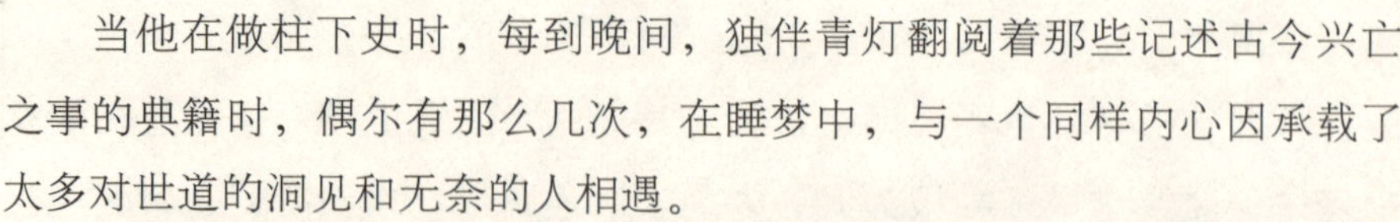

当他在做柱下史时，每到晚间，独伴青灯翻阅着那些记述古今兴亡之事的典籍时，偶尔有那么几次，在睡梦中，与一个同样内心因承载了太多对世道的洞见和无奈的人相遇。

也必定有那么一个夜晚，当他内心充满了对这个世界的所谓历史的真相的洞察时，一定很想找个人诉说，即便找不到回应。

已经并不年轻的冯延寿爬在案几之上，不一会儿就酣然入梦，在他的身后，是堆积如山的竹简木简。孔夫子曾说：“甚矣吾衰矣，久矣吾不复梦见周公。”那周公岂是人人都可以随便梦得？俗世之人，可以夜夜梦到升官发财，梦到娶老婆包二奶，大概周公这样的人，是断然不会进入这些人的梦中的。曾经有人问过阿根廷作家博尔赫斯，他有没有梦见过整过他多次的独裁者庇隆，博尔赫斯斩钉截铁地回答说：“我的梦也是有品位的，让我梦到他，休想！”这话说得真好！

冯延寿开始做梦了。他梦见一位老者，头颅硕大，额际皱纹细密，满脸沧桑，仿佛千百年来的忧患全部压在他一个人肩上，压得他有点不堪重负，行动迟缓步履蹒跚。但那双深陷在皱纹纵横的脸上的眼睛，分明那么澄澈，那么安静，没有愤怒，没有不满，没有仇恨，有的是贯通古今的悲凉，是长歌当哭、涕泪合流的无奈，有的是洞见世界本质之后的隐忍，是对这世界和生民生之多艰的哀痛。

老子像

他坐在那里，毫无动静，恰似一段木头。

冯延寿与他在漆黑的暗夜里，微弱的烛光下四目对视，良久，没有人忍心打破这难得的沉默，因为他们知道，“当我沉默的时候，我觉得充实。我将开口，同时感到空虚”。

此时或许会有夜风拂过，烛光开始摇晃，将他们投在漆黑的墙上的身影摇动得晃晃悠悠。窗外一定还是血雨腥风，一定还是

钩心斗角、尔虞我诈，一定还是小人当道、君子遭殃。

然而这一个漆黑的暗夜中一枚微弱的烛光，却为他开辟了冲破内心暗夜的一缕曙光，这曙光，只能由眼前须发皆白的老者给予。

时间飞速而逝，仿佛一下子过去了很多年。

最后，冯延寿打破了沉默，他说："这里的典籍，我已经全部看过了，有的还看了不下三次。"

"嗯……"老子回答他的，只是一个长长的鼻音。

"我怕我已经看破了君主的那些伎俩，"冯延寿缓缓地说，"所以不敢开口说话了。"

"嗯……"老子回答他的，还是一个长长的鼻音，那声音，仿佛是从地层深处发出来的。

"我也曾想过，和您一样西迈流沙，"冯延寿说，"但找不到青牛，也没有徐甲。"

"对对！"老子的口中早已没了牙齿，黑洞洞的，只有舌头软软地在动。

"我横竖总是要离开的，但东、南、西、北有四个方向，我却不知应该去哪里。"

终南山

"我读您的《道德经》五千言，已经很多年了，"冯延寿有点急了，话便多起来，"有时候觉得自己很明白，但更多却是糊涂。"

"说，还是不说，"冯延寿说，"这是一个问题。"

"不……"老子似乎也有些急了，舌头在黑洞洞的口中搅动，但只是发出了这一个声音。

"我晓得，您在《道德经》中说了两个事情，"冯延寿情绪有些缓和了，说话也利索了很多，"一个是治世之道，一个是治身之道。治世之道也有君王使用过，但长不了的，也和您的想法有一些不一样，您的那些说辞，只能是个过渡，他们最终还是会听孔子和他的门徒的，那样实在，有利可图。倒是您的治身之道蛮有意思，孔子和他的门徒是不说的，他们弄出的事端和解决不了的问题最后才留给了您……"

"这么说，你是明白的……"老子皱纹纵横的脸上，似乎绽出了一个浅浅的微笑，说不清是喜悦，是轻蔑，还是别的。

"他们说，您的道太迂太阔太玄，"冯延寿奋力发出这几个字，"是不能用来换取面包的。不是大家不喜欢你的道，是面包太重要……"

"……"

老子已不能说话，脸上分明流着两行清泪。

两个人相视对坐，毫无动静，犹如两段木头。

"你也该走了，"老子的舌头变得灵活，黑洞洞的口中没有牙齿，声音便低沉了，"这世上青牛难觅，徐甲难找，流沙总是很多的罢。"

终南山又名中南山。据《括地志》说，终南山先后有六个名字：南山、橘山、楚山、秦山、周南山、地肺山。《诗经》中说：

终南何有，有条有梅。[①]
如终南之寿，不骞不崩。[②]

晋人潘岳曾著《关中记》说："终南山一名中南山，言在天中，居都之南也。"又说："终南、太一，左右三百里内皆福地。"唐代诗人王维曾作诗曰：

太一近天都，连山到海隅。
白云回望合，青霭入看无。
分野中峰变，阴晴众壑殊。
欲投人处宿，隔水问樵夫。

诗人祖咏也曾作诗曰：

终南阴岭秀，积雪浮云端。
林表明霁色，城中增暮寒。

这几首诗，都是在说终南山作为圣境的妙处。杜光庭《洞天福地岳

①见《秦风·终南》。
②见《小雅·天保》。

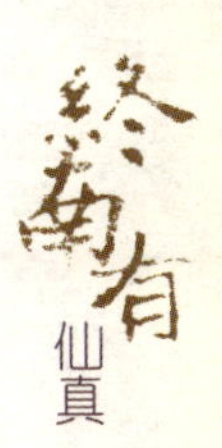

读名山记》所记述的“七十二福地”之一的翠微山，就在西安府终南的太一观。可见终南圣境，古已有之。

话说冯延寿在做宣王时的柱下史时，“常内澄外混，惧涉兴衰，睹天文之错乱，恐祸将及己”，于是，“退居托疾，潜光幽遁”，将自己的财帛全部捐弃以后，断绝了所有与尘世中人的交往，在终南山上，伐木割草，建了一座草庐，从此住了下来。庐前花儿开了又谢，谢了又开，斗转星移，寒来暑往，转瞬间过了好几个年头。

这便是他的“流沙”了。

在这一段时间里，他精心“味道摄生，研神保气”，每天在青山下，草庐前，小溪畔高声吟诵《道德经》五千言，陪伴他的是溪上之清风与山间之明月。他同时还“兼服天门冬”。这种草，性寒，味甘，微苦，但可以养阴清热，润肺滋肾，功效很好。

就这样，五六年过去了。

这个时候，由于远离了尘世的矛盾纠葛，他不需要为这些事情劳心费神，精神自然好了很多。加上每天服食天门冬，吟诵《道德经》，便“稍觉进益”，于是信心大增，并“精勤勇决，誓延天算”。

第三节
黄庭诵彻无人见

冯延寿在山中与狼虫为伴，虎豹为邻，可以仰观宇宙之大。五六年以后，便觉得自己稍稍进入了修道之门，于是更加勤于修习，并立志一定要修得长生久视、羽化登仙。

当他在很多个月圆之夜，身披月光，独自一人行走在溪畔的时候总是会想到老子，想到柱下的那个让他和老子的相遇刻骨铭心的夜晚，想到老子的话语，但更多地出现在他眼前的，却总是老子的那似乎已经流贯他全身的两行清泪，让他总有那么一点点已然久违了的感动。

这个时候，他常常会想：“我已经很久没有梦到老子了。”

他抬头望望天空，天空还是那么高远，皎洁的月儿把整个天空弄得十分清朗，山风也起来了，可以听得见树叶甜蜜的拍打声，潺潺的流水声，夏虫的鸣声，这声音渐渐混合到一处，山中显得愈发幽静了。

此刻，他的心中也变得十分澄澈，仿佛一切过往已然化烟化灰，随水流而去，终至消失不见。沉重的肉身渐渐变得轻逸，心中的月光开始向身外溢出，渐渐与整个世界融为一体，似乎无须羽化便可登仙了。

这一个晚上，他睡得很沉很香。

冯延寿可能没有想到的是，他志存高远，勤于修习的事迹竟然早已传到了仙界，更让他始料未及的是，不久以后会连续有两位仙真下临凡间，为他指点迷津。

首先出现的是真人邓先生。

邓先生下凡的时候，正是冯延寿入山修行的第六个年头。

这一天，已是春去秋来，林间的树叶早已泛黄，随着无边的秋风，纷纷飘落在大地上，门前的小溪，仿佛也瘦了很多。冯延寿一如往日，诵读完《道德经》后，背起背篓，扛上药锄，缓缓地沿着溪边的小道，望着山间的白云而去。

就在他行走到半山腰的千年古松下，望着青天一鹤热泪长流的时候，邓真人出现了。

邓真人将《灵书紫文》和宝神之道传授给了他。

冯延寿“乃朁晨登景，御气游元”。在终南山上另外寻找了一处更加秀美的小山岗，“栽岩架远，呼景列曜，炼魄柔魂”，数月之后，便“迴黄转赤”面色红润而且生出如美玉般的光泽，宛如少年。

多年以后，当冯延寿依照邓真人传授的方法认真修习已经达到“芳华欝畅，自然青精凝液”而且时常有紫云结泉，他所修行的石室外枯萎许久的草木也已渐渐出现生机的时候，回想起那天见到邓真人的场景，依然觉得犹如幻梦一场。

冯延寿清楚地记得，就在邓真人授书给他的时候，自做柱下史开始的人生经历纷纷出现在眼前，回想六年来艰辛的修道之旅，内心突然生出这样的感觉：不叹息，不悲伤，我也不啼哭，金黄的叶子落满我心间，我已不是青春少年……

转眼间，十年又过去了。

在这十年间，冯延寿倒是常常在梦中见到老子。时光的流逝并没有让老子老去，他还是如龙一般，悄然而来，又飘然而去。

他有很多次想挽留老子，却终于没有挽留。也有很多次他想和老子说说话，然而终于什么也没有说。后来他就遇到了太清真人彭宗。彭宗的到来，不能说没有任何征兆。

在那个漫长且寂寥的秋天午后，在树下的石凳上打坐运行呼吸吐纳之术的他，分明觉得思绪有点散乱难以控制，也说不出什么，只是觉得，应该有什么事情要发生了。

彭真人的到来，打破了他多日以来的寂寞。

彭真人骑着一只猛虎，这猛虎通身白色，犹如一团雪花。眼睛很大很亮很温顺，说不出的可爱。相比之下，那两个站在真人左右的侍者，面无表情，就显得很是平常了。

他们一行出现在冯延寿居住的草庐内时。往日较为昏暗的草庐，此刻却异常透亮了。

冯延寿缓缓地俯下身去，向彭真人行了弟子应该行的跪拜之礼。行罢礼后，他便站在彭真人的一旁，胁气累息，从求道要。

彭真人说："你的德音幽眇，而且神气遐清，他日自然可望归本返真，羽化登仙。你还要度济世人进入道门呢。"

彭真人又说："你如果想鹏飞云路，玉璨琅玕，就要更加勤于修持，不可有丝毫退却之意，待时机成熟之后，自然会有仙人前来召唤于你。"

彭真人说罢，便将太上隐书赐给了他。冯延寿稽首称谢不已。彭真人和两位仙童离开以后，冯延寿并不急于打开那册太上隐书，而是起身走向室外，行走到高山之巅，远眺都城所在的方向，沉默良久。

那一天晚上，老子又翩然入梦了。这梦，还是透着刺骨的寂寥，却不似白日里的欢欣。不必与人道及。

接连得到两位真人所赐的仙书以后，冯延寿又"注真八景，味玄九元，寓景流霄，冥葆太漠"，而后便可以"游迈元隰，观鉴安危"了。加上他多年来在山中静以思道，安以养恬，于是内宝既充，复能周物。

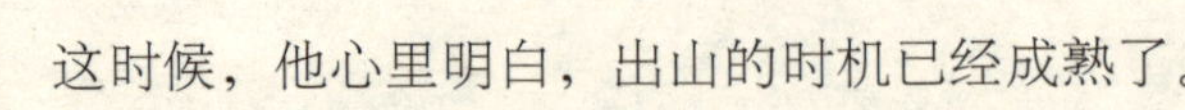

这时候，他心里明白，出山的时机已经成熟了。

那一天，当他走出石室，脚踏厚厚的青苔，远望山上的朵朵白云和莽苍大地时，前半生的诸般经历和喜怒哀乐一齐涌上心头，此时此刻，怎能不让人觉得“悲欣交集”呢？

他深知，修道的最高境界，不是遗世，而是更好地入世。不是自度，而是度人。不是只图“举世皆醉我独醒”，而是努力唤醒那些还沉睡在铁屋中的人，让他们和自己一同走向阳光。

就这一点来说，孔子和他的门徒并没有错，知其不可为而强为之，也需要莫大的勇气和过人的智慧，需要有相当大的牺牲精神。当孔子对他的弟子说：“道不行，乘桴浮于海”的时候，谁说他不了解老子的想法呢？谁能说他的内心中没有和老子当年出关时一样透彻心扉的悲凉呢？我常想，精神有层次之分，却没有高下之分。没有由“儒”入“道”的道，一定不是“高道”，没有由“道”入“儒”的儒，定然也绝非“大儒”。老子“见周之衰，乃遂去”不就体现出他对世界的绝望和无奈之后的摒弃吗？孔子周游列国，游说诸侯，不也体现出了他对当时的生活世界隐在的批判吗？后世的儒者和修道之人之间的矛盾和纠葛不过是精神萎靡、气量狭窄、未窥大道的众生喧哗罢了。在精神的高处，孔子和老子虽“志”同“道”不合，但想必应该是惺惺相惜的。所以我一直觉得，史籍中对孔子见老子的情形的描绘，不过是后人别有用心的附会之说，在我的想象中，他们不该那么生分。

与他们有万水千山之隔的古希腊，也有一位哲人，在公元前399年“杀身成仁”。当他毫不犹豫地以慷慨赴死的决心吞下那杯毒酒之时，在他的身边，是悲痛欲绝的弟子，还有门外笑语欢声的庸众。

在任何时代，庸众大抵总是会有笑声的，他们的笑声并不可怕，可怕的是这种笑声成为一种常态，从而如黑云压境般遮蔽一个民族的精神世界，并将这个民族的血性置换为一种无耻地吸着自己的鼻涕而甘之如饴的自鸣得意。

所幸我们还有那么多甘愿走入黑暗的人们。他们知道“人生困窘如在一不知首尾的长廊行进，前后都见血迹”，而“仁者之叹不独于这血的真实，尤在无可畏避的血的义务”。

当冯延寿精勤多年终于修成大道走出石室，迈开脚步决意行走在人间度化世人的时候，心中一定是踌躇满志百感交集。

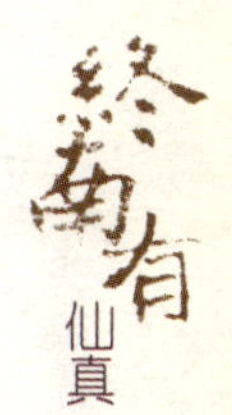

第四节
一枕清风睡正酣

冯延寿现在是冯真人了。

冯真人走出终南山中的石室那天，终南山外的百姓一定不会忘记终南山中五色祥云笼罩群鸟追随其后的场景，他们还听到了群兽的悲鸣、山泉的呜咽，分明也感受到了心中涌动的如莲的喜悦。

这些早已对天子诸侯、贪官污吏不抱任何希望的黎民百姓，是多么迫切地需要像冯真人这样的仙真来度化啊。

只有面对精神与生活双重贫困的人们，才需要并呼唤一种精神的救赎，如同在漫长的黑夜里呼唤阳光，在久旱之后呼唤甘露，以抚慰精神的创伤和内心的焦渴。

然而，冯真人深知，他的世界和先师老子的世界，就本质而言并无太大差别，先师未竟的事业，在他这一代也注定难以完成，这或许就是宿命吧。他能做的，只可以是舍大道而就小行。孔子的门徒们奔走多年，不是也没有多大成效吗？要建立奇功成就大道，只能以俟来者了。何况小行也许也可以成就大道。

不过即便是小行，也有着很多事情可以做。

冯真人出山之后的第二天，行走到长安地面。只看到四处村落炊烟不起鸡犬不鸣，田地无人耕种以至于荒草丛生，不时听到人的哭啼声，走近了便看到各色男女扶老携幼面容憔悴地行走在黄尘遍布的大道上。问明了情况以后，他才知道，原来这地方三年来一直流行瘟疫，官府并无人来救治，周围十里八乡的村民已经死亡过半，尤以青壮年为多。近两年来村中基本上只剩下老弱病残，这些人又无力耕作，田地便自然荒芜。开始大家还可以采集野菜度日，近来又逢大旱，田间野菜也几乎绝

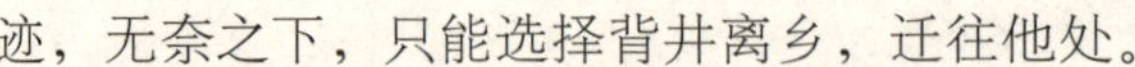

迹，无奈之下，只能选择背井离乡，迁往他处。

冯真人从腰间竹管中倒出丹药数枚，交给为首的一位老人，并嘱咐他务必将丹药分别投入瘟疫流行处村中的水井内，以供人畜饮用，三日后，瘟疫自会解除。

老人拿到丹药后，十分感激，迅即依照冯真人所说，将丹药分别交付给各村主事人，并先后投入各处水井内，人畜饮用三日后，瘟疫果然解除。

子午镇桃花村中有一人，身患疯魔之症多年，家人虽延医医治多次，均无效果。此人未发病时，温顺与常人无异，而一旦发病，便狂躁异常，力大无比，曾持刀砍伤人畜无数，数十人亦莫能制之。村中男女老幼，均视其为洪水猛兽，避之唯恐不及。

冯真人便为其书写符咒一张，命其家人贴于门户之上。

不过十余日后，疯魔之症自然消除，此人也恢复正常，不再发病。

在出山之后，游走人间、济危扶困的日子里，每每到了晚间，冯真人还是会回想起多年前他初次修道的那个下午，想起自己胸怀的志向以及壮志未酬的诸般感慨，心中便时时觉得寂寞，久了，便总是会升起些许嘤鸣求友的渴望。

因着这个原因，在这一段时间里，冯真人便对那有些根器且志于修道的人格外注意了。然而多年之间，始终是没有任何发现的喜悦，但也不是没有希望，只是这希望来得缓慢，去得却十分迅速。以至于冯真人事后每每回想起来，心中还是有着一丝半点失望的。

那是初夏一个平平常常的傍晚。

行走在雨后的泥泞道路上的冯真人在一棵已近枯死的千年古树之下，与一个人相遇了。这个人侧卧于古树之下的一处干燥地面，衣衫褴褛，面色枯黄，一望便知患有宿疾，而且似已病入膏肓，冯真人俯下身去，缓缓解开他的衣衫，一副十分骇人的景象便跃入了他的眼帘。

只见此人满身癞疮，皮肤大多已经溃烂，发出阵阵恶臭，让人目不忍睹。

细细看去，冯真人却发现，此人眉宇之间，似有一种气质，让久已有嘤鸣求友之心的真人为之一惊。这气质，是有些根器之人独有的。这样的人，如能潜心修道，并得名师指点，假以时日，必有大成，冯真人心中便有些暗暗地喜悦了。

在冯真人喂他服下丹药一枚之后，这个人就缓缓睁开双目。

此人明白冯真人的身份以及方才救治自己的事情之后，连连拜谢，并缓缓开口说道，自己原也是一个读书人，家中有薄田数顷，高堂健在，也娶妻生子，生活一度可谓安稳平静。不曾想某一日突然天降横祸，父母妻儿均在灾祸之中死去。遭逢如此大难，他对俗世生活的爱恋之心，也已悉数熄灭。自此他便背井离乡，靠沿门乞讨为生，直到身患癞疮，无钱医治，打算在这里躺下等待生命的最后一刻来临。也不曾想会遇到真人，幸蒙垂怜，得以医治，自是感激不尽了。

他姓常，名容，是山西人。冯真人听罢，感叹不已。便问他是否愿意追随自己一起游走人间济危扶困、救死扶伤以修成大道。

常容听说此言，自是喜出望外，纳头便拜，并连声应诺。此后的很长一段时间里，游走人间的冯真人身边，便多了一个侍奉左右的弟子常容。

常容的确是有些灵性的，在初次听到乃师所讲道德二篇时，便可以很快领会个中奥妙，也能举一反三，因之进益非常。每每当他们在休息之时，常容对自己的理解的阐述，总是令真人略感惊奇，也十分满意了。

有弟子常容伴随左右的这一段时间，是冯真人出山以来，略感安慰的一段时日。

然而，常容所不能知晓的是：多年以来的诸般遭遇已经使得乃师深知世间有志于修道之人不在少数，但真正能勤于修持，苦心孤诣，矢志不渝的人却是难觅。因之，他必须使得常容的修道之心弥足坚决，方可以寄厚望于他。

他也深知，使得一个人修道之心坚决的最好方式，莫过于让他见证得道之人的诸般异能。

很快，冯真人就给了常容一个见证奇迹的时刻。这一天，在他们即将行走到一处集市时，远远便看到集市的上空浓烟滚滚，不多时，便火光冲天了，这火势十分迅猛，几乎遮天蔽日。集市中自是混乱不堪，人人手持瓦罐，四处奔走，意图扑灭大火以保家园。在他们的耳畔，椽木屋脊剧烈燃烧时所发出的毕啵声、婴孩的哭泣声、不慎被烧着的人的惨叫声，早已混作一处了。就在此时，却有一股飓风自山谷中冲击过来，将方才还清晰可见的集市屋宇，彻底淹没在火海之中，哀号声更是此起彼伏，让人耳不忍闻。

冯真人急忙停下脚步，紧闭双目，默念咒语数通。

这时，一旁的常容十分惊异地看到方才肆虐的狂风顿时消歇，火势也渐渐退去，唯留几缕青烟还在集市的数个地方袅袅升空，片刻之后，连这几缕青烟也逐渐消失不见了。

集市顿时一片安静。片刻的安静之后，便是集市之上人们的欢呼声。

然而，就在冯真人紧闭双目以意念逼退狂风熄灭大火之后缓缓睁开双眼之际，常容的一个看似细微的眼神变化，却实实在在地让冯真人忧虑了。

他不经意间看到常容的目光停留在从身边走过的一位年轻女子身上。这片刻的停留，或许真是意味深长，也似乎最终铸就了常容修道之事半途而废，从而让冯真人更觉寂寞的结局。这或许也是定数，来不得半点勉强的。

就在他们离开起火的集市之后的第三日下午，冯真人早早命常容独自一人拿着丹药数枚去另一个集市上救助几个身患顽疾的人了。

只是常容并不知晓，此时，在距集市半里处的小道之上，却有另外一个人在等待着他。自然，他也不会知道接下来所发生的事情，会始终在乃师的掌握之中，最终影响到自己此后的人生道路。

等待他的是一位女子。女子正值二八芳龄，生得眉尖若蹙，分外迷人。

七月里的山间，正是野花遍地、香风怡人的良好时节，有清泉自道旁缓缓流过，发出叮咚的声响，加上群鸟的叫声，格外让人心旷神怡了。

行走在小道上的常容不时抬头望望远处，天边飘着几朵微云，微风吹上他的面颊，怎能让他心无旁骛呢？何况出现在眼前的是迷人如斯的

女子，那女子在看到他走近时竟然回眸一笑，瞬间里勾起了常容隐去已久的生活记忆，在让他倍感心酸的同时却也心动不已。

或许这不经意间的回眸一笑，早已使得常容没了自我，丧魂落魄了。常容的眼光就再也无法从她的身上转移开去了。

他渐渐走近，与此同时，曼妙可人的女子也缓缓站起身来，他们的目光再次相遇了。这时节，一切似乎已悉数隐去，包括山石、清风、泉水的回响、乃师的嘱托，悉数隐去，不复存留。常容的眼中，再也容不下外界的丝毫物事了。

冯真人最不希望看到的一幕，最终还是发生了，而且来得更快，也更让他伤心不已。哪怕常容犹豫一下，哪怕他内心稍稍有些矛盾，有些冲突，也会使得冯真人心中多少得到些安慰，只可惜，常容连这一点安慰，都没能留给他。

一切或许都是定数，冯真人是无法在俗世之中觅得道法的传人了。

多年以后，八十余岁的冯真人在预感自已羽化之日已近在咫尺的时候，还曾想到过常容，冯真人便更是觉得，一切或许真是定数。

只是这定数，为何不是另外一番境况呢?

冯真人羽化之前的最后一段日子是在终南山中度过的。

他的内心总是十分澄澈，犹如山间的清泉。

明月起了又落，树叶绿了又黄，日子就这么缓缓流逝了。他的内心久已不再随着外物的变化而起喜怒哀乐之情，自然也不会再有希望与失望了。

一切复归于朴，圣人可以安常处顺，可以静观万物并作，可以任由世事兴亡变化，可以知常容、容乃公，可以没身不殆。

转眼间，最后的时刻如期而至了。那是平王二十年庚春三月的一个平平常常的日子。

这时候，山外出行的农人，如若将眼光稍稍朝山中望去，定然可以看到山谷中有一处地方突然有祥光直冲云霄，接着，有五色祥云聚拢其上，鸟儿齐鸣，百兽奔走，嚎叫不止，远远听起来如同自然的歌声，未见犀利，倒是十分悦耳。

斯时，便是天帝派遣仙官下凡迎冯真人的时候。仙官授书冯真人为西岳真人，此后可以上游上清，出入无为了。

时间是平王二十年庚春三月。冯真人时年八十余岁。

后世有诗一首，单表冯真人事迹，诗曰：

弃却周宣柱下官，便拖杖藜入终南。
黄庭颂彻无人见，一枕清风睡正酣。

捌

白水宫姚真人：拂神幽岩卧白云

白水宫

当我们翻开《终南山说经台历代真仙碑记》、《古今列仙通记》与《历世真仙体道通鉴》中关于白水宫姚真人的记载的时候，于字里行间点滴记载的他的生活道路之外，逐渐清晰起来的，是他作为有着不平凡生活经历的个人如何在他的生活中的兴衰际遇与进退荣辱之中，逐步走向神圣的精神的历程。而他的精神以其丰富和博大在千百年后仍然让我们这些在俗世生活之中苦苦挣扎希图得窥精神的神圣境界的后学们感佩不已。因之，通过对他的生活经历的认真爬疏以重建并体验他的精神世界的努力，便不是没有意义的。

第一节 岩壑风姿古遗民

白水宫姚真人，名坦，字元泰，平阳[1]人。在他的家乡，有一条古老的河流，名叫汾水，这汾水，据《山海经》记载："管涔之山，汾水出焉。西流注入河[2]。"《水经注》中也说："汾水出太原汾阳之北管涔山。"汾者，大也。汾水因此得名。千年之后我们可以想见，当姚元泰出生的时候，那条流经他家乡的古老河流因为见惯了世事沧桑巨变而携带着千年的寂寞和万古的悲凉从管涔山上奔涌并发出雷鸣般的声音的时候，该是何等壮观和震人心魄！那个时候，年幼的姚元泰在面对这条奔腾不息的河流时，是否也会发出逝者如斯夫，不分昼夜的感慨呢?

当然，姚元泰并不知晓的是，他的后学，同为山西人的诗人元好问，曾经在面对汾水的时候写下了这样的词句：

问世间，情为何物，直教生死相许。天南地北双飞客，老翅几回寒暑。欢乐趣，离别苦，就中更有痴儿女。君应有语，渺万里层云，千山暮雪，只影向谁去?

横汾路，寂寞当年萧鼓，荒烟依旧平楚。招魂楚些何嗟及，山鬼暗啼风雨。天也妒，未信与，莺儿燕子俱黄土。千秋万古，为留待骚人，狂歌痛饮，来访雁邱处。

元好问

原词还有序言，大致描述了作者写作此词的原委，序言曰："乙丑岁赴并州，道逢捕雁者，云：'今获一雁，杀之矣。其脱网者悲鸣不能去，竟自投于地而死。'"予因买得之，葬于汾水之上，累石为识，号曰雁邱。时同行者多为赋诗，予亦有《雁邱词》。旧作无宫商，今改定之。

①今山西临汾。
②指黄河。

可以想见，当元好问想象中的骚人墨客读到这样描述至情的词句时，或许会真如其词中所说：狂歌痛饮，来访雁邱处。那个时候，他们一定会看到奔流东去的悠悠汾水，会看到他们想象与期望中的雁邱的所在地，看到汾水流经处的山川树木和房屋，这些景象或许会在他们的内心幻化出一幕幕感人肺腑、催人泪下、叫人断肠的生离死别的场景。彼时彼刻，他们或许会觉得眼前这发出如人声呜咽的汾水给予这世界的最大的意义，便是它曾经是这世间因为有情而致生死相许的那只大雁的葬身处，而这悠悠汾水和岸边的树木青草，或许就是在元好问埋葬那两只大雁时的见证者。它们因为见证了至情的大雁的死亡，而有了特殊的意义。当然，在这些骚人墨客中间或许会有那么几个人在为那只死去的大雁掬一把泪之后，面对不分昼夜奔向黄河的汾水，目光或许会努力穿越时空，遥想千年之前姚元泰真人在面对汾水时的所思所想。此刻，如若汾水和岸边的土地有灵的话，大概会向这几个人敞开胸怀，诉说它们在千年之前与姚元泰真人的目光相遇时的情景吧？

管涔山

约公元前789年，就是在这悠悠的汾水之畔，姚元泰出生、成长并完成其早期的启蒙教育。那个时候，周王室已然衰微，诸侯并起，祸乱频仍，民不聊生。正是国家值贞元之会，当绝续之交的重要关头。当年少的姚元泰在汾水之畔遍览史籍的时候，时时泛上心头的，一定是他所生活的时代的那些重大的历史事件和这些事件对于民生的意义所在。他一定也会想到，如何从这些史籍之中寻找真

雁邱

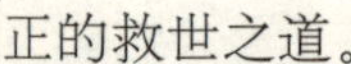

正的救世之道。

年轻的姚元泰每每在读书之余，行走到汾水边的时候，望着如血的残阳和流逝的河水时，心中一定也会为世事的变幻无常与古今兴衰变化之道的无情而感慨不已。他年轻的心也一定是踌躇满志，因胸怀天下苍生而渴望有一番作为吧？他也一定想过货与帝王家，以自己的聪明才智，为天下苍生谋福利，为万世开太平吧？

只是，他还需要等待，等待那个重要的历史时刻，等待命运对他的召唤。

姚元泰年轻的时候，已经因为遍览经史，通晓古今兴亡变化之道，且能够通过对古代的兴废之事的考察而明辨道理，并以他对古代事迹的辨析而形成了自己对当时世事的独到见地而闻名乡里。用现在的话说，他是那种能够以古鉴今的人。这样的人和他的思想，自然会对同样胸怀天下苍生的学子们有着一定的吸引力。当时，从四面八方来汾水之畔求教于他的人络绎不绝，而那些有幸聆听他对古今兴亡之道的见解的人们，无不对他的思想叹服不已。就这样，在未出仕的几年间，姚元泰以他的思想影响了很多人，也使他的声名传播至汾水之外。

姚元泰可能没有想到的是，十九岁那年命运就向他发出了召唤。

这一年，周平王宜臼在申①即位（770年），不久，因为都城镐京被犬戎攻破时已然满目疮痍，于是决定迁都到洛邑②，史称东周，也就是中国历史上春秋时期的开端。

周平王的迁都，为姚元泰提供了一次入仕机会。

第二节
潇然野鹤屈时君

公元前770年，周平王迁都洛邑。身在汾水之畔的姚元泰，一定十分关注这个重大的历史事件，也思考过这一事件对整个时代及他个

①今河南南阳。
②今河南洛阳。

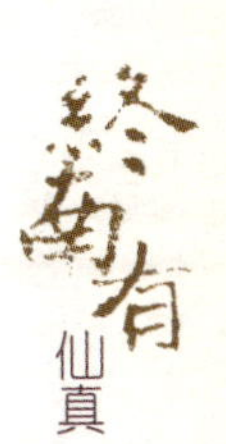

人的意义。不过，已经博古通今且能以古鉴今的姚元泰可能并未想到，平王迁都之后不久，命运就为他提供了一次“致君尧舜上”的机会。

这个机会是由晋襄公提供的。

平王迁都后，晋襄公因为送平王迁都有功而被封为诸侯。同时，平王还派遣使者赐给晋襄公财物命他重修观庙，给户五十人并度当时德高望重的硕儒十七人。姚元泰即位列其中。

那一年，姚元泰十九岁。年轻的姚元泰之所以被选中，是因为晋襄公看中了他能明了古今兴亡变化之道，而且对世事也很有见地。也就是说“以其稽古，偏蒙赏接”。于是，晋襄公屈膝顿首，北面称师。自然，晋襄公对姚元泰崇尚有加，而且极有可能对他言听计从。多年以来，姚元泰在汾水之畔身居斗室而心忧天下，时时渴望能为“仁君”所用，出将入相，建功立业。此时，或许他会觉得自己已经幸遇时主，他日建功立业，自然不在话下。

但事情并非如此简单。

对于深明世事变化及国运盛衰的姚元泰而言，置身乱世之中，各个诸侯真正关注的到底是什么，他自然心知肚明。

早在姚元泰身居汾水畔的一间陋室中时，想必他已经对历史的兴衰变化了如指掌。他应该知道有扈氏为义而战，而夏启镇压；少康复辟；夏桀无道而商汤代夏，这些并不遥远的历史在为他诉说着血与铁、牺牲与杀戮。而到了周，这种杀戮难道还少吗？宣王与幽王为所欲为，导致周政衰败，民怨沸腾；而厉王呢？只能逃到那个名叫彘的地方苟延残喘，并终老于斯。

这一切究竟说明了什么？这是一个礼坏乐崩，道术为天下分崩离析的时代。

人心惟危，道心惟微，惟精惟一，允执厥中。这由尧舜禹代代相传的治世心法，已经失去了其现时效力。

虽然当时有文云：“普天之下，莫非王土，率土之滨，莫非王臣。”然而周王室衰微，诸侯割据兼并，霸权政治此起彼落。“公室日卑，政在私门”，“礼乐征伐自大夫出”而“富者田连阡陌，贫者无立锥之地”。诸侯之间以争霸、兼并、掠夺为目的的大小战事此起彼伏，愈演愈烈。以至于“争地以战，杀人盈野；争城以战，杀人盈城”。《史记·太史公自序》说：“春秋之中，弑君者三十六，亡国五十二，诸侯奔走不得保其社稷者不可胜数。”在这样的整体的政治局势之下，统治者怎么可能不“厚征敛于百姓，暴夺民衣食之财”呢？

老子说，这是一个“天下无道”的时代。

千年之下，我们可以想见，当姚元泰面对奔腾而去的汾水，抚今追昔，内心升腾起的一定是“生年不满百，常怀千岁忧”的感慨。纵然他怀抱兼济天下之志，但生逢这样的乱世，究竟个人对推动社会政治局势的良性发展能够起到多大的作用，他的心中或许并无把握。

也许他还可以选择与此不同的人生道路。不是说“达则兼济天下，穷则独善其身”么？姚元泰既然早已对世事兴亡变化之道心知肚明，而且天生就有岩壑风姿，选择另一条道路或许更为便捷。

那就是做一个隐士。

在他的时代，隐士群体开始成为士阶层中的一个特殊部分。那些隐士与姚元泰一样，有道德知识和过人的才干，但他们或许因为看透了世事而不以干禄求仕为职事，而是选择隐居，无论大隐隐于市还是小隐隐于野，他们的行为都表明了一种精神姿态，那就是不与统治者合作。

早在殷周之际，据《史记·宋微子世家》记载，纣王无道，微子、箕子数谏不听遂“隐而鼓琴以自悲”。《伯夷列传》说伯夷叔齐“义不食周粟，隐于首阳山，采薇而食之”。《韩非子·外储说右上》记载太公吕望诛居士狂矞、华士。这些隐士们的后代更是将他们的精神姿态发挥到极致，以至于以从政为污途，视爵禄为粪土，他们“不事王侯，高尚其志”。这些人对隐逸的选择已经因为缺少深刻的精神内容而成为一种极为空洞的行为艺术。

真正的隐士，必然是曾经直面过惨淡的人生，正视过淋漓的鲜血；必然在人生的进退荣辱与兴衰际遇和喜怒哀乐之中活过、爱过、恨过；必然坚守自身的精神选择，坚持社会的正义和良知而不撞南墙不回头，九死其犹未悔；必然敢于面对不公平、非正义而声嘶力竭、大声疾呼地为民请命。他们有自己的精神操守，有自己的价值原则，有自己敢于为之生为之死的人生信条。他们之所以选择退隐，一定有大悲痛大无奈大绝望，才会大退步大拒绝。相比之下，那些以隐居作为“终南捷径”干禄的迂回之法沽名钓誉之徒，是何等可耻！

孔子说过：邦有道则仕，邦无道则卷而怀之。这话原本不错，但细细想来，总是让人觉得多少透露出些许圆滑和世故，而圆滑和世故，永远是精神的敌人。孔夫子想必对此也深有体会，否则他也不会说出“乡愿，德之贼也”这样的话了。

在没有大悲痛大无奈大绝望之前，姚元泰是断然不会选择独善其身的。

他要兼济天下。但似乎晋襄公并不打算给他这样的机会。

我们可以明确知道的是，姚元泰在被晋襄公当做老师一样崇敬的这一段时间里，飨风味道，弥历年载。而且他也因为对世事的洞明和预言的精确而被众人视为神明，人人“咸所畏服”，除此之外，似乎就乏善可陈了。

这一段时间，在无数个寂寥的夜晚，当姚元泰独自一人面对广阔的天空和苍茫的大地，翻检自己的内心、自己的行为、自己的选择的时候，不知会作何感想。他可能会觉得寂寞、觉得孤独、觉得内心憋闷而有壮志未酬的感慨。或者，这个时候，他的心中会生出一点点退隐的念头，这念头，一旦升起便很难打消，会像春天的青草一般，稍稍一点雨露就会疯长起来。

即便如此，第二天他还会努力改变现状，还会努力做他力所能及的事，哪怕只是一点一滴，只要在改变前进，迟早总会有结果的。

然而没有人给他这样逐渐改变的机会，至少晋襄公不会。

晋襄公考虑的，可能只是盘剥百姓增强实力而后在诸侯争霸之时出尽风头获得实利，至于百姓的死活，道义的有无，自然不在他考虑范围之内。而他所期望于姚元泰的，可能只是让他帮助自己预言成败，凝聚人心，好为自己日后称王称霸助一臂之力罢了。或许还可以在无聊的时候召姚元泰来说说笑话，玩玩法术，为妻儿老小解解闷。

对于这样的世道，这样的人主，你还能期望什么？姚元泰开始觉得自己应该离开了。

周平王四年，东游泾渭。姚元泰还亲存庆劳，为君王供承药物。这也许是他胸怀兼济天下之志，力图致君尧舜上之时所做的最为重要的事情了。

这个时候，姚元泰难道不会有“可怜夜半虚前席，不问苍生问鬼神”的无奈吗？

天色已经很晚了。姚元泰独自一人行走在宫门外的乡间小道上，他的内心已经变得空空落落，这种感觉，自从他精心研读史籍以来，已经很久没有过了。他想到当年在被晋襄公以硕儒的名义征召来的时候，晋襄公的器重和周围人的追捧，曾经让他怀抱着很大的济世的希望。那时他站在汾水之畔遥想未来，曾经是何等的踌躇满志，内心又是何等的豪迈啊！而此时此刻，回望宫门，晋襄公的话语仍然如在耳畔，晋襄公对他说，只要他能够帮助自己在诸侯之中称王称霸，日后的富贵自然不在话下。然而要称王称霸就得盘剥百姓，就得摒弃道义，这一点自己能够去做吗？自己苦心经营事业，谨小慎微侍奉襄王，图的难道就是富贵吗？这时候，他才切肤地意识到：使他无法施展才能的并非是襄王对他的见解的不接纳，而是他们所处的这个世道的基本运行原则有了问题。在这样的充满贪念的世道中，弱肉强食已经成为基本的生存法则，在这种法则的支配之下，谁人又能够顾全道义？顾全道义之后又如何自保呢？在一群饿狼之中努力做一头温顺的绵羊，除了成为饿狼口中的美餐之外，还能如何呢？当道德的人遇到不道德的社会时，究竟将何以自处？不想助纣为虐，就只能选择明哲保身。这个时候，他已经能够明白那些隐士们的选择了。

他想起了自己曾经读过的一个故事：据说有一次，一位胸怀天下，努力希望致君尧舜建功立业的人路过汉阴，看到一位老人在菜园之中抱着瓮踩着井内边缘的小坑小心翼翼地下到井内，再用瓮打满水来浇灌菜园，费了那么多的力气却收效甚微，很不理解。于是便对这位老人推荐一种用力少但作用大的方法，就是制造一种叫做“槔”的机械，据他说，用这种方法，可以在一天之内浇灌百畦菜地。没想到这位老人听到他的话以后，非但不感激，反而十分愤怒，老人说："我听我的老师说过，有机械必然会有机事，有了机事便必然会产生机心。而机心一旦存在于胸中，必然纯白不备……我并不是不知道用这些方法，只是羞而不为罢了。"可见，境界不同，人之选择也异。

姚元泰知道，他人生的又一次转折即将来临。

第三节
高情不作红尘梦

庄子在《缮性》篇中曾对古代隐士的精神状态做过如下说明："古之所谓隐士者，非伏其身而弗见也，非闭其言而不出也，非藏其知而不发也，时命大谬也。当时命而大行乎天下，则反一无迹；不当时命而大穷乎天下，则根深宁极而待。此存身之道也。"依照庄子的意思，古代所谓的隐士，并非是我们惯常所说的逃避现实，而极有可能暗含着一种与俗世流行的价值观念完全不同的价值选择，他们从这种价值选择出发，摒弃现实的政治事实。当然，也可以这样理解，关心政治的方式可以是多样的，并非只有投身政治这一种方式，隐士们选择远离政治，或许正是他们"参与"政治的一种独特方式。更为重要的是，他们对现实政治采取冷眼旁观的态度，这种态度的存在本身，就构成了一种政治态度，也就是一种批判的态度。

庄子像

美国的精神分析学家卡伦·霍尔奈认为，个人与他的生活世界可以建立起以下三种不同的关系类型：顺从型、攻击型和超脱型。这三种类型又分别意味着三种精神态度和三种不同的行为方式。我一直认为，霍尔奈的这一看法完全可以用来说明同一文化系统中可能存在的不同的精神进路和价值选择。也就是说，个人可以选择顺从或者迎合现实的政治秩序，也可以选择批判这一秩序，当然，也可以选择超脱的与世无争的方式。在中国的文化系统中，儒道释三家思想分别为生活在这一系统中的人们提供了不同的精神进路，这一精神进路又形成了不同的防御策略，使得个体能够在面对个人的进退荣辱时保持精神的健全和内心的圆满。这种精神进路自然也会因为个人的人生遭际的不同而作出调整。苏东坡之所以会游走于儒道释三家思想之间，原因即在于此。

姚元泰在“道之不行”之时，选择退隐，实际上就是在调整个人的防御策略。

那个时候，姚元泰已经开始倦于应付世事的纷扰，于是寻找到了一处幽静的所在，每天诵读五千文，谢绝交往，深居简出，不问世事，从而真正走上了修道之路。

有了追随晋襄公的独特经历以及这段经历给予他的大无奈大悲痛大绝望之后，才成就了他如今的大拒绝大退步大欢喜。

行文至此，我们自然会想到老子。

这位在离开周室之后成为“隐士”的智者，难道不是经历过同样的无奈、悲痛与绝望，难道不是同样选择了退步与拒绝吗？张岱年先生曾把老子视作为中国历史上第一个文化批判者。司马迁说老子是“隐君子”“其学以自隐无名为务”，不就是看到了老子在做周守藏室之史的时候，经历了政治的历练而有着和一般的隐士不同的文化素养和政治意识以及精神深度吗？老子看到“礼坏乐崩”看到天下大乱之后所选择的“西迈流沙”的生活道路不也彰显了他的精神姿态吗？

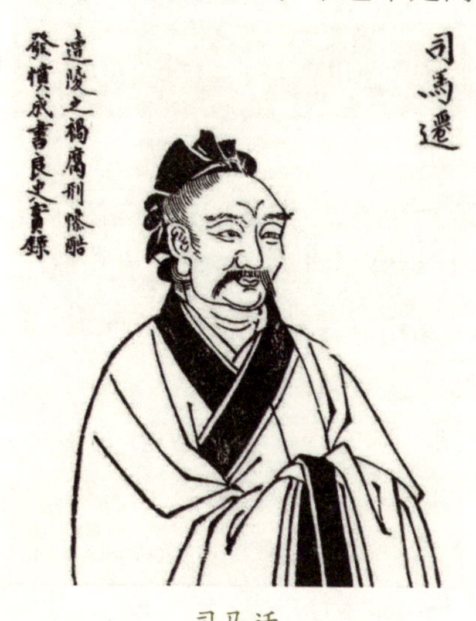

司马迁

可以想见，此时此刻，当姚元泰

居住在幽岩之上，不时远望都城所在的方向，内心一定是百感交集。

选择大退步大拒绝，或许更需要勇气。然而，他的心境，却有着和以往完全不同的宁静与平和，宁静如山间的“木末芙蓉花”，享受着“纷纷开且落”的平和。而在宁静与平和之中浸淫久了，心中是会生出灵光的。

时间就在这宁静与平和之中缓缓流逝了。

这一天，正当姚元泰在溪边的一块巨石之上安然入定的时候，突然听见天上一声炸雷，待他睁开眼睛，只见周围的岩石纷纷从头顶坠落，如同从天而降，将周围的树木悉数击折，飞鸟猛禽见状纷纷四散逃开。接着，山中狂风大作，飞沙走石，遮天蔽日，周围的树木也被连根拔起，溪水折断，甚为可怖。

姚元泰见状，并不惊慌，而是缓缓阖上双目，继续入定。没过多久，周围就安静下来，一切又恢复原状，仿佛什么也不曾发生过。

然而，顷刻之后，又有无数大蛇从山中聚集过来，有的张开血盆大口，试图将他吸进腹内；有的盘绕在他的面前，瞪大双眼，对他怒目而视并作出吞噬他的样子；有的则缠绕在他的身上，并越收越紧，似乎要将他勒死；还有一些，则游走在他的周围，口中喷出毒气，腥臭不堪，让人眩晕。

姚元泰依然不为所动。群蛇于是消失不见，一切又恢复如常。俄尔，又有山神率领着群鬼举着一块巨石，这巨石犹如一座山峰，高耸入云，垂在他的头顶之上，伴随着狂风与闪电，逐渐向他逼近……

直到这个时候，姚元泰才缓缓睁开双眼，徐徐训斥他们说：“你们是些什么小丑？做出这样一些无礼的举动。你们难道不知道，我多年以来就在心中种下真果，而且无论所遇何事，诚心始终如玉，岂是你们这些妖惑可以阻碍我虔心求真之路的？”

说罢，他继续静心入定，不复他顾。须臾，周围的妖惑自行消除。只觉得四处香风阵阵，似乎有仙乐自空中来。

这时候，有三个人出现在姚元泰面前。只见他们形貌端伟，仪表堂堂，完全和方才的山鬼狰狞之态大为不同。这三个人对姚元泰说：“我们是这座山中的正神，天帝下诏派遣我们过来试探于你。现在试探已经结束了。”

说完之后，三人飞升而去。周围的香风也随之渐渐淡去。

姚元泰从溪边巨石之上缓缓起身，轻拂微尘，飞身上岩，回到石室之中，便觉得方才山神的试探，竟然让他在顷刻之间，将一切世俗牵绊悉数抛却了。

从这天晚上开始，姚元泰的梦境，就再也和红尘俗世毫无关联了。

大悲痛大绝望之后，必然是大寂寞大欢喜。

第四节
拂袖幽岩卧白云

姚元泰一枕清风之后，红尘已然远去，梦也无新意。

有道是：

千古谈玄地，烟霞锁玉扃。
重来疑隔世，一览顿忘形。
老柏森新翠，丰碑粲旧经。
茫然视尘宇，渺渺一浮萍。

也如那：

不入廊庙兮，轻捐黻冕。高抗志节兮，笑傲云烟。披褐怀玉，枕石临渊。仍此鸿毛六印，蜗角千钟。彷徨乎尘垢之外，逍遥乎天地之间。

真个是：高情不作红尘梦，拂袖幽岩卧白云。

姚元泰已经是姚真人了。姚真人的境界修为，离长生久视、羽化登真，只有一步之遥了。

此时，姚真人开始服炼松脂。一晃又是十年。

这十年间，慕名前来山中追随真人修炼的道众越来越多，渐渐地，在真人修行的石室周围，建起了房屋数间，远远望去，如一把扇面。而且在此处常常有祥云缭绕，香风流过。每当真人为弟子讲经说法的时候，山中的鸟儿也会从远处飞来，栖息在周围的树木之上，静听真人讲道。而在树下，聚集的则是远道而来的群兽，它们静卧在真人的弟子身后，安静如一块块石头。

真人的弟子们，却是经常看到诸多神奇的现象。

当真人晚间在室内修行的时侯，身在室外的众弟子们经常会看到，有十多个身着青衣的仙童，游走在真人的寝室之内。这些仙童们有时看着很实在，有时则极为虚幻，如雾如烟，飘飞于室内，有时候忽大忽小，大时与真人一般无二，小时则如鹤如鸠，变幻莫测。而当有仙童们飘飞时，室内就会变得越来越明亮，连石室周围的东西，也变得清晰可见！

这一现象，众弟子经常会看到，但每当再次出现时，他们还是会觉得十分神奇。自山外慕名而来的求道者也越来越多了。

这一天晚上，当真人在室内修行时，仙童们并未出现，然而空中仍然祥云缭绕，有香风阵阵自天上来，而且祥云中有异光直射而下，四周数里之内，亮如白昼。

众弟子亲见此情景，大感惊异，惊异之后，便是久久的疑惑了。

多年以后，姚真人早已羽化登真，众弟子方才知晓，那个让他们永志不忘的夜晚，祥云仙风笼罩之际，正是灵人许君秘密下凡至姚真人室内，为姚真人传授《玄白回形之道》和《天关三图飞行之经》之时。

回想起姚真人此后的诸般行为，众弟子们更是明白了许君的授书对其师的重要意义。

那个时候，较之以往，姚真人更是勤于运心克己，也时常教导他们，只有勉力运心克己，才能够妙获灵感，修得异能。遗憾的是，寻常人等，即便用心修习，如不能有幸得仙人指点迷津，终是难以修成道果，成就亦是有限。

就在灵人许君秘降授书的神奇夜晚过去之后不久，众弟子便有机会亲见乃师的异能了。

次年八月间的一个午后，山中天气晴和，艳阳高照，虽有微云于天边飘动，却十分稀薄，犹如轻纱，时有清风拂过，细小树叶便纷纷犹如雨下，或又随风漫天飞舞，良久方歇。是个入山的良好时段。

众弟子们便随着乃师一起，入山采药了。不料，当他们行走到山顶之时，突见天边有黑云迅速压近，且伴有电闪雷鸣，须臾，便暴雨如注，众弟子急忙四散开去，各自寻觅避雨之处，当他们安定之后，再回身看时，只见姚真人并未躲避，尚在暴雨之中悠然采药。

暴雨停歇之后，众弟子方才聚集到真人近旁，令他们十分惊异的是：真人身上衣衫虽淋雨颇久，却仍然干爽如初，丝毫不见沾湿的迹象。再看周围人等，虽避雨及时，仍然是浑身湿透。便不由得要感叹真人的神异了。

雨后的山路泥泞不堪，且十分湿滑，众弟子在真人身后行走，必须小心翼翼，或抓住身旁树枝，或得他人搀扶，以免不慎滑倒，跌入深渊，伤及性命。而姚真人却依然健步如飞，不多时，就将众人远远抛在身后了。

行走数里之后，众人才看到了在前面巨石之上等待他们姚真人。待弟子们走近了，姚真人方从巨石之上起身，随着他们一路前行。

众弟子这才注意到，姚真人在行走之时是双目紧闭的。他们暗自猜想：双目紧闭的姚真人，是如何健步如飞走下山岩却并未摔倒的。

有一个弟子实在按捺不住好奇之心，恳请姚真人张开双目。姚真人并未应允，缓缓说道："我目有神光，开如闪电，恐伤及你们。"

众弟子亦是十分好奇，纷纷要求姚真人张开双目，让他们一窥神光。

在弟子们的百般请求之下，姚真人这才微微张开一只眼睛，就在真人的眼睛张开的同时，只见有流光迅疾自真人眼中射出，犹如闪电，令众弟子惊恐不已。真人闭上眼睛之后，一切又恢复如常了。

终南山中隐士居所

众弟子这才知道，乃师的神异已是不限于一途了。

此时他们无从预料的是，当他们回到石室之中时，还有一处神异，让他们分外惊奇。这便是真人虽在泥途之中行走半日，鞋子上却丝毫不见有泥渍的痕迹。

目睹乃师诸般神异之后，众弟子们更是用心追随真人修持道法，不曾懈怠，自然也是精进异常。

数年的时间，就这样缓缓流逝了。

周简王二十一年丙戌夏五月间的这一天。山中已是树木葱郁，野花遍地，景色分外迷人。虽多日无雨，空气稍显干燥，然而小溪之畔、树荫之下，仍然是凉爽如常。周围的鸟儿也时常从头顶飞过，于泉水叮咚声中平添阵阵鸣叫，山中便愈发显得幽静了。

那些个用心修持的弟子此时也四散在小溪边的石头上，呼吸吐纳，保神炼气，安然入静了。

到了这一日的正午时分，山中却气候突变。只见周围突然风雨晦暝，雷电奔激，闪电所到处，山石悉数开裂、树木纷纷折断，兼有山洪暴涨，逼近众人所处石室，十分骇人。

这时候，早已避回石室的众弟子们再也不敢出去了。良久之后，雷声渐渐消歇，闪电隐去，山洪也随之退却。

众弟子们这才相继走出石室，指点着山石开裂树木折断处，议论纷纷、说法各异。就在他们相持不下的时候，突然又天降银花，犹如落英缤纷而下，于空中漫天飞舞，良久之后，才纷纷委地。

众弟子更是惊怪不已。之后他们才知道，方才天降银花之际，正是太素元君派遣仙人下凡迎接乃师姚真人登真之时。姚真人被授书为玄洲真人，莅于白水宫，后世称他为白水宫姚真人，便是因着这个原因。

有诗一首，单表姚真人事迹，诗曰：

岩壑风姿古遗民，潇然野鹤屈时君。
高情不做红尘梦，拂袖幽岩卧白云。

玖

秦陇宫周真人：闲玩商颜笑世浮

周简王

公元前575年，是为周简王十一年，论干支则为丙戌，属狗。论阴阳五行，天干之丙属阳之火，地支之戌属阳之土，是火生土相生。其时，周天子权威已荡然无存，简王本人自然也无要事可记。然而周天子治下并非太平无事。这一年的六月间，晋楚在鄢陵地区[1]进行了一场大战，史称鄢陵之战，在该战期间，楚共王不幸中箭伤及一只眼睛，而公子茂则成了俘虏，军帅子反自杀。此次战役为晋楚争霸之最后一战，以楚国失败而告终，诸侯争霸之总体格局亦随之发生重大变化。当然，

①今河南鄢陵西南。

这一年郑大夫公子喜还曾在宋地汋陵[①]击败了宋军。鲁国曾会同诸侯之军包围郑国，驻扎于郑国都城的西面，但却未敢越过郑国都城，后来诸侯之军迁移到制田邑[②]以胁迫郑国，此年冬天，诸侯之军即因为劳师远出日久，士卒疲惫不堪、无心恋战而几乎无功而返……

这一年，在中国历史上，是十分重要的一个年份。

在这些国之大事之外还发生了一些小事情，颇值得一说。大事情固然可以影响国运变化，而小事情一旦影响到个人精神之转变，其意义或许也不输于国之大事。

这一年夏五月间，距都城洛邑四百余公里之外的终南山中，有太素元君派遣仙人下临终南山，授书姚元泰真人为玄洲真人，莅于白水宫。《终南山说经台历代真仙碑记》称其为白水宫姚真人。

姚元泰真人冲举的当天，目睹了这一盛况整个过程的弟子中，有一个人追随姚真人修持已有多年，而且早已因为潇洒豪放、精通音律且能降妖除魔、扶危济困而深得真人赏识。此人目睹了姚真人冲举之后，求道之心更坚，也愈加勤于修持，日后也修得果位，出入太清，宴游诸天，不在话下。

这人自出生以至于羽化登仙，其间有一百九十余年。在这些年间，他时而熟读《易经》子史；时而为他人降妖除魔，诵经持咒消除灾祸；时而追随太子宴游商洛，鼓瑟吹笙，引来百兽群舞。年逾七十发白齿落却可以变为翩翩美少年。如此游走人间凡一百九十余年，留下了诸多传说，这些传说，或可以为后世修道者借鉴之用。

这人姓周，名亮，字泰宜，太原人。

第一节
不欣荣禄期真极

古往今来的修道之人中，有一些人，他们在年轻时可能怀抱经

①今河南商丘市宁陵县南。
②今河南新郑市龙王乡蒲庄村一带。

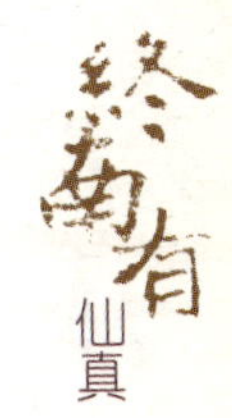

世的思想，希望在俗世之中建功立业以成就大道，无奈却由于诸多原因，不得已而遁入玄门，但后来也修成果位。还有一些人，他们的出生本身，就预示了其与众不同的命运，注定了他们与俗世的事功无关，因为他们出生时的异象，已然决定了他们此后所可能行走的人生道路。这些人，骨子里便有一段仙缘，而他们，也往往很早就具备常人所没有的智慧，这智慧，往往使得他们在年少的时候便秉有异能，他们在世之日，如能将这异能用于对道的修持，他日长生久视，羽化登仙，自然是早已有定数的。

太原人周泰宜无疑属于后一种。

据说在周泰宜出生之前，他们家中发生了这样一件事情。

某一天晚上，没有月亮，群星也未见闪耀。周泰宜的母亲劳累了一天，十分疲倦，早早就躺下了。就在她朦朦胧胧似乎将要入睡的时候，突然看见有五色流霄笼罩在他们的房屋之上，屋顶似乎已不复存在，只见天空一片光明，五色流霄仿佛穿越屋顶直接落在她的身上。

片刻之后，五色流霄消失不见。周泰宜的母亲觉得自己怀有身孕了。

此时，周泰宜的父亲尚在千里之外的长安城中，他对发生在太原家中的事情并不知晓。不过，那个晚上，周泰宜的父亲倒是做过一个奇怪的梦，梦中见一位仙人将一名仙童推入他的怀中……

十五个月后，当从太原来的家书中说到儿子的出生时，周泰宜的父亲自然会回想起十五个月前的那个梦，才知道梦中事情并非虚妄。

不管怎么说，一个男婴的出生，自然会给这个并不富裕的家庭带来一些欢乐。当家书中提及为孩子取名一事时，周泰宜的父亲首先想到的是：既然怀孕那天有五色流霄笼罩屋顶，而且五色流霄所发出的光芒映照得十里之外细小的物体都可以看到，就为这个孩子取名为亮，字泰宜吧，取名为亮，希望他的一生总会有祥光护佑。字泰宜，泰者，平和安静也，而且泰还是《易经》第十一卦的卦名，这一卦的内容是：超越器物的束缚，通达大化真境的意思，也很不错。但家人在庆贺周泰宜出生的同时，在喜悦中多少还是有一些担忧，这个从母亲怀孕开始就伴有异象，而又在母亲腹中多待了一百多天的孩子，日后的命运究竟会怎样呢？

周泰宜和同龄的孩子们一样，由咿呀学语到蹒跚走路，与其他孩子似乎并无不同。但等到发蒙时，他的种种过人之处便逐渐显露出来。他不但过目成诵，而且对所读书籍的微言大义也能很快融会贯通。在不到十岁的时候，周泰宜已经遍览经史，尤其是对世事兴亡变化之道已然极有见地，而且常常语出惊人，被当地人视为神童。

一晃十九年过去了。

在这十九年间，周泰宜除遍览史籍之外，对《易经》还有较为精深的研究，而且能够预知世道变化和个人的祸福吉凶，且一一应验。乡里人无不称奇。

汾水

十九岁的周泰宜身长八尺，仪表不俗，堂堂然有古人之风。而且为人潇洒豪放，飘飘然有出尘之韵。

一天，周泰宜和几位要好的朋友行走到汾水之畔时，面对悠悠汾水，大家不免发思古之幽情。此时，有一个人提议说："面对悠悠汾水，我们何不谈一谈各人的志向呢？"

大家对这一提议均表赞同。

其中某甲说："如果日后能出将入相、建功立业，然后光耀门庭、名垂青史，岂不快哉？"

对这一说法，大家无不点头称善。

某乙说："如果能有房屋数间，良田数顷，门前有溪水流过，屋后有松竹千竿，家人和睦，小富即安，也是不错。"

这时候，大家便笑他有些不思进取了。

轮到周泰宜时，只见他缓缓说道："我虽然熟读《易经》子史，而且寓言世典，但却期心真极，对个人富贵荣禄并不在意……"

说完这话之后的这一年的十月份，在一个微微寒冷的清晨，周泰宜

就辞别父母，收拾行囊，走向了通往终南山的小路。

周泰宜早已知道，终南山中有一位真人，姓姚，名坦，在终南山中石室之内已然潜心修道多年，而且此人能运心克己，妙获灵感，目有神光，开如闪电，他还曾得到灵人许君所赐的《玄白回形之道》及《天关三图飞行之经》。如能追随他修持道法，日后自然成效非凡。

当然，更为重要的是：命中注定周泰宜会和姚元泰真人有一段仙缘。

第二节
诵经持咒镇邪物

《老子想尔注》中对道教徒的修持方法曾有这样的说法：“夫欲宝精，百善当修，万善当备。”《抱朴子内篇·对俗》中也说：“欲求天仙者，要以忠孝和顺仁信为本，若德行不修，但务方术，皆不得长生也。”还说：“为道者以救人危使免祸，护人疾病，令不枉死，为上功也。”可见，修持之法，不仅在于道心的修为，更在于德行的修持。

周泰宜经过长途跋涉来到终南山以后，很快便得到姚元泰真人的赏识。姚真人授予他五千文和《八素真经》。周泰宜依照真经认真修习，不久便很有通感，而且能够诵经持咒镇辟邪物。姚真人便派他游走人间，修持德行。

这一年，周泰宜行走到长安地界，听人说某一村中经常有鬼怪出没，这鬼怪，有时候在晚上人熟睡之后出现，出现时会在屋顶翻滚，弄得屋顶震动，尘土飞扬，似乎顷刻间房屋便要倒塌。等到屋中人逃到屋外时，屋内又安静下来，然而一旦人们回到屋内，如此情景还会出现。几次三番，弄得人们疲惫不堪，也恐慌不已。如果只是这样倒也罢了。这鬼怪，还伤害人畜，凡是遇见他的人，要么被吞食，即便有幸未被吞食，也会被吓得痴呆，自此惊恐成疾，无药可治，不久也会撒手人寰。而被他伤害的畜生则更为可怖，往往会变得极度疯狂，甚至会咬伤人畜，而凡被咬伤者，均会当场死亡。弄得村中人人自危，苦不堪言。还有，这鬼怪常常将村中井水化为血水，使得人畜均不敢饮用，而那些耐不住饥渴斗胆饮用血水的人也会顷刻间变得疯狂并最终惨死。

村中人也先后请过许多道长前来降妖除魔，但均无功而返，甚至有几位道长还被鬼怪吞食，或是在见到鬼怪之后，连续狂奔不已，最终不知去向。

周泰宜来到这里时，正是这鬼怪最为肆无忌惮地祸害村中人的时候。村中已有很多人家无奈之下打算扶老携幼逃往别处。

周泰宜便为村中人画隐符数百张，让人们贴在门口，又在村中鬼怪经常出没的地方诵五千文数百遍。

此后，鬼怪再也没有在村中出现过。

又有一次，某地突然出现了一群狐狸、龟、蛇等化身的妖魔，这些妖魔们时而现出原形，将人的饮食弄得污秽不堪无法食用；时而又化身为人形拦路抢劫掠夺财物；时而又用瓦砾戏弄行人伤人无数。周围也不乏一些法力高强之人，然而没有一人能够制服他们。

周泰宜便在妖魔频繁出现的地方诵经持咒，这时候，村中人只见空中电闪雷鸣，狂风大作，似乎有多人持刀剑激战于半空。没过多久，周围又平静下来。

此时，人们便看到，那些妖魔纷纷现出原形，浑身伤痕累累，死在周泰宜旁边。

这样的降妖除魔，解除民困，修持德行的事情在周泰宜游走人间的二十多年间，是经常发生的。

周泰宜降妖除魔解除民困的事也很快传到了周灵王太子晋的耳中。太子晋于是召见周泰宜，并相约同游商洛，留下了一段十分美丽的传说。

第三节
吹笙太子约同游

吹笙太子名晋，字子乔，又名乔，字子晋，是周灵王的太子。据说周灵王有子三十八人，其中太子晋生而神异，幼年时期便有志于修道，

太子晋

虽然身居王宫之中，但勤于修持，常常不食五谷以养神炼气。最为神异的是：当他端坐静默的时候，总会有神仙下凡帮助他修持，而周围人对此则浑然不觉。太子晋喜好吹笙，能够发出莺叫凤鸣之音，这声音一旦响起，可以声贯行云，响满宫掖。当其时也，可见白莺朱凤聚集在他的周围，伸长脖子张开翅膀，凝神静听他的演奏，并时常发出鸣声与太子晋的笙声和鸣。同时还会有奇禽异鸟，随乐声群舞于庭前。千年之下，可以想见，此情此景，真个仙境也。

周灵王二十二年①七月七日，太子晋在缑山上辞别故人，乘白鹤升天而去。

太子晋吹笙引凤的形象却在人间传播开来，并成为后世附会仙家形象的想象之源。

1976年6月在古都洛阳的汉卜千秋墓的壁画之上，便有飘然立于山顶，做凌虚飞升状且为人首鸟身的仙人太子晋。足见太子晋白日飞升之事的影响之大。

大概身在仙界的神仙们，有时也难免有知音难觅、弦断有谁听的感慨，也希望与个把知音同声相应同气相求。这或许是太子晋听到关于周泰宜的传闻之后召见他的原因吧。因为周泰宜也深通音律，也曾演奏出神奇之音，引来莺凤和鸣百兽率舞。

这一天，太子晋召见周泰宜，并相约同游商洛。

可以想见，两位深通音律且都曾演奏过神奇之音引来莺凤和鸣百兽率舞

汉卜千秋墓壁画

①公元前550年。

的仙人的相会与合奏，会引发怎样一种神奇的景象。

这时，周泰宜开始鼓琴了。

周泰宜一奏，只见几只白羊出现在他的身旁，同时还有几只白鹊在他的头顶飞翔，久久不去。太子晋便知道，这是周泰宜的琴声玉音协和、声教昌明的表现了。

周泰宜再奏。只见有几只玄鹤自空中来，飞落到他的近旁。而且周围风停云散，连虫儿也不再鸣叫，青草纷纷倒向他鼓琴的方向，似乎都在凝神细听他的演奏。

周泰宜三奏。只见面前的那几只玄鹤排列成一行，极为整齐，同时延领而鸣、舒翼而舞，而且有五色祥云从北方过来，仙乐从天而降与他相和。太子晋便知道，周泰宜的演奏已经是神乎其技了。真可谓此曲只应天上有，人间能得几回闻。

之后，周泰宜又开始以武弦孤弹。

我们知道，古琴最初只有五根弦，内合五行金、木、水、火、土；外合五音宫、商、角、徵、羽。后来周文王被囚禁在羑里时，因思念他善于鼓琴的儿子伯邑考，特意为古琴增加一根弦，这根弦被称为文弦；而武王伐纣的时候，又增加一根弦，被称为武弦，代表文武之道，此后古琴即名为文武七弦琴。

只用一根孤弦，周泰宜能抚出什么样的声音呢？

大概，在一旁静听的太子晋看到周泰宜的这个举动，心里也会生出同样的疑问。

周泰宜开始抚琴了。

太子晋听见这琴声八音协畅，单弦却并不单调。在其中，似乎有泉水叮咚声、仙鹤声、玉羊声、白鹊声、凤鸣声、青草摇摆声、杨柳拂动声、风生水起声，这些声音最后又十分和谐地混

松下抚琴图

作一处，仿佛整个天地也参与其中。只见群兽排成数行，众鸟在空中翱翔，似乎纷纷在随乐声翩翩起舞。同时，有五色祥云自头顶流过，有风吹过、有鸟飞过、有树叶翩迁飞舞、有香风流贯其间。这一切，只把太子晋心中的一切念想荡涤干净，一颗心变得十分纯净、十分透彻，已无需再着意判定琴声的高下，瞬间地，万物似乎已不复存在，仿佛自己已身乘白鹤，翱翔于九天之上，穿越云层，沐浴在阳光之中。只有那耳畔的乐声和山间的清风，或许才能唤起他一丝半点的真实感。

琴声消退之后良久，太子晋才缓缓回到现实之中，才感到自己还是坐在巨石之上，而在他眼前的是高远的天空、天空中的云彩、云彩下的树、树旁的巨石、巨石上的周泰宜、周泰宜怀中的琴。

彼时彼刻，太子晋还能说什么呢？可以明确知道的是：太子晋听罢周泰宜的演奏之后，对周泰宜赞赏有加。于是传授给他飞解脱网之道，并赐给他九光七明灵芝一枚，以助他修炼。

周泰宜服食灵芝之后，又依照太子晋所授的方法潜心修持，自然日觉神验、进展颇速。不久便可以与仙人同游宝洞，饮用玉酒，弹琴弈棋，啸歌终日，不一而足。

无奈时光如流，岁月如梭。转眼间，周泰宜便七十岁了。七十岁的周泰宜似乎并未逃脱岁月的侵蚀，他的脸与常人一样也爬满了皱纹，且须发皆白，牙齿脱落，形容枯槁。

在很多天里，当他默坐在溪畔的巨石上的时候，常常有鸟儿落在他身上。与他一起参天悟道。

周泰宜不再抚琴，琴声自然在他的心中。他也不再做梦，现实即为梦境。

第四节
闲玩商颜笑世浮

彭祖曾经说过：最高的道，其实并不繁琐，不过是心中不思念一切，则自然不至于劳损。如果再加上导引、行气和胎息，勤加修炼，活到千岁，应该不是太大的问题。又有人说：修仙的方法，大致有三种，其一是保精，其二是引气，其三是服饵。这三种方法，也是需要循序渐进、由浅入深的。如果没有遇到高人指点，也没有勤苦修习，便很难有收获的。有诗为证：

不贪尘世是非财，大悟天真绝往来。
善发灵芽生槁木，能教红焰起寒灰。
既通妙道虚无理，岂怕韶光昼夜催。
堪笑浮生空老却，暗中两鬓雪皑皑。

自周真人十九岁时从太原至终南山师从姚真人修道以来，已经过了五十多个寒暑。在这五十年间，周真人或追随姚真人于山中潜心修道；或游走人间扶危济困砥砺德行；或与仙人太子晋鼓琴吹笙游于商洛引来莺凤和鸣百兽率舞；或得太子晋所赐灵芝之后更加勤于修习。他的修道之途，无疑是暗合前人后人关于修道次第的说法的。为何他未能修得长生久视，反而容颜会如常人一般衰老呢？

这便是周真人的众弟子在数年之后再次看到真人并对他衰老的容颜惊诧不已的时候心中自然生起的疑问。若是周泰宜真人就这样老去，或许会寒了后世修道人的心。

面对众弟子的惊愕之情，周真人自然明白个中原委，但他并不言语，只是默然地回到自己修炼的石室之中。

两宿之后，当真人出现在他们面前时，又一次令他们十分惊异：只见真人已变为翩翩美少年，一如他五十年前初来终南山时一般。众人无不叹服真人道行莫测高深。

有一年夏中，渭河源头山中突降暴雨，洪水滔天奔涌而下，毁坏上游林木无数。周真人夜观天象，知道这一日会有洪水下来，而下游村民却并不知晓灾难即将来临。于是，周真人连夜书写避水符数万张，命众弟子分发给村民并让他们分别贴在洪水可能流经的地方，以避水患。

次日深夜，熟睡中的人们被震天的水声惊醒，待他们打着火把去河边看的时候，只见洪水高过堤坝数丈，但却并不冲向村庄，便知道真人的避水符果然灵验。第二日，洪水退去，并未伤及田地一亩房屋半间，也没有人在洪水中丧生。众人于是面向终南山方向拜谢不已。

有一次，真人行走到终南山外时，不慎被一个歹徒用罗网网住，这个歹徒原本是为图财，但看到抓住的是一位道人，知道无财可图，便准备用粪污戏弄真人。就在他举起污水打算倾倒在真人身上时，真人突然消失不见。这时候，这个歹人不觉间已经自缚在树上，并以头猛撞身后树干。

此时，只听见空中有一个声音说："你本性顽劣，作恶无数，如能弃恶从善，自然释放于你。"

这歹人听到这话后，非但不思悔改，反而破口大骂真人。却不知，歹人的口鼻随骂声有血流出来。

真人劝说许久之后，歹人才幡然悔悟，并且哀求告饶。于是真人将其释放。

歹人自此改邪归正，而且行善积德扶危济困，后来以百岁高龄而逝。

在终南山中，经真人点化的弟子约有一百多人，他们或羽化登仙，或益寿延年，或行善积德，后来均修得果位。

到威烈王二十四年时，周真人已经一百九十多岁了。

这一年的三四月间的某一天，周真人修行的石室外百兽率舞，空中有群鸟翱翔，兼有五色祥云笼罩其上，仙乐阵阵自天上来。众人出来看时，原来是天帝派遣仙官下来迎接周真人。

仙官授书他为秦陇宫真人，可以出入太清，宴游诸天。众弟子涕泪拜别。

后世有诗赞曰：

吹笙太子约同游，闲玩商颜笑世浮。
潇洒仙姿春正好，明朝底事雪盈头。

拾

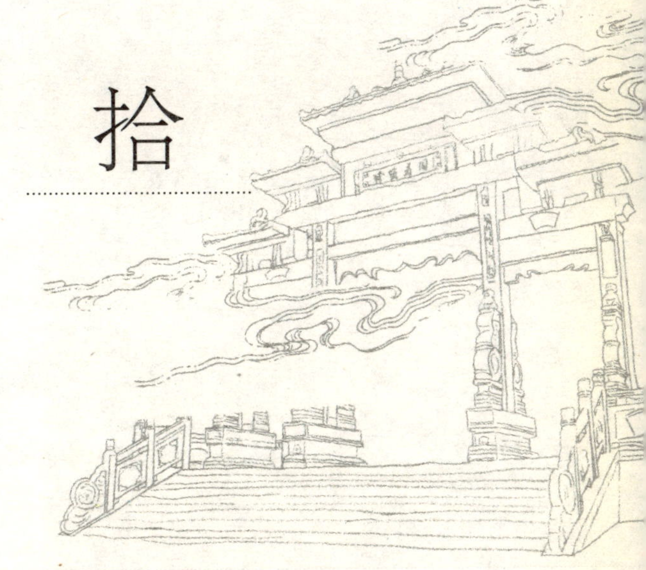

清尹仙人：举头一剑已横秋

汉昭帝画像

汉武帝后元二年，即公元前87年春，武帝在弥留之际立幼子刘弗陵为太子。斯时，刘弗陵年仅七岁。在此之前，武帝为避免吕后之事重演，已将刘弗陵之母赵钩弋赐死。赵氏死后，并无任何亲人可以为外戚，也避免了外戚专政的局面的产生。武帝病死后，霍光等人于同月奉刘弗陵为帝，第二年即改年号为“始元”。

公元前86年，即为汉昭帝始元元年。

此时，刘弗陵年仅八岁，他自然难以明白自己即将面临怎样一种政治局面。他能够知晓的或许只是他父亲为他留下了几位可以依靠的顾命大臣，即霍光、车骑将军金日磾、左将军上官桀、御史大夫桑弘羊等共同辅佐朝政。此后，由于“帝年八岁，政事一决于光”，也就是说，霍光开始掌握了汉政府的最高权力。

汉昭帝和霍光等大臣可能并未明确地意识到，武帝临终前用心良苦地为他们留下的这个天下，并非是朝政安稳、天下太平。朝廷内外，可谓是危机四伏而且险象环生。

这危机，很快就在刘弗陵王位尚未坐热的公元前86年爆发了。

先是燕王刘旦谋反。

燕王刘旦是武帝的第三子。由于武帝晚年立嗣不明，刘旦曾上书请求入京侍卫。没承想这一举动惹恼了武帝，武帝认为刘旦此举实为意图抢夺王位。为避免后患，便借口实削燕国良乡等三县。昭帝即位后，霍光为避免祸乱，也曾设法安抚，但未见成效。刘旦因心中不服，便联络中山王刘昌的儿子刘长和齐王将闾的儿子刘泽共同谋反，并向全国发出文告，攻击昭帝非武帝亲生，实为霍光等人私立的皇帝，天下臣民应共同讨伐之。一时间弄得朝廷内外十分紧张。这次谋反虽然最终被平息，但无疑对初登帝位的昭帝尚不成熟的内心产生了一定的影响。

再是益州夷三万余人起事。

始元元年夏，益州夷三万余人起事。此次起事后来虽被成功镇压，然登基伊始，国内就发生这样的事情，总归会让人心里不太舒服。

同年九月，金日磾病危，霍光虽告请昭帝加封其为侯，仍然未能挽留住金日磾行将消逝的生命。金日磾在接受印绶之后不久便撒手人寰。

公元前86年，虽说是一个新的朝代的开始，但朝廷局势却未见安稳，端坐于朝堂之上的汉昭帝刘弗陵和精心辅佐他的大臣霍光如若环视朝廷内外，想必已然忧心忡忡、坐卧不宁。

久居深宫且年纪尚幼的昭帝想必知道，武帝在位时，除以雄才大略南征北战平定天下外，还如黄帝当年“且战且学仙”一样，曾多次问及神仙长生事。

比如，元光二年，即公元前133年，有一个名叫李少君的方士曾对他说："祠灶则致物，致物而丹砂可化为黄金，黄金成以为饮食器则益寿，益寿而海中蓬莱仙者可见，见之以封禅则不死，黄帝是也。臣尝游海上，见安期生，食巨枣，大如瓜。安期生仙者，通蓬莱中，合则见人，不合则隐。"武帝听后，十分赞赏，于是亲自祠灶，而且还派遣方士入海寻找安期生。虽说数年后李少君病死，武帝求仙之心却并未稍歇。

又如，元狩四年，即公元前119年。齐人少翁携带鬼神之方面见武帝。时值武帝宠爱的王夫人病逝，武帝因思念王夫人而忧心成疾。于是少翁用方术夜间召唤王夫人的阴魂到帐内，武帝在帷中看到王夫人的影像之后，对少翁的方术十分信服。还曾拜少翁为文成将军，且赏赐给他财物无数，并以客礼礼之。

还如，征和四年，即公元前89年，也就是武帝逝世前二年春正月，他还曾亲自巡幸东莱，行走到海边时，决意浮海求仙。群臣力谏不听。要不是当时大风晦暝、海水沸涌，滞留十余天无法登船，可能武帝这一次还真入海寻找仙人了。

这后一事件，距离昭帝登基其实并不遥远，想必昭帝对乃父所做的这些事情应该是十分熟悉的。而且求仙问道，也是汉家自创业以来的优良传统。可以想见，当昭帝登基之后，晚间躺在御榻之上，想起朝中内忧外患的时候，或许多少会生出和武帝一样的求仙问道以避俗事的困扰之心吧。

只是，他自己并不知晓的是：他父亲求仙问道之途充满了艰辛，而且最后无功而返，在他登基的这一年，遥远的终南山中，却有一人积三百四十余年之功而修得长生久视、白日飞升、位列仙班。

此人姓尹，名澄，字初默，汾阳人。后人有诗一首，单表尹澄的修仙事迹，诗曰：

逝川试著小符投，滚滚洪涛忽倒流。
秦始谩劳虚席问，举头一剑已横秋。

此人的故事，还得从三百余年前开始说起。

第一节
寄慧炼神在楼观

周安王三年壬午，也就是公元前399年。

这一年六月间的一个看似平常的傍晚，与终南山有千万里之隔的古城雅典的监狱中，一位年近七旬的老人就要被处决了。这位衣衫褴褛、散发赤足的老人因为不敬城邦的神灵和毒害青年人而被雅典人民判处死刑。此时，即将离世的他并不慌乱，因为他早已打定主意为自己坚守的原则慷慨赴死，他的神情泰然自若，打发走妻子桑西比和家属之后，他开始与几位弟子和朋友侃侃而谈，这些弟子中，有著名的斐多、西米亚斯、克力同等，他最钟爱的弟子柏拉图这时并不在场，他和众位弟子们谈及灵魂永生的问题，他希望他们明白，为了自己坚守的价值而死是十分值得的。不久，毒酒就送过来了，该说的话他已经说尽，只需要以自己的实际行动，对众位弟子做最后一次现身说法。这时候，他毅然端起酒杯，一饮而尽。他临终前说的最后一句话是："克力同，我欠了阿斯克勒庇俄斯一只鸡，记得替我还上。"

之后，这个人就闭上双眼，永远睡去。

这个人名叫苏格拉底。他的死在两千余年之后已经被视为一个哲学事件。后世还有人说，不了解苏格拉底之死的哲学史意义，就无法修习哲学。

临终前的苏格拉底

此时的华夏古国，王子定奔晋，虢山崩塌塞壅河道。似乎都不是什么好兆头。不过，这些都是国之大事。要了解个人的命运，还需从小事说起。

这一年，气候多少有些反常，一入十月份，天气就变得十分寒冷，雪也来得较往年早一些，关中周围稍高的山上已然积满了雪，远远望去，犹如云雾笼罩其上，日光一照，便显得格外透亮。天气既然十分寒冷，路上行人便不会太多，尤其是在清晨。雄鸡即便已经报晓，在楼观周围的村庄里，田间无事的人们自然乐意多睡一会儿，四周依旧分外冷清，只听得寒风自山间过来，吹起观外的枯枝，呜呜呜响如同人的呜咽声。

说经台

此时，自楼观外的官道上走来一人。此人身材颀长，衣衫褴褛，身背褡裢，一副长途跋涉的模样，而且因为连夜赶路，冬夜的严寒已经使他浑身哆嗦，但步履却还轻盈。约莫半袋烟工夫，这人就走到楼观门口。晨起洒扫庭院的道人见此人约莫三十岁光景，面容略显憔悴，但目光如炯，说话声如洪钟。不消说，一定是远道而来慕名求道的。

这人被领进观内休息良久之后，身体才活泛起来。大家这才得知，此人姓尹，名澄，字初默，是山西汾阳人。

前朝及本朝来楼观台修道的山西人并不少见，而且其中修得长生久视、白日飞升的也不在少数，况且此人与初建楼观的文始真人还是同姓。据他所说，他在来楼观之前早已无意于世事，多年来期心真极、潜心修炼，但并无成效，闻得楼观台乃天下道林张本之地，于是不远千里，前来楼观求道。他还说，自己早年求道期间，曾经梦见过乡里先辈太和真人尹轨，而且还曾和同乡姚元泰真人梦中相会于汾水之阴，只可惜梦境毕竟渺茫，虽然能结仙缘，无奈除了使得他修道之心日益坚决外并无其他收获。自己素知修道之人恨不得早日入道，无奈自己家境贫寒，且尚有父母在堂体弱多病无人照料，只能全了孝道之后才能一心修习玄理。父母在去年七八月间相继离世，自己将父母妥善安葬之后在他们陵前修了一座草庐，为父母守孝一年之后，才将全部家财悉数散给穷人，独自一人打点行囊、日夜兼程，半月间才赶到楼观。

众人带他见过观主，行罢入道之礼以后，他就在楼观台住了下来。

这时，尹初默已经二十八岁了。

安住在楼观之后，尹初默宅心虚旷、寄慧炼神。而且众人发现他不大喜欢与人交往，每天只是按时起床，在楼观外的山中凝神炼气，诵读五千文，与群鸟为友、众兽为伴，吟诵啸歌，游于丛林。而且他常年来无论寒暑，衣如带索、食仅果腹、不务虚名、不求闻达。或许是因为他与众不同的早年经历造就了他如今的沉默寡言，众道人也不以为意，只管各司其职各修其道，倒也安然无事。

十数年后，众道人渐渐发现，这个人还是有些不同寻常。

比如，这个人经常进入市内置办香灯，并将这些香灯陈列在坛靖之前，日夜不熄。这举动原本也极为平常，皇室宗戚达官贵人也经常做同样的事情，修同样的功德。不过，令众道人对他刮目相看的并不是这个举动，而是他所点燃的香灯。开始的时候，自然是添满了香油的，但与他人不同的是，他的香灯往往在即将燃尽的时候，突然就会有灵薰满炉，不需添加香油，便可以继续燃烧。有好事的道人悄悄过去一看究竟，原来，炉中不知何时多了很多名香。无需多想，众道人便知道尹初默修行的境界在这十年间，其实早已超过众人百倍。

另外，众道人还发现：尹初默有时点燃香灯之后，并没有光焰出现，但室内自然有神光自空中下来，照彻室内，宛如白昼。

修道之人自然知晓，这一定是尹初默精理感发，神灵前来护佑他了。

在楼观的修道之人中间，还流传着以下两件有关尹初默潜心修道、砥砺德行、感天动地的事情。

某一日，天气晴和、惠风和畅，观中也无甚大事。尹初默便独自一人进入山中采药，行走到半山腰时，看到一条小溪畔躺着一只小鹿。这小鹿侧卧在溪畔的草丛之中，见到尹初默的时候，并不起身离开，而是目露哀伤，似乎是有事相求。尹初默看到之后，心中为之一动，于是将药锄和背篓放在路旁，沿山石下到溪畔，仔细观察小鹿。这才发现，原来这只小鹿的后腿被山上滚下的石块砸伤了，鲜血直流，将腿下的石头也染得通红。尹初默心中顿生怜悯，便拿来草药，揉碎之后涂在小鹿的伤口处，并撕破衣裳，为其包扎妥当。之后，用双手掬水供小鹿饮用。小鹿饮用完以后，很快便可以蹒跚行走。尹初默目送小鹿走入深林之后，才继续上山采药。

据说，小鹿在步入深林的时候，一步三回头，而且双目之中满含感激之情。

此事过去几年以后，尹初默又一次上山。在上山之前，他就知道这一天午间山中会有暴雨，无奈观中有几个人身患重病，必须采得一味药才能治愈。于是他还是身背药篓，肩扛药锄，上到山顶。当他采完药走到半山腰的时候，空中便乌云密布，顷刻间狂风大作，电闪雷鸣，暴雨如注，接着山洪暴发了。只见浑浊的洪水从山间倾泻而下，所到之处，树木折断，岩石坍塌，这些折断的树木连同坍塌的巨石随着洪水奔涌而下，道路迅疾被冲垮，身下的山岩也崩塌了。

尹初默就这样被困在山腰的岩石之间，前无进路，后无退路。他身上衣裳单薄，雨后山中气温骤降，十分阴冷，又没有东西可供食用，体力在一点一点下降。

天光渐渐淡去，黑夜便从幽深的谷底升上来了。

尹初默多次尝试沿山岩攀援而上，无奈雨后山石十分湿滑，手边也没有可供攀援的树枝，最后他只能蜷缩在岩石间，嚼着背篓中的草药补充体力。山间的风携带着泥土和枯枝败叶混合而成的气息，不断地将他早已湿透的衣衫弄得愈发冰冷。也许是连日奔忙太过劳累，尹初默竟然在湿冷的岩石间渐渐睡去，还做了一个梦。

梦中他又回到了儿时，依偎在母亲的怀抱之中。母亲的双眼温柔地注视着他，头发轻轻地拂过他的面颊，双手轻柔地拍着他的肩膀。在母亲柔软且温暖的怀抱中，他依稀看到母亲的双眼泛起泪花，凝成泪滴落在他的额头上……

这时候，他醒过来了。醒过来的尹初默这才发现，原来方才的情景不过是南柯一梦，奇怪的是，温暖依旧，泪滴还在滴落……

原来，在尹初默睡着的时候，早有几只白鹿依偎在他的身边，以它

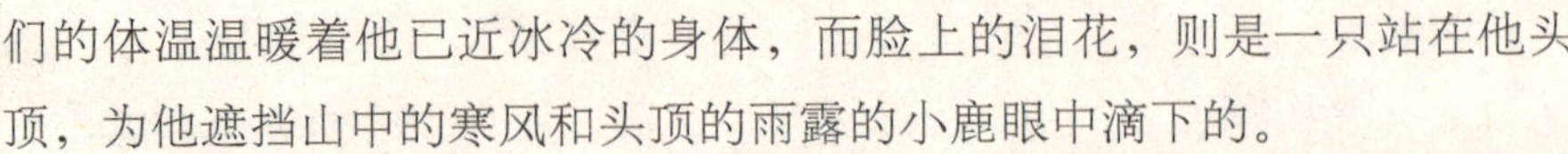

们的体温温暖着他已近冰冷的身体，而脸上的泪花，则是一只站在他头顶，为他遮挡山中的寒风和头顶的雨露的小鹿眼中滴下的。

尹初默心中一热，眼中就有些湿润了。在被困山中的这些日子里，尹初默饿了就吮吸白鹿的乳汁，冷了累了，便依偎在群鹿怀中安然入睡，直到他离开为止。

尹初默下山的那天，群鹿聚集在山岩之上，纷纷目送着他离开，并发出呦呦的鸣声，声音在山间四散开来，回环往复，久久不能散去，仿佛在表达群鹿的依依不舍之情。

尹初默回身看时，只见群鹿引吭高歌，头伸向他离开的方向，而在它们的身后，是蓝蓝的天和洁白的云朵。

此情此景，怎能不让他潸然泪下。几年以后，出于修行的需要，尹初默辞别众道人，独自一人来到山中，寻觅了一处面临深渊，背靠青山的绝壁，凿一石穴，住了下来。每天清晨即起，在石穴外的岩石之上诵读五千文，并服食炼气，以求长生久视。如此又是许多年。

多年后的这一月间，山中久旱无雨，溪水渐渐瘦去，草木日益干燥，连山风在正午的艳阳之下，也如流火一般穿行在九月末枯黄的树林间。它将树叶吹起，于枯干的树枝间翻舞，直至在幽谷之中消失不见。

山林就是在这样无比干燥的晚间突然起火的。火势极为迅猛，顷刻间就将尹初默栖身的石穴团团包围，借着火光，他可以看到滚滚的浓烟，还可以听到群兽的哀鸣、群鸟的惨叫，连同枯草燃烧时发出的哔哔叭叭声。整个山间，已然化为火海。

眼见着火势愈来愈迅猛而且即将将他所置身的石穴彻底吞没，他也曾努力从数个地方逃开，但均因火势太猛而不得不退身回来。一向沉稳平和的尹初默斯时也多少有些焦躁，他心想：难道我真要葬身此处?

就在这十分危急的时刻，尹初默突然看到山岩之上有一串黑影如巨绳一般垂落在他的面前，待他定睛看时，原来是群猿相继拉着手从山岩上下来，最下面稍小一点的猿猴伸出手来，紧紧拉住尹初默的手。群猿奋力将他牵上岩顶。片刻之后，他们就相携来到了火势没有蔓延的地方。等到火光渐渐淡去，山中逐渐安静下来的时候，群猿才相继散去。

群猿救助尹初默逃离火海的事情传到楼观众道人中的时候，他们一致认为，定然是尹初默多年积德行善、潜心修道感动了神灵。神灵暗中垂护他，他才能在如此危难的时候逢凶化吉，遇难呈祥。

尹初默潜心修道感动神灵幸得神灵护佑多次逢凶化吉的事情，很快就在九州之内传播开来。

这一年，是公元前219年，也就是始皇帝二十八年。

第二节
秦始谩劳虚席问

公元前219年，整个世界似乎并不太平。

华夏古国的为政者在忙些什么呢？

《资治通鉴》卷七《秦记二》载，公元前219年，也即是始皇帝二十八年。这一年，燕国人宋毋忌、羡门子高之徒宣称有仙道、形解销化之术。一时间，燕、齐迂怪之士争相传播并修习这种方法，以求白日飞升。据说，宋毋忌乃是月中仙人，而羡门子高则是居住在碣石山上的仙人，而且精通尸解之术。之前，齐威王和宣王、燕昭王均对他们的说法深信不疑，而且还先后派遣使者入海寻找蓬莱、方丈、瀛洲等仙地。据传，这三处神山均在渤海之中，而且离人所居之处并不遥远。但每当人们的船只将要接近的时候，往往却会被风吹走，无法抵达。而且更有甚者，还有人说他们曾经到过仙山，并且看到众仙人和不死之药均在此处。这一传言到了始皇帝时期，已经十分神奇了。这位皇帝在天下初定之后，对神仙传说和不死之药原本就有着十分浓厚的兴趣，既然传说中有仙山及不死之药，何不遣人寻回呢？于是，在公元前219年，始皇帝派遣徐市带领童男童女数千人，入海寻找仙人。始皇帝自然对此次寻找寄予厚望。何况这次入海求仙

秦始皇

耗资巨大，然而结果如何呢？

结果是无功而返。当然，这样的说法是无法对皇帝交差的，徐市于是想出了一个十分绝妙的说辞。他说，他们的船只就要接近仙山的时候，有风将船只吹走，因此难以抵达，但还是远远望见了神山上无论物体还是禽兽全是白色，而且以黄金白银建筑宫阙。远远望去，自然是如一片云了。

听到这个说法之后，始皇帝莫可奈何，然而却并不甘心。

同一年，始皇帝上泰山封禅，中途遇到暴风雨，于是在大树底下休息。儒生们因为不能参加封禅之礼，原本就心中不满，知道始皇帝遇到暴风雨的事情之后，这不满就成了对皇帝的讽刺了。始皇帝后来焚书坑儒，就与这一事件密切相关。千年之下，我们可以大胆猜测，始皇帝之所以做出焚书坑儒的事情，或许在内心深处，是道家的神仙信仰和儒家的经世思想之间的内在冲突所致。可想而知，南征北战终于平定天下的始皇帝心中生出的长生不死、永享富贵的念头或许真给了他面对衰老时莫大的希望，和面对可能的死亡时莫大的慰藉。既是如此，他怎么能眼见这一希望和慰藉被人毁弃呢？

当然，此后始皇帝还多次求仙问道且越挫越勇从不言弃，骨子里，或许就是这一思想使然。

怀有这样思想的皇帝，在听说距离自己居住的都城咸阳百里之外的终南山有一位道人，能感动神灵得神灵的护佑且屡有神迹的传闻之后，怎么会不喜出望外？怎么会不立刻召见他以求修仙之法，从而抚慰自己多年来求仙未得的内心焦渴呢？

秦始皇先后召见尹初默多次，目的只有一个：向他求教摄生之术。

时间最长的一次，是在这一年十一月间的一个十分凄冷的午后。当时，始皇帝屏退左右，唯留尹初默与他相对而坐，在他们的周围，是巍峨的宫殿和缭绕其中的袅袅香烟，就在这样一种类如仙境的氛围之中，尹初默开始说话了。

他说，“道”无所谓生，也无所谓死。但人的形体却会有生死，所以我们常说的生和死，是在说人的形体，而不是“道”。人的身体之所

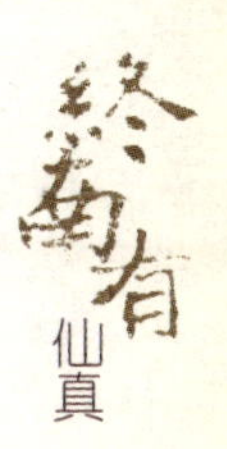

以有生死，是因为“道”的有无，失掉了“道”便会死亡，而如果人能够存生守道，便可以长生不死了。

他还说，人如果能经常清净其心，则“道”自然会居住其中，“道”一旦居住其中人便会神明存身，神明存身了，人的身体才会长生不死。人们常常渴望长生但却不能虚心，常常厌恶死亡但却不能保神。这种状态，就像是一个人想变得富裕却不愿意求宝，想行走得快却不愿意迈开脚步，想变得肥胖却不愿意吃饱。以这样的心理去求长生，自然是不能得的。

知晓“道”很容易，但坚信“道”就较为困难了；有了对“道”的信仰之后，躬行“道”相比之下就不易得了；相较于躬行“道”，得“道”就比较难了；相较于得“道”，守“道”就更为艰难了。而人如果能守“道”不失，便可以身体长存了。

秦始皇听了这番话以后，深以为然，但是静下心来反观自身，却又觉得道理倒也简单，似乎也并不难行，但真要如法修习，却又不那么容易。

此后不久，华山上有一位名叫茅濛的道人，已在山中服食养气，修炼多年，甚为用心。某一日用过早膳之后，于众目睽睽之下飞升而去。留下诗歌一首，广为流传，歌曰：

仙路瑶宫非远深，学人不悟本来心。
玄霜丹桂何曾识，劣马颠猿不自禁。
足蹑青凫游帝阙，身骑白鹿玩琼林。
天然法界须明了，莫逐迷徒向外寻。

这事情传到秦始皇耳中，他愈发坚信仙山可见，长生不死之药可得，于是在这一年再次派遣使者前往海上，寻找仙山及不死之药。考虑到上一次徐市入海后见到大神，和大神有过这样一段对话：

大神问他：“你是西皇的使者吗？”

徐市答道：“是的。”

大神说：“你有何求？”

徐市说：“想请回延年益寿的神药。”

神说：“你们秦王的礼物太少了，只能远观而不能获取。”

于是这一次，始皇命使者等人多带财物以表诚心。在他们出行之前，秦始皇还命人请回老君的塑像，面向东方，安置在新建的庙宇之中。同时，在此设置道士二十七人，赐给他们香田三十项并给户一百。还下了一道诏书，诏书曰：

大道泛兮，其可左右。老君迹虽西游，返则东顾。朕方造蓬瀛，愿垂影响。

这一年，据《古今列仙通记》载，是始皇帝三十年，也就是公元前217年。

华山

这次求药的结果，据《史记》卷二十八《封禅书》载："始皇南至湘山，遂登会稽，并海上，冀遇海中三神山之奇药。不得，还至沙丘崩。"也就是说，最后仍然是劳而无功。

秦始皇苦求不死之药多年，最后一无所获，于公元前210年驾崩。

始皇驾崩了。尹初默还要继续他的修道之旅。

第三节
欲就仙功返山林

公元前206年，秦朝灭亡，中国历史开始进入汉代。

有汉一代，上至帝王将相，下至黎民百姓，对求仙学道的喜好较之秦时有过之而无不及。自汉高祖、吕太后到惠帝、景帝及窦太后，无不注心灵域，对求仙学道事，亦极为用心。

据《资治通鉴》卷十一《汉纪三》载，高帝五年，即公元前202年，素来多病的留侯张良曾杜门不出，服辟谷药而静居行气，而且他还明确表示："我们家世代相韩，韩国灭亡以后。我不爱万金之资，极力为韩国向强秦复仇，曾引起天下震动。现在我凭着三寸之舌而为帝者师，封万户侯，已经十分满足了。希望此后能够弃绝人间事，从赤松子游于方外。"赤松子者，仙人号也。神农时他曾经为雨师，服食水玉，后来到

了昆仑山上，常常造访西王母石室，而且能随风雨上下，仙名极盛，后世求仙学道者多宗之。

《史记》卷五十六《陈丞相世家》亦载："陈平，少时家贫，好读书，治黄帝、老子之术。"

汉初以黄老之术治天下，崇尚老子"我无为而民自化，我好静而民自正"之说。《史记》卷五十四《曹相国世家》中，太史公曾对此有过这样一个评价："参为汉相国，清静极言合道，然百姓离秦之酷后，参与休息无为，故天下俱称其美矣。"难怪班固要说："此君人南面之术也"。

《史记》卷十二《外戚世家》还说道，窦太后喜好黄帝、老子之言，以至于汉武帝和太子以及窦姓外戚不得不读《黄帝》、《老子》，从而尊崇黄老之术。

可见，黄老之术在汉初的兴盛，实在是天下局势使然。而张良等人在天下初定之后，对"愿从赤松子游"的精神表达，或许只是参透世事变化之后的自保之法，离真正的神仙信仰应该是有一段距离的。

在这样一种政治氛围之下，身居楼观潜心修道的尹初默，受到皇室的重视，自然是顺理成章的了。

当时，皇室经常会召集幽人逸士满二百七十八人，并为每人赐弟子各一人，增加庙户到一百五十，而且加典司营护，礼给优厚，祈谒不绝。

有了皇室诸人作为表率，四海之内前来观中追随真人求仙学道之人络绎不绝，而且世人无不对真人崇尚有加。

或许尹初默心中明白，皇室对修道之人的重视，其实不过是一种政治姿态，与修道本身并无太大关系。况且修道之事，乃是一种个人行为，如若世人对此趋之若鹜，自然会泥沙俱下，于修道并无益处。更为重要的是，政治姿态本身并无常势，随着局势的变化，皇室的崇尚自然也会随之迁移。这种迁移，有时候可能会有致命的结果。因为，道家足以处变，儒家足以处常，变、常本身也没有定数。现在天下初定，君王吸取前朝教训，与民休息，崇尚黄老，一旦天下稳定、国富民强，儒学

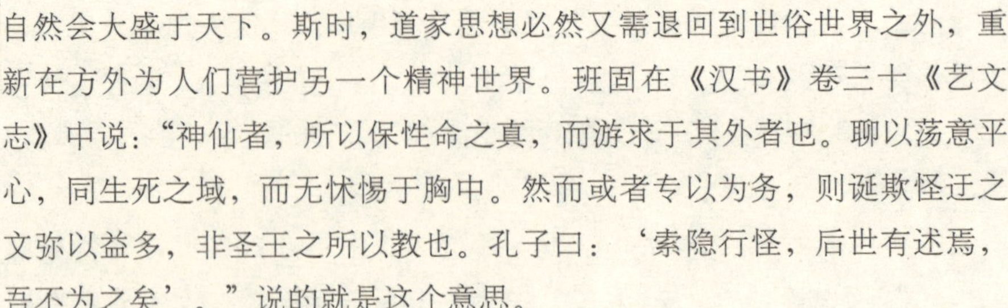

自然会大盛于天下。斯时，道家思想必然又需退回到世俗世界之外，重新在方外为人们营护另一个精神世界。班固在《汉书》卷三十《艺文志》中说："神仙者，所以保性命之真，而游求于其外者也。聊以荡意平心，同生死之域，而无怵惕于胸中。然而或者专以为务，则诞欺怪迂之文弥以益多，非圣王之所以教也。孔子曰：'索隐行怪，后世有述焉，吾不为之矣'。"说的就是这个意思。

因此，尹初默当年入咸阳为秦始皇说道，现在又成为汉家皇室的座上宾，这一系列行为，可能并不是他乐意为之的。先师老子当年教孔子说："君子得其时则驾，不得其时则蓬累而行。"什么时候才能是道家的"得其时"呢？尹初默应该心知肚明，道家的思想，用之于修身或许效用非凡，用之于治道，恐怕是与"大道既隐"的时代精神相去甚远的。在一个"各亲其亲，各子其子，货力为己，大人世及以为礼，城郭沟池以为固，礼义以为纪"的时代，希图完成道家的政治主张，实在是"戛戛乎其难哉"！儒家的先师孔子及其后学可以选择"知其不可为而强为之"，道家则不能。

虽然尹初默明了这个道理，但迫于时事隐在的压力，他还必须怀着诸般无奈行走在宫廷与道观之间，如此又是数年。直到他意识到自己离开的时机已然成熟为止，他已经在时事的困扰之中度过了数个年头。

汉武帝

在这几年间，他也曾为皇室及官员和文人雅士讲道多次，在讲道的同时，他借机从众人的反应中测知，儒家与道家之间的思想冲突激化的一天，应该为时不远了。

这是矛盾激化的前兆，在建元二年，即公元前139年，就已经显露出来。这一年，御史大夫赵绾奏请武帝不要再将政治事务向窦太后奏明，使得窦太后雷霆大怒，于是将赵绾、王臧等悉数罢逐，同时被罢免的还有丞相及太尉等。这一政治事件，表面看来，似乎是在黄老之术与儒家学说之间关于治国方略的争斗，其实是窦太后与汉武帝之间围绕权力而展开的政治较量。窦太后活着的时候，自然可以极力保全自己的政治选择，然而窦太后死去之后，局势就急转直下了。

窦太后

这种宫廷之中的政治斗争所隐藏的深层问题，以尹初默的智慧，自然是洞若观火的。他意识到，自己再次归隐山林的时机已然来临了。

这一天，尹初默将几位十分得力的弟子招进室内，秘密对他们说："我仙功未就，德资今运，以后要以山林为家，做幽居之子了。"于是改名为林字，逡巡山谷，逃遁岩壑了。

这一年，是公元前138年。后来的政治局势的走向表明，尹初默当初的选择是十分明智的。

就在尹初默幽居山林的三年后，即建元六年（前135年）五月，窦太后以七十一高龄病逝。这无疑为汉武帝早已展开的儒道之争消除了最后的，也是最大的障碍。武帝此时自然可以大刀阔斧地实践他的政治主张了。

同年六月，汉武帝的舅父武安侯田蚡出任丞相，政治形势已经大不利于黄老之徒了。司马迁在《史记》卷一百二十一《儒林列传》中对此有这样一段总结："及窦太后崩，武安侯田蚡为丞相，绌黄老、刑名百家之言，延文学儒者数百人，而公孙弘以《春秋》白衣为天子三公，封以平津侯。"自此，"天下学士靡然向风矣。"

不过此时，尹初默早已游于山林，难觅踪迹了。

第四节
举头一剑已横秋

公元前138年，预知本朝政治局势将会不利于黄老之徒的尹初默真人辞别众弟子，改名林字，自此独自一人逡巡山谷，逃遁岩壑，食柏淑流，循危蹈朽，契阔林阜。日与狼虫为伴，仙鹤为友，或诵五千文，或服食炼气，倒也精进异常。

此时他已二百余岁了。

二百年的世事纷扰，足以使得一个人的内心遍布沧桑。即便是修道之人，只要胸怀天下苍生，多少总还是难以忘情的。因此，在他游走山林的这一段时间中，每当行走至高山之巅回望来处时，总会有无限感慨涌上心头。

幽访神师此后成为了他很长一段时间中的重要目标。即便形容憔悴，备尝艰苦，哪怕刀霜雪剑，峥嵘亘途，无不欣然前往。

多年后的这一天，尹初默行走到了太一山中的一座石峰之下，只见石峰右侧生有一只石像芝，这石像芝硕大无比、体态丰盈，悬映于青岩之上，吸收天地之正气、日月之精华已逾千年。而且夜间远远望去，有灵光从芝身发出，从长势来看，不过数年便可服食。

尹初默便在石峰下凿一石室，等到石像芝成熟之后将其采下，于次日平旦，向日九拜九揖，叩齿二十四通之后将其服食。七天以后，他便可以日行六七百里了。

然而，他离长生久视，白日飞升还有一段距离。

因此，后来在峨眉山中与仙人宋君的相遇，对苦心修道多年却迟迟未能修得道果的尹初默而言，意义自是十分重大了。

那是四月里的一个平常的日子，蒙蒙细雨自清晨起，已经接连飘落了半日。峨眉山仿佛笼罩着一层轻纱，不远处的青山已然悉数隐去，远近便没了差别。溪水却逐渐肥起来，流经山腰乱石间时，声音比往日大了许多。时间未到黄昏，天色却渐渐暗下了。

就在此时，尹初默修行的石室外，突然天降流霄，有仙人缓缓自空

峨眉山

中降下。这仙人，便是宋君了。

宋君对尹初默说："你潜心修持已有多年，却未能修得道果。众仙哀怜你，派遣我下凡将三皇内文及九丹秘诀传授于你。你可依法修习，多日后，自然大有效用。"

说罢，便将三皇内文及九丹秘诀传给尹初默。尹初默自是叩头拜谢不已。就在他叩头之时，仙人宋君又冉冉升空而去，石室外一切也恢复如常。依照宋君所授丹法修习数月以后，尹初默便可以封山掌岳、生骸护病了。

有一天，当他行走到某地的一处河流旁时，只见因连日阴雨，河水猛涨、浊浪滚滚、泥沙俱下，毁坏下游稼禾无数。他便书写一符，并将此符投入水中，就在符落水中的同时，河水突然逆流数步，未过多久，浊浪渐息、洪涛顿绝。

又有一次，他在道旁看到几个暴死者身体尚温，便将符水喂他们一一服下，片刻之后，这几个人就相继醒了过来。

成都近郊某村中有血食鬼为祸乡里已有数年，无人能治。尹真人知道以后，在血食鬼经常出没的地方默念咒语数通。须臾，血食鬼个个自缚而来，叩头哀求不已。尹真人将其教化之后，悉数放走。自此，血食鬼再也没有祸害乡民。倒是有孩童在林间迷路之后，家人四处寻找未果，第二天却安然回到家中，并言说其晚间在林中树下休息时，曾见有数个容貌怪异之人护卫左右，虽有狼虫虎豹游走四周，却并未受到伤害。据说，容貌怪异者，便是得尹真人教化之后的血食鬼。

某一天，有一处村落突遭狂风侵袭，尹真人为村中人书写符咒数张，命他们贴于门楣之上。狂风虽肆虐多时，毁坏周围树木无数，此村却安然无恙。村民无不称颂真人恩德。

就这样，修得道果的尹真人游走人间，扶危济困，倏忽便是数十年。

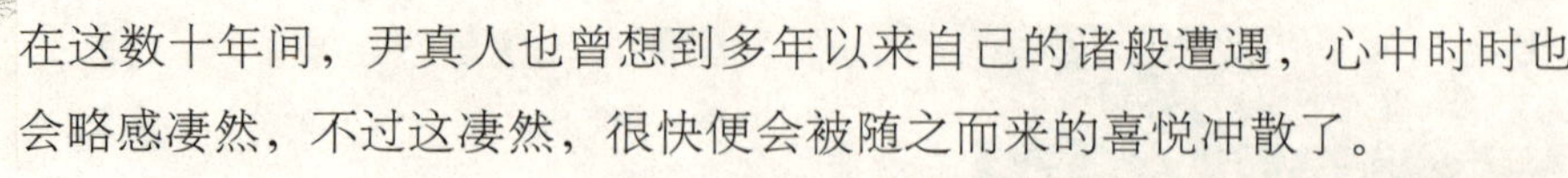

在这数十年间，尹真人也曾想到多年以来自己的诸般遭遇，心中时时也会略感凄然，不过这凄然，很快便会被随之而来的喜悦冲散了。

汉昭帝始元年乙未六月的一天，已经回到终南山的尹真人在为慕名而来的道众们讲说道法的时候，突然见五色祥云逐渐聚集在道观上空，而且有仙乐阵阵自空中传来。片刻之后，仙官们便出现在头顶上空。仙官们言说道，太微帝君派遣他们下临凡间，授书尹真人为太微真人，斯时便可以上游九天了。

这一年，尹真人已经年满三百四十岁。

拾壹

大有宫王真人：神机元在手中旋

张骞

汉武帝元朔六年戊午，即公元前123年，是张骞历尽坎坷出使西域十三年之后满载详尽资料归来的第三年，也是车骑将军卫青击败匈奴右贤王而官拜大将军的第二年。这一年，汉室内部政局较为稳定，几无大事发生，而天气也未见异常，虽说边境上对匈奴的战事依然不断，但因为年仅十七岁的霍去病被武帝任命为嫖姚校尉，随大将军卫青与匈奴军队大战于漠南，以八百人歼匈奴两千零二十八人，俘获匈奴的相国和当户并杀死匈奴单于的祖父及季父而大获全胜勇冠全军，受封为冠军侯。而且距离四年后，即前119年大败匈奴军队，致使匈奴伊稚斜单于逃走，左贤王败退，彻底解决匈奴之患，使得“漠南无王庭”也并不遥远。然而，相较于此前与此后的国内局势，这一年仍然可以算得上是政局稳定、四海升平的一年。还值得一提的是，一位名叫司马迁的二十三岁的年轻人，也就是在这一年因成绩优异而成为武帝的侍卫官，此后便可追随武帝巡游天下了。不过，此时离司马迁出任太史令为败将李陵说话而开罪武帝被处以宫刑也只有二十余年。

这一年的正月间，距离汉室都城百里之遥的楼观说经台东南的显灵山中，冬天尚未过去，天气还十分寒冷，昼夜虽开始有了温差，山顶的积雪却未见融化，在正午阳光的照射之下，远远望去，云开雾散之后，山中一片银白。

这一日的午后，山中景象起初倒也平常，积雪映照着日光，山中云雾渐渐散去，觅食的飞鸟偶尔会从树顶掠过，飞向猎物可能的所在处，同时发出或许是喜悦的叫声。道路依然坚硬湿滑，需双手用力抓住路边的衰草枯枝才不至于摔倒，这时节，绝不是入山游玩的良好时段。

临近傍晚的时候，山中却出现了一些异样的景象，吸引了四散在山间的猎户的注意。

只见山顶突然出现五色祥云，而且有香风阵阵扑面而来，未过多久，空中便隐隐有仙乐播撒开去。这时候，飞鸟已不再觅食，纷纷飞向祥云仙风所在处，于空中盘旋并发出十分齐整的叫声，且久久不散，黑压压如同撒向空中的棋子。几乎与此同时，群兽也自四面八方聚集过来，围拢在一处山崖下，面向空中伸长脖颈，发出震天的吼声。这吼声，使得猎户身边的大树枝干上的积雪纷纷摇落下来，弄得猎户们身上一片白。

这景象持续了约莫两袋烟工夫，之后祥云仙乐渐渐散去，香风却依旧浓郁。猎户们已然沉醉其中，待到他们纷纷清醒过来时，只见群鸟及野兽早已散去，黑暗自幽谷深处爬上来，天就迅速黑下了。

这一天，正是九十一岁高龄的太极真人王养伯羽化登仙的时候。关于他的传说，至今仍在楼观修行的道众及周围寻常人家中广为流传。

第一节
生而神异穷道本

黄庭真人王探，字养伯，山西太原人。栖居楼观修道五十余年。

稍作推算可知，王养伯当生于公元前214年，即秦始皇三十三年，这一年的前后，始皇帝下令焚烧除《秦记》之外的列国史书，而且下令凡胆敢谈论《诗》、《书》的当即处死，以古非今的灭族。之后，因侯生和卢生暗地诽谤始皇，并亡命而去。始皇龙颜大怒，派御史调查审理捕获犯禁者四百六十人，悉数坑杀于咸阳，此两件事后来合并为一，史称焚书坑儒。同年，古希腊哲人柏拉图先后三次前往讲学的小城叙拉古迎来了浩浩荡荡气势汹汹的古罗马大军的猛烈攻击，之后，由于阿基米德教会希腊人以镜子反射太阳光聚集到罗马军队船只之上而致船只起火，最终希腊取得了阶段性胜利。当然，这一年秦始皇还先后设置龙川县及南海郡，并修建灵渠，还派遣五十万大军兵分五路攻占南越，于同年最终平定该地。

时局的动荡却并不能直接影响到平民百姓的日常生活。这一年的某一天，山西太原的一户人家中，迎来了一个男婴的诞生。这男婴出生时，周围人曾经看到有五色祥云笼罩在他们家屋顶之上，同时，祥云中似乎还有仙乐流播出来，片刻之后，王姓人家中，就听得新生儿的第一声哭啼了。

此后寒来暑往，岁月流逝，这孩子在父母的养育及老师的教诲之下，逐渐长大成人了。

他十九岁时，便身长八尺，容貌甚伟，加之天资聪慧过人，又勤于读书，自然深通世事兴亡变化之道，明了个人祸福吉凶之理。细观其人，伟貌瑰态，云爽霞辉，与之交谈，可知他早已洞洽元律、深穷道本。生而有如此雄才大略，选择入朝为官，建立事功，自然是当时的上上之选。

于是，王养伯出仕为中常侍中郎，成为皇帝的近臣。

这一年，是公元前193年，即汉惠帝二年。据《汉书·天文志》载，是年曾天有异象，“天开东北，广十余丈，长二十余丈。”同期，陇西、天水郡等地夏季大旱，田地中禾苗悉数枯死，几乎颗粒无收，是为甘肃历史上有记载的最早的旱灾。

这些自然灾象似乎暗示着王养伯入朝为官之后，所要面对的政治局势将会是十分复杂和难以预料的。

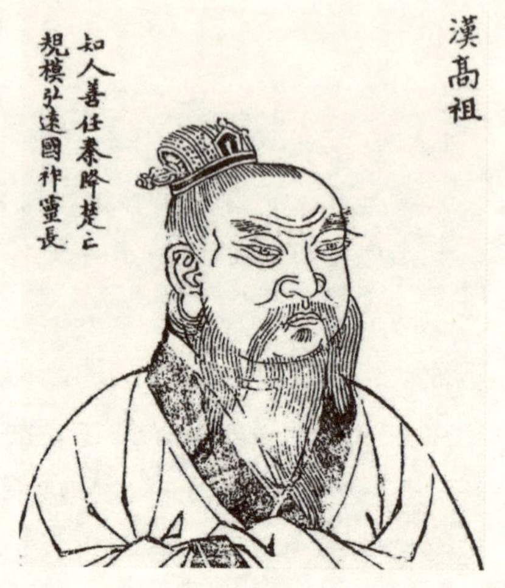

刘邦

事情还得从高祖刘邦任沛县亭长时说起。据说，有一天，沛县县令的一位吕姓朋友过生日，身为泗水亭长的刘邦自然要拍拍马屁，于是便前往贺寿，无奈囊中羞涩，无法置办寿礼，但他生来脸皮厚胆子大，居然在进门的时候虚报一笔礼品后即堂而皇之入席。这事情自然很快被吕某知晓，按说他应该怒气十足将刘邦赶走，但见过刘邦之后，便大吃一惊，原来，吕某精于相人之术，只见刘邦隆准龙颜，有天目之表，便知此人日后必然富贵已极，于是当机立断，非但不赶走刘邦，反而不顾妻子极力反对，执意将爱女嫁给当时只是芝麻小官的刘邦。

后来的一系列事实证明，吕某此时的决定无疑是极有远见的，不过他当时可能无法知晓，他的此举竟然会在多年以后改变有汉一代的朝政，而且也为漫长的中国历史贡献出了第一位女性执政者，执掌汉室政权达十六年之久。

这个女人名叫吕雉，是为吕后。

她的一生也可谓是跌宕起伏，命运多舛。嫁给刘邦之后，除了为刘邦生儿育女外，多次国家大事她也或被迫或主动参与其中。比如说，楚汉彭城之战后，刘邦因忙于接收项羽从秦国都城带走的美女与财物，而未能及时接走他的父亲和妻儿，致使吕雉等被项羽的军队俘虏，做了两年零四个月的俘虏。然而身为俘虏的吕雉可能无法想见，当她在项羽军中饱尝艰辛之时，刘邦却并不消停，因为他已经有了年轻貌美的戚夫

人为伴，或许早已把吕雉忘到九霄云外了。吕雉回来之后，情况也并未好转，据《史记·吕太后本纪》载："吕后年长，常留守，希见上，益疏。"也就是说，刘邦此时已经和吕雉事实分居了。又还如，汉高祖十一年春，淮阴侯韩信"谋反"，吕后与萧何用计诛杀韩信。同年，在她的谗言的影响下，刘邦将涉嫌谋反且已被贬为庶人的彭越处死，并夷其三族。在刘邦称帝的八年间，吕雉还先后协助刘邦镇压叛逆、打击割据势力，为汉室政权的进一步巩固立下了汗马功劳，同时也为她日后的专政，作了充分的准备。在她执政时期，先后重用萧何、曹参、陈平、周勃等开国功臣，奉行无为而治的为政原则，从民之欲，与民休息，为此后的"文景之治"奠定了较为坚实的基础。不过，如黄仁宇先生所言，君王治术，自然也分阴阳两面，以上所述，是吕后的阳面。

而隐藏在"阳面"之下的"阴面"又是怎样呢？

吕后

汉高祖十二年，即公元前195年，刘邦驾崩。之后，十七岁的刘盈继承帝位，即汉惠帝。此时，吕雉为太后，因刘盈年幼仁弱，朝政大权实际掌握在吕雉手中。斯时，为剪除异己，吕雉毒杀赵王如意。为报失宠之仇，砍断戚夫人手足，并挖掉她的双眼，烧掉双耳，毁其面容，将其弄哑做成"人彘"摆放在厕所之内，置之不理任其哀号，可谓残忍已极。连其子刘盈都无法忍受其母的残忍，于是弃理朝政，并于七年后忧郁而逝，死时年仅二十四岁。

嗣后，吕雉立刘恭为帝，因刘恭对吕雉杀其生母颇有怨言，又于四年后逐杀刘恭，立刘弘为少帝。此时，吕雉早已大权独揽，临朝天下。

王养伯出任中常侍中郎时，面对的就是这样的局势。可以想见，胸怀兼济天下之志的王养伯，在耳闻目睹这样一些政治纷争之时，想必内心已然不满，这不满积蓄久了之后，便会使人的内心十分压抑，以至于需要重新寻找另外一种精神寄托，从而缓解长期的内在孤愤。

既然无法兼济天下，独善其身总该是可以的。这时候，弃绝人事，远离纷扰，或许是他最好的，也是最为明智的选择。

第二节
朝元炼藏在楼观

早在多年之前，饱读诗书遍览经史于太原的那一段岁月中，王养伯其实已经对道家的精神心有戚戚了。只是那个时候，他还是希望能够以自身的所学为天下苍生谋福利罢了，虽说心中期心真极志于修道，这一选择却一直隐而不彰。当他对从政之路彻底失望之后，心中重新泛起进入玄门之思，便是十分自然的了。而且对于入山修道弃绝人事的精神选择，其实也暗含了他对吕后专政的不合作的态度。

经过多日的慎重考虑之后，王养伯决定入楼观修道。选择入楼观修道，出于以下两点考虑：其一、楼观乃天下道林张本之地，前有老君讲经于此，后有文始先生尹喜及其从弟修真登仙于后，在当时道名极盛，为天下第一福地，如能于此修道，自然效用非凡，他日长生久视羽化登真当是可以期待的。其二、楼观去都城长安不过百里，朝中若有大事，自然是可以迅速得知的。由此可见，王养伯虽已经选择进入玄门，然而对国之大事，仍然不能忘怀，足见其兼济天下之志并未悉数退去。多年以后，在他修得异能之后，常常游走人间广行赈惠，念及苍生，扶危济困以砥砺德行点化世人，便是极为自然之事了。足见仁者即便为道，依然念及苍生之博大胸怀，千年之下，仍然让人感佩不已。

王养伯入楼观修道以后，每天诵读五千文，并朝元炼藏、吐故纳新、谢绝人事、不务虚名。如此又是十数年，在这十数年间，王养伯潜心修道，服食炼气，于修道悟真处，极为用功，自然道行日渐高深，声名远播于四海之内。

直到公元前178年，国内发生了一件事情，正是这一现在看来十分平常的事件，打破了王养伯十数年的清净，使得他再次与朝廷事务有了关系。

这一年的十一月三十日，发生了一次日食。日食的出现，以现代科学观之，不过是寻常事件，然而在当时，意义却并不简单，因为在当时人看来，天有异象，说明朝政出现了问题，为人君主，自然必须对此负一定的责任。因此，文帝特意下诏说："朕闻之：天生民，为之置君以养治之。人主不德，布政不均，则天示之以灾以戒不治。乃十一月晦，日有食之，谪见于天，灾孰大焉！朕获保宗庙，以微眇之身托于士民君王之上，天下治乱，在予一人，唯二三执政，犹吾股肱也。朕下不能治育群生，上以累三光之明，其不德大矣。令至，其悉思朕之过失及知见之所不及，匄以启告朕，及举贤能方正能直言极谏者，以匡朕之不逮。"

文帝诏书颁行之后，举贤良方正这种选拔人才的制度，从此登上了汉代的历史舞台。文帝此举，亦可谓影响深远。

斯时，朝廷已经开始以黄老之道治天下，提倡无为而治，与民休息，多年以来，此举已经初见成效。然而此时天象异常，岂不说明了朝廷的政策，还是存在着一定的问题。因此，文帝才将这一责任，归之于自己"人主不德，布政不均"，才使得"天示之以灾以戒不治"。当然，皇帝勇于承担责任，并不意味着这责任一定应该由皇帝负责。此时，身居宫中的文帝自然也很希望知道自己治理的问题到底出在哪里，既然以黄老之道治天下已有效果，在天象异常表明朝廷治道存在问题的时候，问政于道门的高洁之士自然是顺理成章的了。

汉文帝

文帝这时候便想起一个人。

早在文帝即位之初，这个人就因

为道行高深而为世人推崇。文帝也曾遐仰其风，以逸人见礼，只是当时文帝召见他时，问的不过是些修身养性益寿延年的道理，此人均能对答如流、知无不言，况且此后文帝依法修习，自是精神倍增效用非凡。而且文帝也知道，此人在惠帝时，曾出任中常侍中郎，自然对国家事务有一定的了解，后又入楼观修道，常诵五千文，而且知名与身疏，德为道本，潜心修习道法多年，这个时候，问政于他，岂非上上之选？

这个人姓王，名探，字养伯，已在楼观修道多年。

第三节
文帝诏问为政事

王养伯就是在这样一种状况下被文帝召入宫中求道问政的。这一年，是公元前178年。王养伯时年三十有六。

王养伯在楼观修道期间，每日坚持吟诵五千文，而且服食炼气，以吐故纳新为务，谢绝人事，唯每日仰观宇宙之大、俯察品类之盛、观鸟兽之文与地之宜，近取诸身，远取诸物，于是更能洞见世事兴衰，且于道门治世之道，亦极为用心，虽说不言政事，然胸怀苍生，心忧天下，未尝一刻忘情。况且多年以来，他熟读五千文，深知先师老子在写下《道德经》时，内心其实暗含着诸多经世的思想，他当时必然希望这些思想能够为执政者所用，以为天下苍生谋福利，为万世开太平。只是他当时生不逢时，在万般无奈之下，于是才“见周之衰，乃遂去”。王养伯也多次想过，如若当时周朝并未衰败，世事并非礼坏乐崩、天下大乱，而也有为政者愿意奉行老君治世之道，老君还会选择“西迈流沙”吗？还会抛弃他的同代人而独善其身吗？何况老君还说过：“君子得其时则驾，不得其时则蓬累而行”。这不就是在说，老君并不仅仅为他的后学开启了修仙问道，长生久视，白日飞升这一条道路，可能在内心深处，他还是认可“得其时则驾”从而躬行大道的人生选择吗？后世学人认为老君的思想只能用来修身养性，不可以治世的说法，其实不过是蜩与学鸠之徒的狭隘见识罢了。当然，王养伯无法知晓的是：大约两千一百年后，远在德国的哲人海德格尔曾经用心翻译过老子的《道德经》，这个穷其一生都在思考现代技术，世界人之存在境况的哲人，从老子思想中看到能够缓解现代性压力的精神方式时，内心是何等的喜悦。而他同样无从知晓的是：老子的后人，却在现代性思想框架之中无法自拔，从而只能漫无目的地批判着这位伟大的先师，频频发出与“蜩与学鸠笑之曰”同样层次的言辞，而且以他们的智慧，尚且无法明了老子思想对于现代社会、现代人的真正的价值所在，岂不悲夫。

海德格尔

此时，既然蒙文帝诏问，或许也可算作是“君子得其时”了，王养伯焉有不去之理？

可以想见，两千一百八十九年前的某一天，远在楼观的王养伯接到文帝的诏书时，心中应该是喜悦的，应该是欣然前往的。

公元前178年岁末的这一天，长安城中刚刚落过入冬以来最大的一场雪，虽然雪已停，然而阳光始终极为慵懒，零零星星洒在地面上，只把厚厚的积雪弄得分外晃眼，四周一片银白。唯有通向城中的大道，因为车马行人踩踏的缘故，露出湿黑的肤色，如绳一般蜿蜒而入银白之中。在路的尽头，皇城宫阙似乎隐约可见。虽是正午，天气依然十分凄冷，路上行人自然比较稀少，偶尔有朝廷驿差驱马过去，马蹄声也不似往日的那般急促。一些为生计所迫，不得不于此时行走在路上的引车卖浆之流，纷纷裹紧破旧的棉衣，低头缩颈缓步前行，每有风吹过时，必然背对寒风，抖作一处了。

这一天，实在算不上是出行的良好时段。

然而就是在这一天的正午时分，王养伯真人奉文帝之诏，自楼观出发，来到了宫中。

宫中早已于前几日备好了迎接王养伯真人的仪仗。足见文帝对此次召见王养伯真人之事的重视程度。王养伯见到这一情况时，自然对文帝的用心十分感念。

未过多久，文帝就开始迫不及待地问政于王养伯了。

文帝说："朕自登基以来，用黄老之术治天下，奉行老子'我无为而民自化，我好静而民自正'的说法，勤于为政，与民休息，为什么天象还会出现异常呢？难道是朕没能够理解五千文的真意，从而不能正确奉行？希望真人以天下苍生为念，能够为朕演说老子大道，以便朕日后躬行之。若能如此，天下苍生都会感念真人的大德的。"

王养伯真人徐徐为文帝言说道："老君推天道以明人事，大要在于自天道运行之法中确定社会及人生之法则。所谓'道'，乃是宇宙变化之理，亦应为人行事之准则，《道德经》曰：'大道甚夷，而民好径。'便是说大道之途原本平易，而人们却往往舍弃大道而就小径。而造成这一现象的原因，便是人们的心术不正。"

真人继续说道："人们心术之所以不正，原因在于社会的不公平。因之老君说：'天之道损有余而补不足，人之道则不然，损不足而奉有余。'于是大道废弃，礼坏乐崩，天下大乱。而当人心败坏了，大家才会想到'仁'，提倡'义'，推崇'礼'，希望以此而挽回世道人心，却不知真正大道流行之时，人们的行为均合乎人性之自然，无需提倡'仁'而有'仁'，无需强调'义'而有'义'，无需推崇'礼'而自然合乎'礼'。如'鸟行而无彰'，'明珠在蚌中'，一切自然而然，不必强为。"

文帝连连点头称是。

"天道是自然无为的，人道乃是天道在人事中之落实，因而也应该是自然无为的。所谓'无为'，并非是无所作为，乃是'不强为'、'不妄为'。《庄子·渔父》曰：'道也者，万物之所由也。庶物得之则生，逆之则亡。为事，顺之则成，逆之则败。是故道之所在，圣人尊之。'说的就是这个道理。孔子说：'道千乘之国，敬事而信，节用而爱人，使民以时。'也有这个道理在。老君还说：'圣人处无为之事，行不言之教。万物作而不辞，生而不有，为而不恃，功成而不居。夫唯不居，是以不去’，‘为无为，则无不治’亦是此理。”

文帝听罢，十分叹服，便说道：“真人方才所说，道理倒也简略，然而如何躬行之方可舍小径而就大道，思之不免觉得微妙难识，请真人明示。”

王养伯真人答道：“躬行大道之法，其要有三：其一曰：少私寡欲。老君曾说：‘罪莫大于可欲，祸莫大于不知足，咎莫大于欲得。’如若人君能做到‘见素抱朴，少私寡欲’‘不欲以静，天下将自正’；其二曰：以民为本。老君说：‘圣人无常心，以百姓心为心。’又说：‘是以圣人欲上民，必以言下之；欲先民，必以身后之。是以圣人处上而民不重，处前而民不害，是以天下乐推而不厌。’便是在说：为政者虽然身居上位，却并不给人民增加负担，人民自然不觉得负累；虽然居于前面，却并不驱使人民，人民自然不觉受害。这样的君主，人民怎么会不拥戴呢？其三曰：清静无事。老君说：‘民之难治，以其上之有为，是以难治。也即是说，君上多欲而好有为了，人民自然会上行下效，情伪难治。’所以老君说：‘清静为天下正’‘我无为而民自化，我好静而民自正，我无事而民自富，我无欲而民自朴。’这就是在说：君主表现出欲求，人民自然迅速效法。而君主无欲无求了，人民自然会无欲而自朴。所以老子认为：‘民之饥，以其上食税之多，是以饥。’人君只要能够做到薄赋敛，谨慎用兵，自然国泰民安了。”

文帝此后坚持清静无为，躬行节俭，同时轻徭薄赋，使得当时社会“吏安其官，民乐其业”，创下一代盛世，被史家誉为“文景之治”。

王养伯真人无疑是贡献出了自己的一份力量的。

此时他已经知道，自己大可以专心修道，以求长生久视，羽化登真了。

第四节
潜心修习成大道

公元前142年盛夏这一天的正午时分，艳阳高照，酷热难当，没有风，连鸣蝉的声音也渐次淡去，路上行人自然不多，也不见有人来观中求仙问道，是个少有的清净日子。七十二岁的王养伯真人却迎来了一位不速之客，这人年纪约有五十上下，乞丐装扮，身上多处溃烂，奇臭难闻且爬满了苍蝇，加之面容毁弃，甚为可怖。观中道众见到他，无不掩鼻而过，避之唯恐不及。

这人却径直走进王养伯真人的房间，躺在卧榻之上，不多时，屋中便苍蝇飞舞，嗡声不绝且臭不可闻。

王养伯真人并不气恼，急忙吩咐弟子打来清水为此人清洗，同时俯下身去，仔细检查这人身上的溃烂处。

只见此人身上多处生有毒疮，其中小者如核桃，最大的则有碗口般大小，且因夏季炎热，疮口容易发炎，加之并未及时医治，毒疮已经化脓，仔细看时，创口中还有白蛆不断爬出。

真人正准备用两根竹签将毒疮中的蛆虫清理掉，可是没等到他伸出手去时，这人便连连摆手，示意真人用双手为其清理。

众弟子十分不解，也大为恼怒，正欲斥责时。真人连忙阻止，同时为此人清理蛆虫。蛆虫清理之后，还需要将毒疮中脓水挤出，方可施药。

这时候，这人便要求真人用嘴将脓水吸出。众弟子已然十分恼怒，真人却面无愠色且并不言语，只是俯下身去，为此人将毒疮中的脓水一一吸出，然后敷药包扎，清理秽物，自始至终，并无丝毫不悦。

翌日清晨，此人已能够从容行走。但令众弟子始料未及的是，此人非但无丝毫感恩之情，反而恩将仇报，凶相毕露，强行索要观中诸多物品，实在是贪得无厌，可憎已极。众弟子正欲将其赶出观内，真人再次阻止，并且将这人所要物品一一施与。

得到这些物品之后，这人还不罢休，提出要以自己身上破烂衣衫，换取真人所穿衣衫，这衣衫，乃是当年文帝所赐。

真人亦慷慨施与，并无怨言。到了晚间，待众人散去之后，这人才对王真人说："我乃是仙人赵先生，此前所为，不过是为了试探你罢了。"

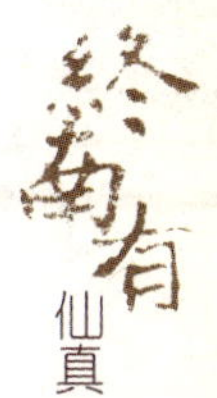

说罢，便将黄庭内修之诀和泽泻丸方传授给王真人。之后，当即飞升而去。从这一天起，王养伯真人便依照赵仙人传授给他的黄庭内修之诀修习，数年之后，便觉神异非常了。

这几年间，王真人也经常入终南山中采药炼气。某一日，便在山中遇见太元玉女西灵子都，传授给他藏景録形之道，此后，王真人便可以变身化景，倏忽万端了。他或立丛林，或坐泉石，或化身为水火，或变身为鸟兽，不一而足。而他与人谈笑时，却并不显得异于常人。后来，王真人还曾师事司马季主，学得其神化无方之术。

某一天，他与几位道友同行于山中，谈笑间，突然身形散去，化为云雾，笼罩于众人头顶的大树顶端。接着，云雾凝聚，又恢复身形，站在众人身旁的平地之上。众人未及回过神来，只见真人又化身为崇山，屹立于众人身旁，高入云霄。众人仔细看时，真人的容貌却俨然犹在旧处。众人无不惊骇不已，同时也知真人之道行，已然莫测高深了。

汉武帝元朔六年戊午，即公元前123年，真人已经九十三岁了。

这一年的正月间的一天傍晚，西灵金母派遣仙官下迎于楼观修道的王养伯真人，并授书他为太极真人，理于大有宫。因此上，《终南山说经台历代真仙碑记》也称其为大有宫王真人。

后世还有诗一首，专表王真人事迹，诗曰：

变形为火复为泉，回首衣冠却俨然。
谩杀故人空吐舌，神机元在手中旋。

拾贰

上清封真人：直跨青牛汗漫游

曹操

公元216年，即汉献帝建安二十一年，曹操受封为魏王。此时，距离曹操“奉天子以令不臣”从而力图通过南征北战、攻伐天下以平定宇内已有二十余年，而距离曹操逝世于洛阳尚有四年。也就是在这一年前后，曹操为求“龟寿永年”，下令征召当时著名的术士共十六人为顾问，向他们征询修真养性之诀与强身祛病之道。在这十六人中间，有一人，在陇西地区活动已有多年，且道名极盛。《后汉书》卷八十二载，此人与甘始、东郭延年均为方士，“率能行荣成御妇人之术，或饮小便，或自倒悬”，而且个个“爱啬精气，不极视大言”。甘始、延年曾为曹操所录，而且问其术而行之。这几个人，后来都活到百余岁及二百余岁。

此人姓封，名衡，字君达，陇西狄道（今甘肃天水武山县）人。

封君达的事迹，还得从百余年前的一个傍晚说起。

第一节 幼入道门访真诀

大约公元46年[①]秋后的一个傍晚，位于甘肃天水武山县境内的一户封姓人家中，传来了一声新生儿的哭啼，这声音，似乎并不巨大，然而却使得浮云为之驻足、百鸟随之齐鸣。自田间归来的农人，也不由得停下脚步，放下锄头，纷纷抬头向这声音传来的方向遥望，只见祥云笼罩，百鸟翱翔，仙风阵阵，打破了秋的寂寥，只把无限遐想与诸般惊叹，永留在了他们的心底。

农人们可能并不曾料到，这一天诞生的这个孩子，日后会修得道果，声名远播于四海之内，一百余年后，还会被魏武帝征召，求问益寿延年之道，从而青史留名。他们更不曾想到的是，千年之后，他们的后人们还会因为出生在武山县而深感自豪，这自豪，无疑是与这个孩子休戚相关的。

这个名叫封君达的孩子在五岁的时候，便有志于修道，十五岁时，就精通老庄之学，而且他勤访真诀、专心务道，不为虚名浮利所动，自然精进异于常人。

在家修道的这些年间，封君达遍览经史，不问世事，与人交游，也

① 《终南山说经台历代真仙碑记》载："（封衡于）汉明帝（58-75年）永平中，应贤明之选度为道士。"据时间推断，封衡出生年为公元46年左右。又据《历世真仙体道通鉴》卷二十一张皓条："东汉安帝（94-125年）永初中，尝诏逸人为道士，皓年二十岁与选。一日，封衡召至，皓望风服膺，求启未悟。"（据此可推知封衡时年八十余岁）可知，《终南山说经台历代真仙碑记》所载大体应该不差。而曹操征召封衡问养性大略的时间为公元216年，此时封衡一百七十余岁。另据《后汉书》卷八十二下《甘始传》载："甘始、东郭延年、封君达三人，皆方士也。率能行荣成御妇人之术，或饮小便，或自倒悬，爱啬精气，不极视大言。甘始、元放（左慈）、延年皆为曹操所录，问其术而行之。君达号'青牛师'，凡此数人皆百余岁及二百余岁也。"及《汉武帝内传》载："封君达，陇西人。初服黄连五十余年，入鸟举山，服水银百余年，还乡里，如二十。常骑青牛，故号'青牛道士'……二百余岁乃入玄丘山而去。"可知，封衡生于公元116年之说似为不确。

不过谈论一些求仙问道的事情。直到汉明帝永平中（约公元67年），应贤明之选度为道士。

第二节
服食炼气鸟鼠山

这一年，封君达二十余岁。

熟读典籍的封君达此时已经深知，修道之人，眼不能看不正之色，耳不可听不正之音，口不能尝毒粝之味，心不可起欺诈之谋。因为，这些，都是会使人亡魂丧精，减折筭寿的。他还知道，“道”者，“炁”也，凡人爱气则可以得道，而得道便可以长生；“精”者，“神”也，若能宝精则会神明，神明则可以长久。而且食气之人，可以延寿，食谷之人，虽然多智却生命有限。食气可以使得气化为血，血化为精，精化为髓。食气一年便可以易气，二年则可以易血，三年可以易脉，四年可以易肉，五年可以易髓，六年易筋，七年易骨，八年易发，九年易行。此时，即三万六千神备于兆身，可以化为真仙，号为真人了。欲学道神仙食气之法，要在春二、三月九日、十八日、二十七日，于临近甘泉之水，向阳之地，隐静之处，山林之中，精室之内，方可以行气。

于是，封君达做出了一个注定将影响他的一生的决定，那就是离家修道，遁入山林，选择一处僻静之所，精心服食炼气，以求仙问道。他想到了鸟鼠山。

《山海经》中载：“鸟鼠同穴之山，渭水出焉。”《山海经校注》亦说：“渭水出鸟鼠同穴山，东注河，入华阴北。”晋郭璞注曰：“鸟鼠同穴山，今在陇西首阳县，渭水出其东，经南安、天水、略阳、扶风、始平、京兆、宏农、华阴县入

鸟鼠山

河。”鸟鼠山虽不高，然而奇峰烟锁，禹洞风生，是个求仙问道炼神养气的绝佳去处。

如此便是五十余年。此时他已经开始服用黄连。大约五十年后的这一天，封君达应东汉安帝之诏，为众道人传授妙道，留下了三试张皓的传说。

第三节
三试张皓付上经

张皓，字文明，汝南人。东汉安帝永初中，被召为道士。当时，张皓年仅二十岁。

可以想见，年仅二十的张皓初入道门，见到已经道名极盛的先辈封君达时，自然是十分服膺，愿意师事之。不过，此时封君达并未向他轻传妙道，他需要试探一下张皓的求道之心是否赤诚。

因此上，虽然张皓追随封君达已有半年，却并没有能够有所启悟。

这一天，张皓奉封君达之命入山采药，行走到半山腰时，远远便听见巨大的流水冲击岩石的声音，随着他的走近，这声音开始变得十分沉闷。原来，这个地方是山中最大的瀑布的所在处，因山中连日阴雨，水流极猛，只见数丈宽的流水自山上奔涌而下，在数百米之下的谷中冲击出宽约丈余的深潭，潭水发黑，深不可测。

张皓所要采的一味药，就生长在距离潭水半米远的岩石之上。而要采到这味药，只能沿着山腰的岩石间的灌木丛攀援而下。岩石十分湿滑，稍有不慎，便可能跌入深渊之中葬身鱼腹。

张皓并不犹豫，放下药锄背篓，小心翼翼地攀援着灌木，踩着岩石突出的部分逐渐下行，虽说一路上分外惊险，所幸并未出事，约莫半袋烟工夫，就下到了草药的所在处。这个时候，张皓并不知道，他已经置身于危险的境地中了。

就在张皓伸出手去采摘这味药的时候，突然有数只巨大的鲛鲸从深潭之中涌将出来，纷纷张开大口，向他紧逼，情势十分危急。

张皓却视若无睹，继续采药，等到他采完药之后，那几只鲛鲸竟然也神奇地消失不见了。

转眼间又是夏季了，封君达又派遣张皓看守观外的菜地。菜地在观外一里半处的河滩上，周围并无人家。每到菜园收获的季节，观中常常会派遣道人前来看守，以防止山中野兽夜间毁坏。菜地中只有半间茅草棚，供看守者夜间临时休息之用。

张皓看守菜地的第六个晚上，正是月圆之夜，风儿也十分凉爽，田间夏虫的鸣声此起彼伏，间或也可以听到远处山中野兽的叫声。张皓不时穿行在菜园之中，以便震慑野兽，使其不敢近前。眼见着夜越来越深，周围的一切似乎都因困倦而沉寂下来，连夏虫的鸣声，也渐次淡去。就在这个时候，有一个人，悄然来到了张皓所在的茅草棚中。

这人约莫十六七岁，生得美貌非常，身上衣衫大约为真丝制成，随着草棚间透进的晚风，飘然舞动，自是楚楚可怜，分外动人。此时，草棚中的油灯，似乎也显出了倦意，渐渐黯淡下去。

不待张皓开口。这女子便对他说，她是观外村中张员外家的千金，久慕张皓大名，十分心仪，今日斗胆前来，愿意以身相许，别无他求。话音未落，便款款走近张皓，同时脚下一滑，趁势倒向张皓怀中，燕语呢喃娇喘微微……

张皓急忙躲开，逃将出来。这女子并不罢休，径直卧于榻上，并自行宽衣解带，口中淫声浪语不绝，连连呼唤张皓。张皓始终不为所动，又担心自己离开之后，这女子为野兽所害，于是便站在草棚外，为其守夜。

这一夜，似乎分外漫长。翌日清晨，这女子便消失不见了。夏去秋来的这一天午间，张皓在菜园之中清理枯草时，锄头突然触到一块硬物，发出金石般的声音。张皓俯下身仔细看去，原来是一块金子，他并不理睬，继续锄草，金子却越来越多，不多时，便形成了一座小小的金山。张皓依然不为所动，继续除草。

这些情况，其实均在封君达的掌握之中。原来，鲛鲸、美女与财物，便是他特意安排来试探张皓修道之心的。这时候，他对张皓的表现自然十分满意，于是便在这一天的晚间，将《青要紫书金根上经》以及神丹半两交给张皓，并告诫他说："勤则得之，替则失之。"

张皓自此更加勤于修道，多年之后，便耳能洞听，目能彻视，并于魏明帝太和初年登真。封君达在将真经与神丹传授给张皓之后，便又回到鸟鼠山中，继续采药服食，炼神养气，倏忽又是百余年。这时，封君达有了一个名号：青牛道士。

第四节
救死扶伤行大道

封君达在鸟鼠山上服食炼气，修仙问道一百多年以后，又回到了乡里。乡里人与他已不再相识。看到他经常骑着一头青牛，便称呼他为青牛道士。

乡里人自然不会知道，这青牛道士，已经一百五十多岁了看起来却如二十余岁。

这时候，封君达开始了他长达十余年的救死扶伤以砥砺德行的修道之旅。

封君达驾着青牛，腰间挎着装满丹药的竹管，游走在陇西地区。只要听说周围有生病的人，无论认识与否，他都会赐给病者丹药一枚，这丹药服下之后，不多时便可以痊愈。他还为人针灸，而针灸之后，病人也会立时痊愈。

很快，青牛道士的声名，便在陇西地区传播开来。

这一天，封君达骑着青牛行走到鸟鼠山下的一个村庄近旁，远远便听到妇女与儿童的哭啼之声甚是凄凉。走近了他才知道，原来是这一家的男主人昨天在山中耕作时，误食了毒草，已经死去多时，家人已经将其入殓，且已将棺木钉死，只待次日安葬。方才他听到的哭啼声，便是此人孤苦的妻儿所发。只见他们伏在棺木之上，哭得感天动地，撕心裂肺，使人目不忍睹，耳不忍闻。

封君达便命众人打开棺材，将尸体抬出，放在卧榻之上。同时，从腰间竹管中倒出两枚丹药，命人将其中一枚用温水化开，喂死者服下。

片刻之后，众人十分惊奇地看到，这人原本发黑的面色，竟然渐渐红润起来，而且也有了微弱的呼吸。

众人无不惊喜不已。那妻儿更是连连叩头，喜极而涕。

另外一枚丹药，封君达命他们在明日午时为此人服下，并说服下此枚丹药之后，不但毒性可以根除，而且还可以强身健体、益寿延年。

吩咐完毕之后，封君达便骑上青牛，继续前行。因为还有很多身患疾病无药可治的人们，等待着他去救治。

驾着青牛游走人间救死扶伤的这十年间，封君达更是爱啬精气，不极视大言，而且继续遍览图籍传记，习诵五千文。

也就是在他游走人间第八年的六月间，封君达遇到了鲁女生，彻底改变了他的修道之路。

鲁女生将《还丹诀》和《五岳真形图》传授给他。之后封君达便继续周游天下，不过，与以往不同的是：此时他所到之处，山关水神无不前来迎接，而凶鬼怪物闻知他即将来到则无不仓皇逃开。

他还将《青牛道士存明诀》传给他人。据《道藏》正一部《正一法文修真指要》载："青牛道士口诀曰：暮卧时存，日在额上，月在脐上，辟千鬼万邪，致玉童玉女来降，万祸伏走。秘验。"

他还告诫众人说："人不欲使乐，乐人不寿，但当莫强为力所不任，举重引强，掘地苦作，倦而不息，以致筋骨疲竭耳。然劳苦胜于逸乐也。能从朝至暮常有所为，使之不息乃快，但觉极当息，息复为之。此与导引无异也。夫流水不腐，户枢不朽者，以其劳动数故也。饱食不用坐与卧，欲得行步务作以散之。不尔，使人得积聚不消之疾，及手足痹蹶，面目黧皱，必损年寿也。"

第五节
魏武虚席问养性

公元216年，即汉献帝建安二十一年，封君达已经一百七十余岁了。

早在这一年的四月间，曹操就已经被献帝册封为魏王，邑三万户，且位在诸侯王之上，可以奏事不称臣，受诏不拜，以天子旒冕、车服、旌旗、礼乐郊祀天地。名义虽为汉臣，实已与皇帝无异。早在三年前，汉献帝已经派御史大夫郗虑册封其为魏公，封地包括冀州、并州等十郡。曹操便于邺城修建魏王宫并置铜雀台，开始享有天子之制，可以“参拜不名，剑履上殿”，对曹操而言，可以说是位极人臣了。数年之前，曹操却曾表示过，希望自己晚年能够栖身于铜雀台，与三五美人为伴，颐养天年，似乎流露出倦于征战，期心归隐之意。铜雀台建成之后，曹操即命诸子前来，各作赋一篇，其子曹植素以才高八斗著称，作《铜雀赋》一篇，深得曹操赏识，其中有“从明后而嬉游兮，登层台以娱情。见太府之广开兮，观圣德之所营。建高门之嵯峨兮，浮双阙乎太清。立中天之华观兮，连飞阁乎西城”之句。曹植也因为此赋而被曹操封为平原侯，曹操还勉励他说：“我当年做顿丘令的时候，也不过是二十余岁。现在回想起当年所作所为，并无愧于今。现在你已经长大成人了，一定要好好努力啊。”此情此景，怎能不令素来凶狠且杀人无数的曹操，在面对时光流逝，岁月催逼，人生易老的思虑时，顿生舐犊之情！斯时，曹操的真性情，可谓毫发毕现。

曹操《龟虽寿》

不过，曹操早已明白：神龟即便能活千年之久，也有死亡之时；飞龙能上游九天，最终也将化为灰土。[①]人的一生能有多久？有如那清晨的露水，转瞬即逝。当一个人对酒当歌歌不成之时，怎不能因此而黯然神伤？[②]即便如此，他还是希望能够“老骥伏枥，志在千里。烈士暮年，壮心不已”。如何在短暂的一生中成就不凡的伟业，可能是曹操此时最为关心的事情。然而，人之寿命毕竟有限，若天不假年，最终可能真会如

①见曹操《龟虽寿》：神龟虽寿，犹有竟时。螣蛇乘雾，终为土灰。
②见曹操《短歌行》：对酒当歌，人生几何？譬如朝露，去日苦多。

后人诗句所说“出师未捷身先死，长使英雄泪满襟”。此时，深感生命有尽、世事无常的曹操，或许会和先辈秦始皇与汉武帝一般，生出求仙问道之意，即便不能求得长生，益寿延年也是不错的。

于是，这一年的九十月间，曹操开始广招天下幽人逸士，以征询修真养性之诀与强身祛病之道。

封君达就是在这个时候，和华佗、左慈等十六人应召而至的。

封君达来到魏王宫中的那一天，是个秋日的午后。秋高气爽，落木萧萧，百鸟齐聚，黄叶满地，阳光不甚强烈，连风儿也变得分外温柔，阵阵轻拂在身上，衣带飘飘，愈发使得其人神采非凡，仙气逼人。

曹操就是在这样的状况下，初次见到封君达的。

只见他鹤发童颜，腰悬药管，驾一青牛，长髯飘飘，神采非凡，自是仙风道骨，让人望风服膺。在他的身后，是巨大而高远的天空，天空中飘过的朵朵白云，白云中的飞鸟，飞鸟下的树，树上的秋光。天空分外清明，白云如鹤如羊，飞鸟阵阵齐鸣，树叶随风翻舞，秋光异常透亮。使人顿觉神清气爽，宠辱偕忘，如沐春风，如临仙境。

可以想见，为求事功征战沙场多年，且已深感岁月催逼、人生易老的曹操，看到此番场景，内心怎能不生出诸般感慨，从而瞬间萌发求仙问道之心呢？

遗憾的是：曹操和一千零三年之后的成吉思汗一样，诏问得道真人，并非是有志于修仙登真，不过求个益寿延年之道，好再立事功罢了。再说了，修仙登真，是需要摒去诸般欲念，不劳心费神，清心寡欲以宝神凝气，这岂是身为政治家的曹公与成吉思汗所能做到的？

不过，曹操并不像成吉思汗那样功利，见面就求长生不死之药。因之，当他见到封君达时，问的自然只是养性之法。

曹操说：“敢问真人修身养性之法。”

封君达徐徐答道：“修身养性之法，原也并不复杂，且可谓简便易行。不过是身体要常常活动，但切记不能太过劳累。饭食也要酌情减少，不能暴饮暴食。少吃肥腻与酸碱之物。不可思虑过甚，以保神养气。尽量减少喜怒情绪，这两者均会损伤神气。不能驰逐太过。房事也要减少。如果能做到以上几点，可以说是接近修身养性之道了。”①

曹操听罢，连连点头称是。

休息片刻之后，封君达继续说道：“因此上，圣人常常在春夏之季养阳，在秋冬之季养阴，以顺应宇宙变化之道与人之身体自然运行之法，同时，这样的做法，也是契合造化之妙的。”②

曹操已陷入沉思之中，不再言语。

封君达最后说：“天之道运行有常，譬如寒来暑往，四季转换，阴阳和合。人之道也是如此。若能以人之道顺应天之道，则可以天人合一，不违于常。反之，则会损折筭寿。如能依法修习，大者可以长生久视，羽化登真。小者可以保命养身，益寿延年。”

他还将行气导引之术传授给了曹操。

曹操依法修习，常行不辍，此后果然神清气爽，精力倍增。于是曹操大喜过望，再次召见封君达，并希望他能长留宫中，任一官职，以备他随时请教。封君达多年或游走人间，或于山中修行，早已心如闲云，行如野鹤，怎会以名利自缚其身，于是坚辞不授。曹操也不便勉强，又以重金相赠。封君达亦婉言谢绝，自谓财物无益于身，受之何用？反而为其所累。乃跨青牛飘然而去，去时风住云散，彩霞满天。

曹操望之喟然叹曰：“封君达乃神人也！”

封君达与皇甫谧交往甚厚。皇甫谧嘉平中曾为敦煌太守，亦深通医术。他闻听此事以后，曾问封君达说：“曹公既以高官厚禄，金银器物相赠，为何坚辞不授？”

封君达淡淡一笑，说：“我志在修道，心在民众。以济世救民为念。岂可以为名利所动乎？何况名缰利索，非但无益于身，反会危及道本，受之何益？”

皇甫谧深为叹服。此后，封君达常常和鲁女生、王老相携访道于名山大川，广济世人。

①体欲常劳，食欲常少。劳勿过极，少勿过虚。去肥浓，节酸碱，减思虑，损喜怒，除驰逐，慎房室，则几乎道矣。
②故圣人春夏养阳，秋冬养阴，以顺其根，以契造化之妙。

王老后来在东岳之阳巧遇一位神仙，这神仙身乘白鹿，和侍女十余人自山中飘然而下。自称其为安期生，并将度世之诀传授给他。

诀曰："绵绵若存，用之不勤。是真道矣。"

王老依诀修行，此后肌肤充泽，宛如二八少年。而且还可以行如奔马，能分形变化，后来也羽化登真了。

这个时候，凡是有幸见到封君达真人的，往往会这样描述封真人的形象：封真人游走人间时，身旁常常有两个侍者追随左右。其中一个拿着书笈，另一个携着药管。据说这书笈中有荣成养气术十二卷，墨子隐形法一篇，灵宝卫生经一卷。药管中则有水银霜、黄连屑等。如有人有幸得其所传经书，大者可以修得长生久视、羽化登真。小者亦可以保命养身，益寿延年。而管中药品，则是用来医治身患疾病，无药可治之人的，如能得其药而食之，有病则立刻痊愈，无病则强身健体，益寿延年。

另据《云笈七签》卷七十七《方药部四》"萤火丸方"条载：汉冠军将军武威太守刘子南，曾经从道士尸公那里得到务成子萤火丸。此丸用雄黄、雌黄各二两，萤火、鬼箭、蒺藜各一两，然后再加上烧至焦黑的铁锤柄、锻炉中的灰烬、羚羊角各一份。之后，将这九种物品研成粉末，再加上鸡子黄和丹雄鸡冠血，丸成杏仁大小。然后将这些药丸放进三角绛囊之中，每个囊中放置五枚。行军打仗时系在腰间，居家的则悬挂在门上，可以防止盗贼，祛除毒物。还可以消除病患，除百鬼、虎狼、蚖蛇和兵刃等，自是效验非凡。

传说刘子南佩戴着萤火丸，在永平十二年（69年），出战北方，某一次与敌人遭遇之后，不幸战败。只见将士们纷纷溃逃而去，刘子南独自一人被敌军围困，当时，敌人射出的箭矢犹如雨下，根本无从遁避。奇怪的是：这些箭矢并没有一支接近刘子南，它们还没到刘子南身边数尺远的时候，便纷纷坠地了。

敌人见状，惊为神人，于是不战自退。这便是萤火丸的功劳。

刘子南后来将这萤火丸方传授给他的儿子和弟兄中领兵作战的，这些人后来虽然南征北战，遇险无数，但从未受伤，总可以全身而退。于是他们家人将此神方视为传家之宝，秘不示人。直到后来他们的后人遇到封君达真人。

封君达真人的道名在此时已经远播于四海之内，而且他以天下苍生为念，务于济危扶困的德行亦感化了很多人，其中就包括刘子南的后人。他们觉得应该将这一神方交给封真人，以便真人将其用之于万民。

封真人得到此神方之后，又将它传授给了皇甫隆，皇甫隆又将其传给魏武帝，此后，这神方渐渐流入民间。久而久之，这萤火丸还有了以下两个名字：一个叫冠军丸，一个叫武威丸。这个丸药的制作方法，在《千金翼》中亦有记载，可见其真实不虚。

封君达真人游走人间济危扶困，度化世人前后两百余年。两百余年后，真人进入到元丘山中。此后就再也没有人见过他。

然而关于他的传说依然在人间广为流传。而且他驾着青牛游走人间的形象亦深入人心，大约千年以后，元代诗人周砥还曾作《送赵一阳真士归霅上》诗一首，表达对封真人的仰慕之情。诗曰：

渺渺晴湖白鹭飞，青山迢遞夕岚微。
闲操桂楫云生腋，欲采芙蓉露满衣。
紫翠房深丹灶暖，松杉秋静鹤巢稀。
明年去觅封君达，应驾青牛说玄机。

后人还有诗一首，单表封君达真人事迹，诗曰：

袖里神符射斗牛，天魑岳鬼见还愁。
却嫌天上多官府，直跨青牛汗漫游。

拾叁

梁考成真人：胎仙舞出朝元法[①]

东晋元帝

东晋元帝大兴元年（318年）十一月十三日，楼观派创始人梁考成真人于终南山中羽化登真，时年七十有一。斯时，距离他初入楼观、师事郑法师修习道法已是五十四年矣。

大约一千年后，元人朱象先自浙右来到楼观，撰写《终南山说经台历代真仙碑记》。在该碑记中，朱象先有诗一首，如是评价梁考成真人，诗曰：

异世逢师岂偶然，神丹亲遇太和传。
胎仙舞出朝元法，太极光阴不记年。

他的生平事迹，虽不见载于道书之外的其他史籍，

①亦说“胎仙舞出朝元去”，见王忠信先生编《楼观台道教碑石》，三秦出版社，1995年版，第144页。

但他托名太和真人尹轨所撰之《楼观本起内传》却被后世反复征引，不断续写，影响可谓深远。此传使得楼观道史“别为一传”，实属楼观道士自创一派、自立一宗的主要标志。因之，他也被视作为道教楼观派的真正开创者①。

梁真人名谌，字考成，是京兆扶风人。

他的事迹，还得从大魏元帝咸熙初年（264年）说起。

第一节 师事郑师于楼观

大魏元帝咸熙初年，即公元264年春三月，博通经史，通晓阴阳占候之术，无意于功名利禄，惟愿安闲自适的梁考成来到楼观，师事郑法师，修习道法，自此开始了他在楼观修道数十年的人生之旅，亦为他在五十四年后，于终南山中羽化登真，奠定了十分坚实的基础。

这一年，他刚满十七岁。

他早在十四岁的时候，就已经因清旷自许、孤高自任，不求世俗富贵，无意人世享乐而闻名乡里。有一天，一位颇有道行的人见到他以后，十分惊异地说：“此子目流白光，貌集真气，乃是非常人也。如若志于修道，假以时日，自会修成道果，前途未可限量。”不承想梁考成不久之后果然期心真极，乐神仙道，曾在乡里周围遍访名师，以求道法，三年后，慕楼观之名，辞别家人，入楼观修道，多年后果然修得白日飞升。此人的说法，也就此成为关于梁考成命运的最初判定。

梁考成来到楼观的这一年，论干支为甲申，属猴。也是东吴永安七年。是年，孙皓成为孙吴皇帝，曾下令抚恤人民，并开仓赈贫，减省宫女，放生宫内多余之珍禽异兽，时人因之称其为令主。不过，好景不长，他很快就一改初登帝位时的俭省，而变得骄奢淫逸，以暴虐治国，终至民心丧尽。这不能不让人感慨。同年，姜维、张翼、廖化、邓艾等人相继辞世，标志着一个英雄辈出的时代逐渐退去。元帝也于是年三月庚

①参见王士伟先生著《楼观道源流考》，三秦出版社，2007年版，第73-74页。

午，立王太子绍为皇太子。太子绍十分仁孝，而且喜欢文辞，善习武艺，好礼贤下士，能容受规谏，他的被立为皇太子，多少让百姓还可以看到些许希望。

就是在这样一个历史背景下，十七岁的梁考成辞别家人，来到楼观师事郑法师修持道法。

郑法师是魏晋间较为知名的高道，在楼观修持已有多年，他与封君达真人以及同时期的其他天师道士有着某种精神的传承关系[①]。在梁考成来到楼观的时候，他早已因道行高深而声名远播。

梁考成拜郑法师为师以后，每天聆听法师讲道，同时还在郑法师的指导之下，用心研读道德二篇，很快便大有进益。并且因为他宽厚仁和，不争强好胜，而在楼观道众之中有着极好的声誉。他们往往一起吟诵道德二篇，交相问难，互相扶持，自是精进异常。

多年以后，梁考成修得志尚高邈、精忱遐感，深得乃师赏识了。不过，此时梁考成不曾料到的是，他的修道之路上，总伴有异象出现，这异象，在促进他的修持的同时，还实实在在地改变了他的生活道路。

是年秋后的一个夜晚，梁考成诵读完道德二篇数通之后，略感倦意，于是便斜倚在卧榻之侧，渐渐入睡了。在他的窗外，一轮孤月悄然从大树背后探出头来，将他的屋中装扮得分外明亮，地上犹如撒了一层霜。而这时候，梁考成隐隐约约听到孤月所在处，有仙乐逐渐逼近，香风扑面而来。于是他便缓缓起身，走出房门，向天空放眼望去，只见一群仙人或骑猛虎，或驾白羊，左右有仙童侍奉，身后有五色祥云伴随，逐渐在他的视野之中清晰开来。

仙人们行走到梁考成头顶的大树顶端时，其中为首的一位缓缓向他招手，示意他一同前行，同时有一只白羊自空中缓缓降下。梁考成便依照仙人吩咐，骑上这只白羊，缓缓与仙人们一同升空而去。

他们一行先后来到各个名山大川，在溪水之畔或者石室之中，遍访多位真仙高道。这些真仙们，有的教会他保神炼气之法，有的传授给他服食炼丹之诀，并对他备极赞赏且寄予厚望。还有人将自己采集的石髓

①参见樊光春先生著《西北道教史》，商务印书馆，2010年版，第205页。

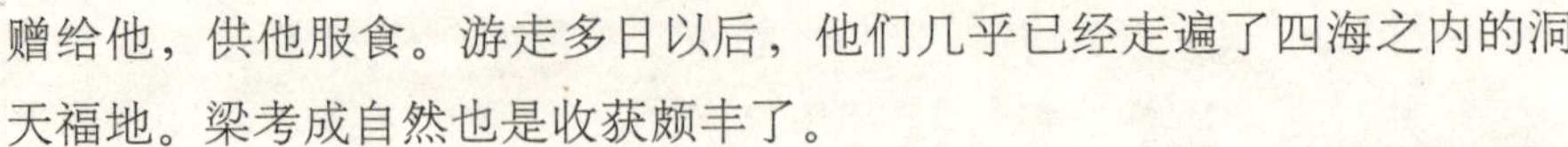

赠给他，供他服食。游走多日以后，他们几乎已经走遍了四海之内的洞天福地。梁考成自然也是收获颇丰了。

这一天，当他们行走到楼观上空时，只见楼观香烟袅袅，有飞鸟聚集其上。周围人家正午的炊烟也从四处冉冉升起了，似乎还可以听到雄鸡鸣叫的声音。梁考成便大感疑惑了，这正午时分，雄鸡缘何会报晓呢？接着，突然听见身旁的仙人大喝一声："去。"

梁考成身下突然一空，就径直自半空中跌落下去了，与此同时，在雄鸡的报晓声外，他还听到了自己的一声叫喊。也就是在这叫喊声发出的同时，他一身冷汗，突然醒来。起身看时，窗外天色已经微明，四围树木房屋已是依稀可辨，早起的农人，有的也已牵出耕牛向庄外而去。

这时候，他才知道，原来之前的诸般经历，是南柯一梦。不过这梦，时隔多日以后回想起来，还是十分逼真，逼真到已经不能简单地将其视作梦幻了。更重要的原因还在于，自那日晚间梦中与仙人相伴游玩之后，他的道行，已非往日可比。

梁考成自然是十分喜悦了。不过，更令他喜悦的是：不久之后，还有一位真人自天而降，为他暗授道法，也最终改变了他的修行进路。

第二节
幸得真人传道法

他便是太和真人尹轨。

尹轨在楼观道众心目中，是有着极高的地位的。他是文始先生尹喜的从弟，早年就因精通天文谶纬之学而闻名乡里，曾师从文始先生修习道德二篇于楼观。文始先生登真之后，时年二十八岁的尹轨便和太极杜真人等一起在文始先生灵宅修学。尹轨务于绝粒养气、专修上法，多年以后，太上赐任他为太和真人，下统仙僚于杜阳宫，因之，他也被称为杜阳宫太和真人。尹轨专修上法，得以羽化登真的事迹，自然是在楼观

道众之中代代相传，对后世修道之人影响极大的。

时间在晋惠帝永兴二年（305年）乙丑五月五日。这一天，无疑是值得梁考成铭记在心的重要日子。

尹真人下凡之时，恰逢楼观举行一年一度的斋醮大典。当日天气晴朗，惠风和畅，偶有轻纱样微云自头顶流过，香烟袅袅渐渐笼罩其上，楼观之中，人声鼎沸，钟鼓之声齐鸣，兼有群鸟飞舞，叫声与之相和，远远望去，犹如仙境。

就在大典举行到高潮之际，太和真人尹轨配摄神之策，服绛章之裙，披黄文之裳，下降到梁考成面前。梁考成一望便知是仙人下临，于是当即叩头，向真人陈述自己平时修习的道法，并希望真人能垂怜他潜心修道多年，历尽艰辛却未能一窥道妙而稍稍点化于他。斯时，他不知晓的是，尹真人此日下临楼观，非为他事，乃是专为亲授道妙与他而来。

梁考成乞哀已毕，再拜说："敢问真人名号？"

真人缓缓说道："我乃是无上真人文始先生（即尹喜）的从弟，先生登真的时候，我刚刚二十八岁。斯时，我已经开始不食用五谷杂粮以广纳天地之大气，目的就是为了修习上道。如是多年后，太上体恤我，赐我太和真人的名号，并让我到下界统领杜阳宫。"

梁考成回忆起自己听说过的关于杜阳宫的景况的诸般描述，大为好奇，也很想知道杜阳宫的真实状况，于是便说："不知杜阳宫景况如何？"

真人说："杜阳宫东西长四千里，南北宽七百里。山上有金城九重，玉楼十所，宫殿服玩和灵芝草不计其数，上清元阳大洞等经书百万余卷，还有金童玉女护卫左右，周围有日月星辰云气灵光流精洞照其下。神仙数以万计，神明圆瑛长生不死，自是无为自在。"

"敢问真人，仙人们平日所为何事？"

"有时候神仙们出游天下，有时候则上升到玉京，宣布并且校正一切行业善恶报应宿命的时间，或者参订诸位神仙的图禄品位，或者驾临凡间带领亿兆人建功立行，斋醮之福，有时候还监督学道的男女炼丹服药的方法。”

“有人说您下临凡间时，常以道士面目示人；有人却说您时常化身为儒生；还有人说您多化身为长老……”

真人一笑，说：“我并没有固定的形象，有时候化身为道士，有时候化身为儒生，有时候化身为童愚，有时候则化身为长老，是不能以一种形象来限定我的。他们说的，不过是我的形象的一种面目罢了。”

“您时常在何处行走呢？”

“我的行迹也变幻不定，有时候和群真众仙们一起骖龙軿凤、策空驾虚、云驰电迈，出于有而入于无，分形散影，处处游集，有时候巡游五岳的洞天福地；有时候游走在十洲的仙岛上；有时候出入八荒之地；有时候进入九幽之府；或者在碧海边垂钓；或者在阆苑采集丹华……”

真人稍稍一顿，继续说道：“算起来，我已经一千三百余岁了，经历过的事情不计其数，不是三言两语就可以说尽的。世间关于我的传闻，不过是各人记取一部分罢了。”

梁考成再拜后，祈求真人能暂留楼观，为他亲传道妙。尹真人当即应诺。当然，这也是尹真人此次下临楼观的唯一目的。梁考成便向尹真人行弟子礼，此后更是时常侍奉左右，以随时求问道妙。尹真人先后在楼观居留月余。

在这一段时间里，除为梁考成讲述道德二篇之外，尹真人还将炼气隐形的方法水石还丹之术、采服日月黄华之法及六甲术传授给他。

等到将妙道心诀悉数传给梁考成后，尹真人在人间的使命便完成了。

这一年的八月一日，在与道众论说罢道法之后，真人突然腾空，冉冉升天而去，斯时，楼观上空，祥云缭绕，百鸟齐鸣，有野鹤飞翔其上，人们似乎还听到有笙箫吹奏的声音自空中来。须臾，一切又归于平静。

众人这才走上前去，只见真人的衣服尚留在座椅之上，做人形状。原来，真人是如蝉蜕而去的。

多年以后，梁考成多方收集资料，细加甄别，撰成《楼观本起传》一卷，详述先秦两汉间有关楼观的传说以及诸位仙真生平事迹和修道体

验，对后世影响极大。可能考虑到师承的正统性，此书是托名太和真人尹轨的[①]。

不过此时，得到尹真人所传丹法之后，梁考成需要做的最为重要的事情，便是寻找一处福地，以炼就丹药。距楼观不远处的终南山，自然是他的最佳选择了。

第三节
终南山中炼神丹

梁考成厌烦从学人众之后，立意依照尹真人所传丹法炼制丹药，便在终南山中精心选择了一处石室，隐居了下来。

这石室，身在悬崖峭壁之上，面朝东南，左有奇峰侍立，右有山泉映带，下临溪水，四处可见参天古木，奇峰异石。因人迹罕至，并无人声嘈杂，倒是狼虫虎豹时常游走其间，也可见飞鸟鸣叫其上，真可谓是求仙学道的绝佳去处。

梁考成先是依照尹真人所传心法，每日食气吞符，不久之后，便大尽其妙，觉得身轻如燕，目能周物了。

一日的黄昏时分，天色已逐渐暗下，时时可以听到群鸟归巢的喧闹声，梁考成从溪畔的巨石之上打坐炼气养神完毕之后，便侧卧下去，渐渐入梦了。

梦中再次见到了尹真人。尹真人对他说，食气吞符的功效已经达成，不必再在此事上劳心费力了。

梁考成心下自然明白，尹真人是在提醒他，应该开始炼制丹药了。

尹真人还说，炼丹所需丹砂，终南山中俱已齐备，不必在他处寻觅，但需要他费心采集，而且炼药之事，需要劳心费神之处甚多，不可能一日功成，如果一时难以成功，万万不可气馁。

梁考成默默记下。翌日早上，他便开始在终南山中广索丹砂。回来以后，将丹砂制成炼丹所需的基本材料。数月以后，丹砂就已经齐备

①详细考辨文字，可参见王士伟先生著《楼观道源流考》，三秦出版社，2007年版，第5-7页。

了。但接下来的事情，真是如尹真人所说，是极为费神的，而且往往是事倍功半，一时确是难以炼成。

终南山中花儿开了又败，败了又开。三年后一天的正午时分，丹药终于炼制成功了。梁考成服食之后，便身轻如羽，面色也十分红润，与婴儿无异，足见丹药之功效非凡。

这时候，梁考成修道成功的消息，很快便不胫而走，传遍四海之内。自此，前来终南山中求仙问道的人，便逐渐多了起来。

炼丹峰

梁考成真人便开始为他们讲说道法，在他开口的时候，众人常常十分惊异地听到，他的声音音韵清澈，犹如泉水流泻，又如佩玉相击，或还如天籁之音。让人如沐春风、如临仙境，瞬间忘我，自是进益非常。

梁考成真人此时已经修得上道，秉有异能，后来时时还会让他们惊诧不已，自然也使得他们修道之心弥坚，求仙之意愈发急迫了。

第四节
云气迷统羽登仙

晋光熙元年，即公元306年，时为三洞法师的梁考成真人被晋惠帝诏命主持太一宫事。据托名陈抟撰之《太一宫记》载，梁考成真人因为道业高迈，德行崇显，能内守真玄、外专真素而经常接到晋惠帝的诏书，在大雨连绵不绝之时祈祷云散雨住、天气转晴；而在久旱无雨之时则祈祷天降大雨，并且命他却厉储祥、祈福去灾，真人无不照办，而且灵验异常，时人常常称颂真人功德。

大兴元年戊寅岁，在得知真人羽化登真以后，晋元帝还曾派遣使者在真人羽化的山中设普天大谯，并谥真人为升玄天师，目的即在于借真人羽化登仙之机，发挥至道，旌显玄风，并使后世修真之士知道神仙可学，至道可得，若是如此，此举自然是意义非常了。

樊光春先生考证后认为，以上说法似为不确。因为在梁考成真人羽化之时，长安属前赵领有，偏居一隅的东晋朝廷自然不能越境行事，因之，晋元帝设谯的说法，可能不过是后世杜撰之语，未可全信。但该碑文中记载的梁考成真人的事迹与他在建立楼观道派中所起的重要作用是相称的。也就是说，这一说法虽与史实略有违背，但也并非一无可取。[①]

晋元帝在梁考成真人羽化之后设醮一事虽未必实有，但梁考成真人在当时的楼观道众之中影响极大却是事实，他为后世道教开楼观一派，也是有案可稽的。

时间再回到梁考成真人于终南山中炼成神丹之时。

斯时，梁考成真人服下神丹之后，已经大异于常人了。

某一日，梁考成真人于深山之中修炼之时，突然天降大雪，只见如斗的雪花从天空片片飞落，迅如急雨，不多时，便将山上树下，染得一片银白。溪水已然隐去，树枝纷纷折断，鸟兽死伤无数。而身居岩穴之中的梁考成真人则独守空寂、不为所动。在大雪封山之时，真人更是因道心坚笃，而致真气自集，虽不食五谷月余，精气并未有丝毫减损。反倒在这一月的历练之后，修得双目可以看到地底之物，耳朵可以听到数里之外的细微声音。这种能力，很快便在半年后的某一天，实实在在地派上了用场。

这是第二年夏七月间的某一天，斯时，真人正在山中的一处溪水之畔为几个慕名前来求仙学道的山外人讲说修道要旨，突然觉得山中轰轰隆隆有异响在耳畔渐渐逼近。稍作推算，真人便知道，数十里之外的深山之中方才突降暴雨，暴雨稍歇之后，洪水便席

陈抟

①详见樊光春先生著《西北道教史》，商务印书馆，2010年版，第205页。

卷着枯枝败叶从山中奔涌而下了。

眼前的几位自然是浑然不觉，安稳如常。而在不远处的山谷之中悠然耕作的农人，此时自然也无从知晓，危险已经步步进逼了。真人急忙招呼众人攀上山岩，避于树下。

就在大家悉数离开谷中的同时，洪水奔涌而至了。紧抱树干的众人目瞪口呆地看到：奔涌而来的洪水瞬间里便将眼前的一切席卷而去，包括一头未及牵开的耕牛，在洪水退去之后，也已消失不见了。惊魂未定的众人回想起方才的情景，不禁惊出一身冷汗。

晋元帝大兴元年（318年），岁在戊寅。

这一年的十一月十三日，真人为众弟子讲说完道德二篇及修行之法后，闭目养神，良久不语，待日上中天之时，方才缓缓开口说道："有一个朋友，此时在南峰等待我。我要随他而去了。"

说罢，便起身整理衣冠，走出房门。众弟子纷纷随真人鱼贯而出，只见屋顶突然间云气迷统，遮天蔽日。须臾，这云气逐渐下移，使得周围物事，全然不可得见。天空中同时有钟鼓之声齐鸣，且有群鸟的叫声与之相和。

待云气散尽，四周归于平静之后，众弟子定睛看去，真人早已消失不见。在他消失处，一棵青松却逐渐清晰开来。

拾肆

王子年真人：须教白刃斩春风

秦武昭帝

公元386年初，被后世楼观道众呼为“大炼师”的王子年真人在长安为后秦武昭帝姚苌所杀，死状惨烈。斯时，他已年满八十七岁。死后，被认为是因“负债”尸解而去。在他被杀的当天，有人曾在距长安千里之外的陇上看到他和同时被杀的两个弟子相携飘然而去，莫知其所终。

王子年真人著有《牵三歌谶》，预言世事兴亡变化，十分灵验。还有《拾遗录》十卷流传于世，此书记事颇多诡怪，虽历经世事变迁，仍然影响极大。

真人名嘉，字子年，陇西安阳（今甘肃秦安）人。

他在世八十七年间的生平遭际以及最终的罹难，均应从公元316年他入道时说起。[①]

①关于王子年真人入道时间的考辨，详见樊光春先生著《西北道教史》，商务图书馆，2010年版，第205页。

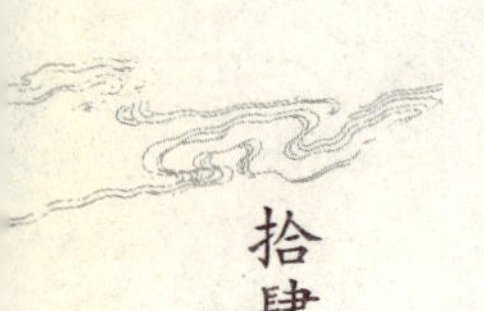

第一节
清虚服气岩穴间

晋建兴中（313—316年），王子年在陇西入道，时年十六岁。

斯时，他就因为生而秉有仙风道骨，不喜欢和俗世中人交游，而在东阳谷中，凿了一处石穴，隐居下来。

早在他隐居之前，就已经颇有道名，这道名的产生，其实是和他的长相、他的为人处世的方式有着极大关系的。

他生得十分丑陋。依照现时代的标准，丑陋的人，是很容易有喜剧天分的。因为丑陋的人即便十分认真地讲述一件颇为严肃的事情，也常常会因为容貌的原因，多少带一点滑稽的色彩。如果这人还喜欢说一些好笑的事情，这滑稽色彩，自然是愈发浓厚了。当代作家刘震云曾在他的小说《手机》中这样写道，如果一件严肃的事情从一个看起来极不严肃的人口中说出，自然是别有滋味的。这便是该书中选择相貌独特的严守一做《有一说一》节目的主持人的缘由所在。退一步讲，幽默的人，也往往是最有智慧的，因为他们能够把生活之中看起来十分严肃的事情的意义，化解在不严肃的调笑之中。如果置身于一个十分严酷的世界之中，这种禀赋，实在是明哲保身的最佳方式。遗憾的是，深通此理的王子年，在游走人间的许多年间，依照此法化解了诸多俗事牵绊以及由这牵绊可能引起的危险，最终却还是死在了别人的刀下。稍稍回顾他的生平遭际，自然可以大略得知，这个结果，或许真是一个人的定数。

王子年是一个不大在意俗世中人所认同的行为举止的人，加上他容貌丑陋，喜欢使用一些滑稽好笑的语言来论说是非善恶以及世事的兴亡变化。这种论说，骨子里虽十分严肃，且后来的事实走向也能证明他当时的说法极有道理，只可惜真正能够从这些听起来渺茫难识的语言之中解读到他的真意的人少之又少。平常人的误解自然无甚要紧，执政者的误会，却是会使得他随时会有性命之忧。他最终的罹难，便与此有关。

表面上的不甚严肃，并不代表王子年是一个玩世不恭的人。至少，在修道之事上，他可谓是殚精竭虑了。

早在陇西的时候，他就开始不食五谷，不穿着华丽的衣服，经常以清虚自况，而且还常常服气保真。有这样的志趣，自然不会喜欢碌碌尘寰中人，于是，王子年谢绝交友，隐居在东阳谷中。

东阳谷山势虽不险要，也不是古木参天，但谷中有流水潺潺，逢春夏之时，也是山花遍地，景色宜人。秋冬之际，山风虽略显肃杀，但居于岩穴之中，正好潜心修持，不必为俗世之事烦忧，自然也算得上是修道之人的绝佳去处。

王子年在东阳谷中每天清虚服气，吟诵道德二篇，饿了便采集食用山果，渴了也有清泉可饮，加上修道之人，单是服气，就可以使得精气十足，不必为辘辘饥肠烦恼，自然是更少牵绊了。

如是潜心修持，一晃很多年就过去了。多年以后，王子年的名声，终究还是传播到东阳谷外了。

渐渐地，前来东阳谷愿意师从他修道的人便多了起来。在他开始厌倦众弟子们的喧闹，打算弃他们而去独自另选一处清净地面修持的时候，东阳谷中师从他修道的已有百人之多。

那个时候，他已经修得可以自由驾驭六气，能持守三一之道。无论冬夏，均穿着一件单薄衣衫，即便气候变化剧烈的时候，他也从不增减。而让众弟子十分惊异的是，随着时间的推移和修道境界的提升，王子年的容貌却逐渐有了变化，他愈来愈显得年少了。

众弟子在惊奇之余，自然也修道之心弥坚，而且向王子年求问道要的事情，更是越来越频繁了。

终于，在这一天里，王子年决定离开东阳谷，避开众弟子，独自一人，重新寻觅一处清净地面以便远离纷扰、潜心修持。距长安不远处的终南山，便成为了他的首要选择。

也许，此时他并不知晓，此次迁居长安的抉择，最终竟会影响到他此后的命运。他的死亡，如果向前推究，可能真和这一次的或可称为错误的决定休戚相关。

第二节
师事梁谌在楼观

楼观碑石

后赵石季龙之末[1]，厌倦从学道众的王子年做出了一个注定会影响到他此后命运的重大决定。那就是离开东阳谷，来到距长安不远处的终南山中继续修道。当时，楼观道士梁谌道名极盛。王子年便拜梁谌为师修习道法，多年以后，他成为魏晋十六国时楼观道派中影响最大的道士，多少是应该和梁谌的悉心教导有一定关系的。

师从梁谌修习道法以后，王子年便在终南山中建造了一个庵庐，潜隐了下来。除了偶尔向梁谌求问道妙以外，很少活动。然而，那些被他避开的弟子们还是闻风而来，纷纷又在他居住的草庵四周，建造庵庐居住下来。王子年苦心寻找的幽静之地，就这样又被这些弟子们打破了。为求安静，王子年无奈之下，又一次被迫迁居了。

倒兽山

①建武十四年，即公元348年。

而这一次他走得并不远。

他来到了位于今渭南市境内的倒兽山。

倒兽山又名玄象山，在渭南东南三十七里处，也被称为倒虎山。较之东阳谷，这个地方就更加幽静了。山中古木参天，奇峰异石随处可见，又有清数条映带左右，人迹罕至，极是幽静。

然而，让王子年深感无奈的是，这难得的清静，也未能持续太久。

这一天的午间，便有很多好道之士，来到了他修行的石室外。说是想师从他修习道法。王子年虽然对这样的人避之唯恐不及，但他们已经来到门前，只能说命中有此一会，便先后回答了他们提出的几个问题。这些问题，都是关于世事的兴亡变化的。

此时的王子年可能并未料到，就是以这次为开始的预言世事兴废变迁，事后无不应验的行为，很快竟然会使得他声名大振。这声名，便是和他能够预言未曾发生的事情，过后十分灵验相关。当然，这个名声，也为他多年后被杀埋下了伏笔。足见声名真是罹祸之端。

那些先后向他求问过未来景况的人此时也注意到，王子年在回答他们的问话之时，从不直言。往往或使用譬喻，或在调戏之间，便把他的预言说给了他人。只是当时这些人未必人人都能明了他的话语之中所包含的真正信息，只是在事情过后，回想起来，他们才觉得，原来王子年真人早就将问题的要害一一点出了。

王子年真人在预言世事变化之时的诸般表现，可能很自然地使我们想到遥远的古希腊的神谕，想起那个最终决定了伟大的俄狄浦斯的命运的神谕。

在二者之间，同样是模棱两可，同样是文字的游戏，同样是顾左右而言他之语，也同样是在事后回想起来才会觉得句句在理，当然，他们的言说，也同样道出了真实的境况的要点，被论及的个人命运或者世事兴衰最终也同样会依照他们的言说悄然前行。他们往往向我们透露一星半点真理，却把诸多的迷惑给了这些没有辨识能力的人，并很可能最终使得他们误入歧途。预言的多义性，原本就包含了诸多可能的发展方向，也自然包含着解释的多种可能。而如何解释和选择以及这一选择的正确或错误，就得仰赖各人的造化了。

当然，王子年也并非是对任何人都能有问必答。据说，只有心诚的人，才能见到他。心不诚，真人便隐去不见。即便前来拜访的人明明看到真人常穿的衣服在衣架之上，鞋子和履杖也放在旁边，却是不能看到他的真身。有好奇心重的人知道他只有一件衣服，这衣服既然在屋中，真人自是应该与衣服同在，于是便拿双手去抓那衣服，不抓时，衣服俨然就在目前，似乎伸手即可够及，去抓时，房屋不见增加，衣架却越来越高，最终总是不能企及。数次努力没有结果之后，他们便自然只能放弃了，再去看那衣服履杖诸物，却是安然如初。大家因此便知道这是真人的神异所在了。

至此，王子年因为能够预言世事变化且过后无不应验，很快便声名鹊起，四海之内慕名前来求问未来运势的人可谓是络绎不绝。在这些人中间，有一个人，身份与常人不同，他的数次征召以及此后屡次对未来形势的求问，在使得王子年真人声名日隆的同时，也为他在多年后为姚苌所杀，埋下了隐患。

第三节
预言胜败验如神

这个人便是前秦世祖宣昭皇帝苻坚。

苻坚在听说了王子年真人能预言世事兴废且无不应验的传闻之后，很是好奇，也极想得到真人的帮助然后一统天下。于是，先后多次征召真人，无奈真人无意于参与世事，故坚辞不就。不曾想他的坚辞，却使得名声更是广为传播。公侯以下慕名前来的人愈来愈多，不久之后，有志于王霸之业的诸国也闻风而动，开始竞相礼聘真人，从四面八方赶来咨访者更是络绎不绝。

斯时，前秦的朝廷之中，却正在酝酿一场注定将影响中国历史走向的重大军事行动。

经过二十余年的励精图治，基本上统一了北方的前秦，此时已经可谓是国富民强。但身为皇帝且有志于一统天下的苻坚却对地处东南一隅未能征服的东晋始终耿耿于怀。建元十五年（379年），攻克东晋襄阳城之后，苻坚认为，夺取东晋，一统天下的时机已经成熟，于是决定率军南征。

建元十八年（382年），苻坚在太极殿召见群臣，商议南征之事，不料朝中支持者甚少。无奈之下，苻坚只好决定乾纲独断，但在罢朝之后，他还是想听听弟弟苻融的意见。

苻融认为，此时伐晋，有三处不利于前秦。一是从星象看，天意似乎不顺；二是东晋朝廷上下安和民心顺服，并无灾祸和挑衅行为，无机可乘也师出无名；三是前秦军队已连续征战多年，士卒疲惫，人民厌战。再加上鲜卑、羌、羯等貌似顺服，其实未见得是诚心归顺，朝廷如若大举南征，这些人可能会乘虚而入，使得朝廷腹背受敌置身险境。苻融的分析虽很有道理，但却未能说服征战之心已决的苻坚。苻坚在度过了很多个食不甘味、夜不能寐的日子后，终于听信了怀有二心的前燕宗室将军慕容垂和羌帅贵族姚苌的建议，决定大举南征。

建元十九年（383年）五月，苻坚在调集九十余万兵力之后，以苻融为大将军，陆续向东晋进发。不过，在率军南征之前，苻坚还曾派人去倒兽山中向王子年真人打问南征结果。真人的回答倒也简单，只有短短四个字：金坚火强。使者不解其意，正欲继续求问，却看到真人整理好衣冠，缓缓向东行走数百步，接着，又骑着马返回，返回以后，真人脱掉衣服，扔掉冠履，下马坐在床上，再也不发一言。

苻坚又派人去问国运将会如何。真人回答道："未央。"苻坚听说后大喜过望，认为"未央"之意，是吉征无疑，于是安心大举攻晋。

不曾想东晋孝武帝虽然昏庸，但宰相谢安却极有才能。在前秦大军大举压境的状况下，谢安使得朝廷内部上下同心、同仇敌忾。他们趁前秦大军尚未完成集结之时，主动出击，在淝水大败急于求胜的前秦大军，致使苻融被杀，苻坚也被流矢射中，仓皇而逃，兵败亡国的悲剧性结果，自然也只是迟早的问题了。此次战役史称“淝水之战”，在中国战争史上，是以弱胜强的著名案例。

这一年，论干支为癸未，属羊。

苻坚的兵败，又一次证明了王子年真人预言的准确性。原来，他所说的“金坚火强”意指前秦将败于晋国，因为五行中西方秦国属金，南方晋国属火，火能克金，晋国自然会大败前秦。而“未央”的意思是未年有殃，苻坚兵败的这一年，岁在癸未，也正应了未年有殃之意。只可惜苻坚难以明了个中真意，而致兵败身死、亡国于后。这亦是定数。

淝水之战以前秦大败而告终。负伤的苻坚率残部仓皇逃回关中，从此一蹶不振，终被早已怀有二心的羌人姚苌所杀，终年四十八岁。

淝水古战场

苻坚死后，姚苌登场。姚苌的得势，意味着王子年真人人生的终末的逼近。时为他在长安被杀之前一年，即公元385年。

第四节
真人尸解羽登仙

后秦武昭帝姚苌，字景茂，南安赤亭（今甘肃陇西）人，属羌族。公元357年与前秦激战于三原，兵败率部投降，后为苻坚部将，因屡立战功而累迁龙骧将军。淝水之战前秦大败后，姚苌乘机据岭北之地，并于翌年率羌人独立，自称大单于，年号白雀。公元385年缢杀苻坚于新平佛寺（今彬县南静光寺），公元386年称帝于长安，国号大秦，改年号为建初。

早已从苻坚处听说王子年真人预言世事兴废无不应验的姚苌，在淝水之战前秦大败以后，更加坚信王子年真人果然有过人之预知能力，也希望真人能够为他服务，以便图取天下。与苻坚累次征召的做法不同的是，姚苌入长安之后，直接以武力逼迫王子年真人随他征战，以便随时咨询。王子年真人心中虽并不情愿，但面对姚苌的武力逼迫，却也莫可奈何。

时间在后秦白雀三年，建初元年。与他被杀为同一年。其实，王子年真人原本是有机会离开长安，避开姚苌，保全性命的。在被杀的前一年，也即是公元385年初，他曾经拜访过入寂之前的高僧释道安。

释道安当时已经知道世事已然混乱，而且祸将及身，于是便对前来探望他的王子年真人说："世事已是如此，恐祸将及人，况且人生与世事一样，都是变幻无常，我们还是一起离开吧。"

王子年却说道："诚如法师所言，法师请先行一步。我还有小债未了，不能和法师一起去了。"他所说的小债，便是命中注定与姚苌该有的一桩公案。

姚苌入长安之时，王子年真人正在长安城中，或许真是为了了却小债，他最终没能选择离开。如果后世所言不谬，那么此时，王子年真人应该是有意等待着姚苌，等待着数月之后于长安城中死在姚苌刀下的最后的结局。

姚苌入长安之后，逼迫王子年真人随行，不久之后，真人所等待的那个最后的时刻便如期而至了。其时，姚苌与苻登相持争天下，争持已久，并无结果，姚苌便问王子年真人道："我能杀掉苻登，平定天下吗？"王子年真人答道："略得之。"

释道安

不料，这句话却使得姚苌雷霆大怒："当得就说得，何略之有？"

于是便将王子年真人以及随侍左右的两个弟子斩于长安。斯时，真人已经八十有七。这便是他当时给释道安所说的未了之债。

事后，有人禀告姚苌在距长安千里

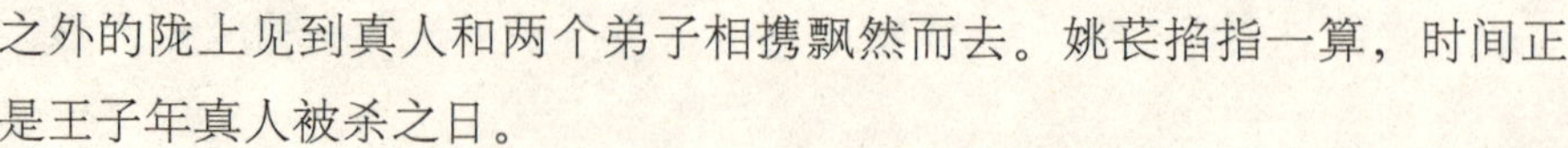

之外的陇上见到真人和两个弟子相携飘然而去。姚苌掐指一算，时间正是王子年真人被杀之日。

王子年真人去后，还曾写信一封寄给姚苌。接到书信的姚苌一看日期，却是在王子年真人被杀之后。十分狐疑的姚苌当即命人掘开王子年真人及其二位弟子的坟墓，打开棺材，这才发现，棺中并无尸体，每具棺材中，各有竹杖一枚。姚苌不由得感慨不已。

姚苌死后，他的儿子姚兴杀了苻登。姚兴字子略，他杀了苻登，岂不是“略得之”？也正应了王子年真人当日所说“略得之”意。只可惜姚苌与当年的苻坚一般，终是不解其意，以至于错杀了王子年真人。不过，若真如真人所说，此乃定数，是为还债，也就没什么可以抱怨的了。

真人因“负债”尸解而去后，听说这一消息的苻登还曾设坛祭奠，并赠真人为太师，谥曰文。

真人有《牵三歌谶》及《拾遗录》十卷行之于世，至唐代尚在传播，影响可谓深远。在后世楼观道派世系中，真人被呼为“大炼师”。

据《长安志》卷十四载，兴平县东北一里处，有王子年真人冢。

元人朱象先撰《终南山说经台历代真仙碑记》中有诗一首，单表王子年真人事迹，诗曰：

> 小责悬悬尚未终，须教白刃斩春风。
> 陇西若不逢知友，谁识先生是脱空。

拾伍

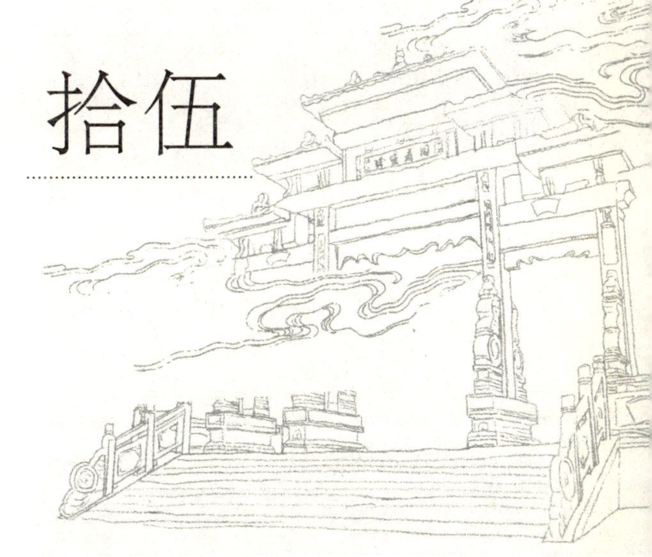

贞懿先生陈真人：神通妙用骇时流

泉州风貌

西魏文帝大统十五年（549年）三月十七日，贞懿（或名正懿）先生陈真人在七十六岁上羽化登真，临终前作歌曰：来何为欣，去何为怆，生死道一，梦觉理均。又说：尔等体之，无或悲矣。

这不能不让我们想到1942年10月13日圆寂于泉州的法名演音、号弘一、晚号晚晴老人的现代文化名人弘一大师。据说，大师在圆寂之前不久，曾作一偈子，偈语曰：华枝春满，天心月圆。又在逝世的前三天的下午，写下“悲欣交集”之句交妙莲法师，三日后的晚八时许，即安详圆寂于泉州不二祠温陵养老院晚晴室。

弘一大师与陈真人虽相隔千年，且一僧一道，临终境界却如此相似，不能不令人深思。

弘一大师

不过，稍稍回顾陈真人在世七十六年间的诸般际遇以及他的精神品格，却又觉得他临终前所阐发的精神境界，实在是渊源有自、水到渠成、自然而然的。

真人名宝炽，时人号为贞懿先生，颍川人氏[1]。

他的生平事迹及思想经历，当从北魏孝文帝太和十八年（494年）说起。

第一节
隶籍楼观修道妙

弘一大师墨迹

公元494年，即北魏孝文帝太和十八年，颍川人陈宝炽一路风尘仆仆，来到楼观，师从楼观高道王道义真人修习道法。

这一年，他刚满二十一周岁。

王道义真人博览群书，深通天文谶纬之术，在魏孝文帝太和中，自姑射山来到楼观，与高道牛文侯及尹灵鉴等四十余人一起，敷弘道化，名声极大。朝野之中慕名而来求问道要的人络绎不绝。

陈宝炽就是在听说了王真人的事迹之后，慕名远道而来的。

他之所以会在二十一岁上来到楼观修道，也是有些原因的。

早在来楼观之前，年轻的陈宝炽就表现出一些不同凡俗的识见，这种识见以及由此引发的他对个人生活道路的选择，多年之后回想起来，自然可以被视作为命定的道缘。那个时候，他和同乡子弟一起求学，往往对言说功名利禄的事务无甚兴趣，却对论及真仙高道修持道法的传说

①王士伟先生著《楼观道源流考》中认为，秦始皇始置颍川郡，治所在今河南禹县，东魏时移治所于颍阴，即今河南许昌市。樊光春先生著《西北道教史》则认为，北魏曾置三个颍川县，二在今河南，一在今安徽境。

颇感兴味。由于他天分极高，对所观书籍无论经史，无不瞬间领悟，家人因此对他潜心为学，日后求取功名，怀抱着极大的希望。直到弱冠之年，他的一个选择，实实在在地打消了家人让他求取功名以光宗耀祖、封妻荫子的最初想法。

当时，与他同期就学的同龄人相继娶妻生子、成家立业。家人也希望他与这些人一般，早日成家以徐图功名。不料，陈宝炽却断然拒绝了前来说亲的人，并在某一日的晚间明确表示，自己本无意于世俗之乐，自然也不愿娶妻生子，尤其对读书做官备极厌烦。同时，他还说，自己早就打算远赴终南山之楼观台，追随名师以求仙问道。家人此时虽未必情愿，却也莫可奈何。

也就是在向家人明确表达了自己的真实意愿之后的第二天一大早，陈宝炽毅然背上行囊，辞别家人，一路风尘仆仆，向楼观所在的终南山的方向走去。

陈宝炽来到楼观的时候，正值后来成为他的师父的王道义真人率领道众大规模修缮楼观屋宇之时。

在王道义真人等勉力修缮之下，楼观殿宇，焕然一新。真人还派门人先后购集真经万余卷，使得无论从仙源还是条件来说，楼观台都是当时修道之人的最佳去处。

陈宝炽来到楼观的第二天，就在王道义真人的指导之下，开始诵读《道德真经》并修习道妙。在他正式拜师之后，更是在真人的点化之下，潜心修持，不复他顾，时日既久，自然进益非常了。直到八年后，楼观发生了一件至关重要的事件，这事件，也直接影响到他的修道之路。

这便是公元512年，也就是陈宝炽在楼观修道的八年后，王道义真人的仙去。

心无所累的王道义真人那个时候经常会显露出不同常人的能力，早在他率领道众修缮楼观殿宇之时，这异能便已经令时人惊叹不已了。当时，楼观周围因为连年歉收，观中道众日常用度已经开始捉襟见肘。王道义真人这个时候决定斥巨资修缮楼观，便不能不让观中道众们无法理解了。但接下来，随着工程的进行，他们才发现，原来真人

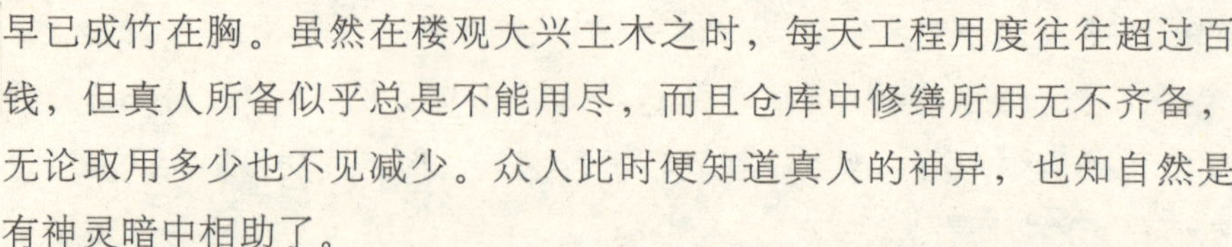

早已成竹在胸。虽然在楼观大兴土木之时，每天工程用度往往超过百钱，但真人所备似乎总是不能用尽，而且仓库中修缮所用无不齐备，无论取用多少也不见减少。众人此时便知道真人的神异，也知自然是有神灵暗中相助了。

魏宣武帝永平中（508–512年）的这一天，楼观中王道义真人的房内突然白云满室，且观中有异香满庭，持续了整整一天之后，方才渐渐散去。也就是在白云弥漫、异香遍庭之时，有人看到王道义真人驾乘一只白鹿飘然而去。

王道义真人的仙化，使得尚未修成道果的陈宝炽不得不重新寻访名师，以从求道要。这时候，距楼观不远处的西岳华山，便成为他的不二选择。

这一年，陈宝炽二十九岁。

第二节
对答侯楷问栖隐

陈宝炽的传道恩师王道义真人于公元512年仙化之后，时年二十九岁的陈宝炽便离开楼观，来到了不远处的西岳华山。离开楼观去向华山的陈宝炽可能并不曾料到，他会很快重返楼观，而在短短的出游之后，重返楼观的陈宝炽的内在修为已和离开之前大为不同了。这种不同的产生，无疑是和他出游华阴时的一次奇遇相关。

西岳华山

他遇到了一位得道真人。

这位真人姓陆，名景，注定和陈宝炽会有一段仙缘。这段仙缘也实实在在地影响了陈宝炽的修行进路。多年以后，陈宝炽之所以会修成异能、炼就道果，陆景真人的推动作用，可谓是十分巨大的。

陆真人将修道的秘法，暗暗传授给了陈宝

炽，并嘱咐他要潜心修行，不可稍有懈怠。真人还对他说道，如果能依法修持，假以时日，必有大成。自数十年前即志于修真，从无意他顾的陈宝炽自然是连声应诺、拜谢不已。这段与陆真人的仙缘，在陈宝炽羽化登真以后，也成为一个十分美妙的传说，在他的弟子中间代代相传，终成佳话。

回到楼观以后，原本就抱负弘阔的陈宝炽更是端诚虚己，并依照陆真人所授秘法潜心修行，加之还时常吟诵《大洞经》，多年努力终是深得道妙了。

深契道妙的陈宝炽真人的道名，很快便在四海之内传播开来。自此，慕名前来楼观向陈真人求问道要的人便逐渐多了起来。

陈宝炽真人每日修道授徒，数十年的时间就这样过去了。在这数十年间，先后师从陈宝炽真人的修道之徒已有百人之多。在这些人中间，不乏日后修成道果的。而在修成道果的徒弟中间，有一人成就极高，这人当年还曾与陈宝炽真人展开了一段关于归隐的必要性的对话。这对话，多年以后也成为后世修道之人津津乐道的一桩公案，颇值一说。

此人姓侯，名楷，京兆（今西安）人。侯楷也是极有天分的。早在十四岁时，他就开始精修老庄之学，多年之后，便修得志趣高妙、独立超俗。与乃师陈宝炽真人早年经历相同的是，独立超俗的侯楷也无意于世俗享乐，不愿婚配，心志亦不在功名利禄之间。魏宣武正始三年，即公元506年，年仅十九岁的侯楷来到楼观，开始师从贞懿先生陈宝炽真人学习道法，陈真人将《玄文秘诀》传授给了他。他晨夕奉颂，未有懈怠，久后更是奉颂日勤，自是大有进益，而且深得陈真人赏识。陈真人曾这样评价侯楷：秉心厉节，于道不懈。

就这样，极为相得的师徒二人在楼观之中共修道要，凡三十余年。侯楷后来也成为陈真人众位弟子之中成就最高的一位。

也就是在他们共同修行的这一段时间里的某一日，侯楷和陈真人之间，针对修道之士是否必须弃家入山，展开了一场争论。这一争论，多年以后还成为问题的焦点，被后世修道之士反复征引、细加揣摩，以便做出可能会影响他们此后的修行进路的重要选择。

这一争论的缘起，却是陈宝炽真人对弟子侯楷的一则教诲。陈真人认为，（侯楷）虽然秉心厉节，于道不懈，但如果不栖隐山林，恐怕难以有大的成就。也就是说，在陈真人看来，离家入山，是修道成功的必要条件。

向来极有主见的侯楷却并不认同乃师的这个说法，他说："道在方寸，何必山林？"这个说法，与后世禅家所说"酒肉穿肠过，佛祖心中留"的意思较为接近，也就是说，道就在自己心中，只要一个人诚心向道，努力修持，在家亦可修炼，不必一定要归隐山林。侯楷的说法，大略可以见出斯时佛家对道家的影响所在。

陈真人的看法，还是与侯楷有所不同的，他说："我也知道道无处不在，在人间修炼，有时也有所得，这是不错的。但自古以来，修真而得羽化登仙之人，大多托身山岩，而他们成真之后，可以出而同尘。况且上真也说过《大洞真经》不得人间吟咏之，如果吟咏，则会有大魔败之。当年，葛仙翁即将登真，曾告别弟子郑思远说：'何不登名山，诵《大洞真经》，一诵一咏，玄音彻太清。'由此自然可以知道，入山非惟不是可欲，抑亦自然与道经相符。你现在景慕希夷，入山便是很合适的。"由此可见，陈真人坚持认为，只有隐居山林，在幽岩之中潜心修持，方可望达到证真成仙的至高境界。

无奈，引经据典，抬出祖师遗训的陈真人仍然未能说服侯楷。侯楷还是认为："入山虽然可以存真，然远违几席，未免要遭受世俗科律的责难"。侯楷的意思是，虽说入山修道可以修道保真，但却远离父母，不能恪尽孝道，是有违人之大伦的。弃绝人事、入山修行以成就道果与恪尽孝道、全伦理之责任之间，的确有着难以解决的冲突。这也成为后世儒家批评道教以及佛教的一个重要因由。该问题的存在，由来已久，而且在此后多年间还会继续存在并遭受攻击。对于这个矛盾，道教和佛教多年间虽做出各种努力，仍然无法彻底消弭。自然，也不是陈宝炽真人所能解决的。

细细思量起来，侯楷的这一说法，未必全然没有道理。如果修成道果的代价是背却伦常、抛弃义务，置父母亲人于不顾，即便自身一人修

陈宝炽像

得真道，又有何益？在这里，侯楷的说法，实在也触及到现实之中的一个根本问题，就是在个人利益与亲族或者说是群体利益之间，一个人应该如何选择？这一问题，到了有明一代，也仍然存在。有明一代的重要思想家李贽就曾面对过这样一个问题。当他微薄的俸禄连照顾自己的妻儿尚且不能的时候，他却还负有照顾整个庞大的家族的责任，使得他往往在自身追求与伦理责任之间，苦苦挣扎，后来，被逼无奈的李贽为了不至于陷入无数的邀劝与纠缠之中不可自拔，只能在公元1588年削发为僧。即便如此，他的庞大的家族也并未就此放过他，在给朋友曾继泉的一封信里，李贽曾这样写道："（我之所以落发）则因家中闲杂人等时时望我归去，又时时不远千里来迫我，以俗事强我，故我剃发以示不归，俗事亦决然不肯与理也。"道尽了他的无奈以及决绝的姿态。足见他压力之大，厌倦之深。不过，有明一代的问题与侯楷斯时的考虑自然有所不同，侯楷大约也不会同意李贽的做法。

侯楷的这一观点说出之后，注定无法解决这一问题的陈宝炽真人多少就有些理屈词穷了。最后只好赞同侯楷的说法："道非知之难，行之难也，果能始足无替，道在中矣。"这个意思，大致离侯楷的看法不远了。

侯楷虽不大赞同出家修行的做法，但自己还是遵行不渝，后来也修成道果，成为陈宝炽真人众位弟子中成就最高的一位，也是魏晋时期楼观一派的著名高道，他后来于后周武帝建德二年（573年）解化，时年八十有六。

他们师徒二人关于道教离家住观制度的必要性的谈论，属楼观道教史中出现最早的关于这一问题的史料，有着较高的理论价值。

这一讨论，亦成为后世关于这一问题论争的源头。

当然，在授徒传道的这些年间，陈宝炽真人并未放弃自身的修行。在他诵读《大洞经》多年以后，终于获致通感，斯时，经常会有珍禽异兽，在他修道的时候，前来侍卫左右。每当他去朝拜老子祠时，便有白虎追随左右。这个时候的陈宝炽真人自然不会想到，数年以后，他会借用驯虎的方法，来向魏文帝讲说治世之道，从而也影响了文帝的治世之术。

第三节
驯虎术中阐治道

在关于陈宝炽真人修得异能的诸多传说中，被后世楼观道众传播得最为久远也最为神奇的，莫过于他的驯虎之术了。

陈宝炽真人驯虎之术的练就，是和陆景真人所授的修道秘法有着直接的关系的。

多年以前，游走华阴的陈宝炽真人有幸遇到陆景真人，并得到陆真人所授修道秘法。此后，回到楼观继续修持的陈宝炽真人便时常会有奇验，而驯虎之术更是个中之最。

那个时候，无论陈真人行走到何处，总有白虎追随左右，导从往来。这些白虎，也是有些灵性的。据说，它们能辨别善恶，如果见到观中来往人等之中，有心术不正且怀有恶意者，这白虎便怒目相向，并奋力怒触观中槐树，同时怒吼不止，声震屋宇，十分骇人，恶人见到这情景之后，无不吓得屁滚尿流、抱头鼠窜、落荒而逃，自此不敢再来观中骚扰。这些人，在惊恐之余，也把陈宝炽真人善于驯虎，这白虎还能辨别善恶护卫道观的事情，传播开来了。观中道众们也觉得乃师所精通驯虎之术，是可以对道观的安全起到一定的护卫作用的。

多年以后，发生的一件十分重要的事情，才使得他们十分明确地知晓，驯虎之术的最大的用处，不在护卫道观，也不在观中道众的安危，却在天下苍生的福利。

此事发生在某一年的四月间。在桃花盛开的季节里，四月的和风游走在楼观的庭院之中，在为楼观带来花香的温暖和林间的春意的同时，也把魏文帝的诏书，带给了时在楼观之中为弟子们讲说道法的陈宝炽真人。

真人在接到文帝的诏书之后，当日便启程，他踏过四月里泥泞的小道，穿过落英缤纷的桃花林，带着鲜花盛时的生气，来到了文帝所在的延英殿。

斯时，延英殿外，惠风和畅、花香满庭，殿内则是香烟缭绕，鼓乐之声不绝。早已听闻真人的神异并渴望一睹真人仙颜的魏文帝早早就率领着群臣，在殿内恭候多时了。

在目睹了真人的超绝风姿的那一刻，魏文帝和群臣更是觉得传闻可谓是真实不虚了。不过，让陈真人略感遗憾的是，文帝希望从他这里知道的，只是驯虎之术罢了，并不关涉治世之道。

文帝虽说只是问及驯虎之术，但陈真人的回答，却是令他以及群臣惊诧不已。事后回想起来，文帝还是觉得真人的道法实在是莫测高深，而且他能以驯虎之术来阐说大道，足见真人之见识非凡，其境界之高，识见之深，说理之透彻，兼济天下苍生之念，无不让文帝感慨万千、敬佩不已。

当日，陈真人略加思索之后，是这样回答的。他说："抚我则厚，虎犹民也；虐我则怨，民犹虎也，何术之有？"真人的意思是：人虎关系犹如君民关系，驯虎犹如治民，如果人君能够持安抚教化的态度对待人民，人民自然就会心地淳厚、诚心归顺。反之，如果人君以暴虐之政对待人民，人民也会如猛虎一般，怨望沸腾，而致揭竿而起天下大乱。真人借驯虎之术来婉言规劝魏文帝躬行大道，以为天下苍生谋福利，用心不可谓不良苦。由此可见，真正修成大道之人，并非是完全不问世事，他们能以天下苍生为念，而不仅仅拘泥于个人的修为，这才是大道之要，修道之本。后世修道之人，用心只在方寸之间，着意仅在世事之外，自然是难以得窥大道，修成真果的。

魏文帝

这不免让我们想到多年以后鲁迅先生所讲的有关一代名僧太虚大师的一件事情。鲁迅先生写道，太虚大师去厦门的时候，当时南普陀寺和闽南佛学院公宴大师。在宴会之上，太虚大师并不专讲佛事，而是谈论当时的时政问题。而作陪之其他教员们，却偏偏向大师频频求问佛法。对此，鲁迅先生的评价是，这些向大师频频求问佛法的人，真是愚不可及，境界极低，所以只配叨陪末座。这是为何？多年以前，当我初次读到鲁迅先生所讲的这则轶事之时，曾写过这样一段话，或可以作为对这一问题的解释。

鲁迅先生曾言：然也，唯大境界者，方能作如是语。尝有问学于欧阳修者，修惟言政事，无涉文学。再怪而问之，修曰：大抵文学止于润身，而政事可以及物。境界之高下，判然有别。故曰：唯能出世者，方能入世，禅于入世处，常讲出世；于出世处，则讲入世，象虽有别，其理一也。《古尊宿语录》卷二记百丈淮海禅师答僧问“祖宗密语”说：但是一切言教只如治病，为病不同，药亦不同。所以有时说有佛，有说无佛。实语治病，病若得瘥，个个是实语，病若不瘥，个个是虚妄语，生见故。虚妄是实语，断众生颠倒故。为病是虚妄，只有虚妄药相治。亦是此理。

时间再回到魏文帝在位时期，其时，文帝听罢陈真人的这番劝喻之后，十分满意，也大为赞赏。嗣后，以太师安定公为首的朝廷士大夫愿意师事陈真人的，亦不在少数。

第四节
真人仙化留箴言

自魏文帝诏问驯虎之术以后，真人的道名日隆。朝中士大夫无不敬仰真人并愿意师事之，四海之内，慕名前来楼观求仙问道的人便愈发多了起来。在这些人中间，有一些人，还有幸亲证了真人道法的高妙。时隔多年之后，这些人之中那些精通文墨者，还将当日所见详细记载下来。后世广为流传的关于真人道法之神异的说法，大多就是从这些记载里传播出来的。

在这些记载之中，除了驯虎之术外，着墨最多的，就是真人的未卜

先知以及降妖除魔的能力了。

先说未卜先知。

据说，就在魏文帝诏问驯虎之术后的某一天晚间，真人吩咐弟子们次日早上洒扫庭院，同时准备可供三十二匹马食用的草料。众弟子虽不解其意，但还是遵照乃师吩咐一一照办。到了翌日的正午时分，果然有一行人自都城前来向真人求问道妙。有好事的弟子数过来人所乘所牵马匹，不多不少，正是三十二匹。这话传播开来之后，大家便知道真人前日吩咐的用意所在了，也知真人预知未兆之事，自是分毫不差。

再说降妖除魔。

那是楼观周围麦子扬花油菜干荚时节，刚交农历四月，节令正到小满。这一日的傍晚时分，楼观外的黄土大道上，奔来了一个人，此人风尘仆仆、行色匆匆，一望便知有急事在身。这人行走到楼观门外时，便向周围人打问陈真人的所在。待观中道人将他带到陈真人面前时，这人未及开口，纳头便拜，泪如雨下，叩头之频犹如小鸡啄米。真人将他扶起之后良久，此人才缓过神来，并将他此行拜访陈真人的目的细细道来。听罢他的说法之后，众弟子们均感惊骇。

此人姓王，名远，扶风人氏。最近的这一段时间里，他所居住的村中，接连出现了几桩怪事。

先是王姓的族人接连在外出途中受到惊吓，回来之后个个神情恍惚，变成半疯半癫，每到夜晚，便在被窝之中发疟疾似的打抖发颤，不过数日，便手脚冰凉，目光呆滞，之后，必然死劲咬破嘴唇，牙关紧闭而死。虽多方延医医治，终无效果，至死也不知身患何疾。

再是村中尚未婚配的年轻女子，相继身患怪病，腹部鼓胀犹如怀胎，数月之后，便会生下一团血污的肉球，鼻子眼睛与常人无异，只是形容十分骇人，似人非人，似鬼非鬼，初生之时，便可开口说话，所说话语，却无人能懂。这些女子在患病之前，均在前日夜晚感到有东西突入腹内，翌日早上，腹部便异常鼓起。村人也曾请法师前来禳治，无奈并无效验，倒是几位法师在回去之后相继暴病而亡……

尚未听罢王远的描述，真人心中已经明白事情的缘由所在了。那是

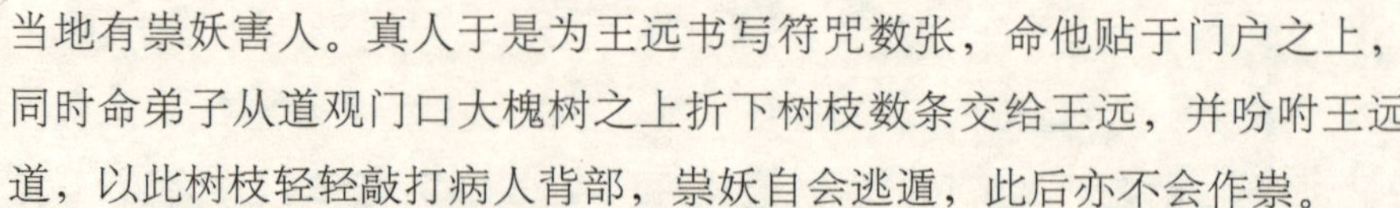

当地有祟妖害人。真人于是为王远书写符咒数张，命他贴于门户之上，同时命弟子从道观门口大槐树之上折下树枝数条交给王远，并吩咐王远道，以此树枝轻轻敲打病人背部，祟妖自会逃遁，此后亦不会作祟。

王远自然是感激不尽，叩头不已，在辞别真人之后，匆忙乘上真人所赠骏马，一路绝尘而去。

三日后，王远捎信来说，祟妖之害已经解除，村人无不感激真人大德云云。

在陈宝炽真人修成道法之后居留人世的数十年间，这样的预言兴废、未卜先知、降妖除魔的事情，是时有发生的，断然不是几个事例所能道尽的。

时间很快就到了西魏文帝大统十五年（549年）的三月十七日。

这一天临近正午时分，天气晴和，流云散尽，飞鸟时来，柳絮满庭，为众弟子讲说完道法的陈真人缓缓对弟子们说道："我昨天晚上梦到仙官下凡召唤于我，今天的正午时分，便是我离去之时。"

说罢，便闭目不语。斯时，庭院之中，突然异香扑鼻，且有仙乐隐隐自空中来。良久之后，方才不可得闻。众弟子再去看时，真人已经仙化而去了。

真人仙去之后，文帝特意诏谥真人为贞懿先生，并命将真人事迹著于竹帛，传诸后世。

多年以后，元人朱象先有诗一首，评价陈宝炽真人，诗曰：

跨虎闲来市上游，神通妙用骇时流。

文皇谩把闲名挽，贞懿先生未肯留。

拾陆

精思法师韦真人：滴露研珠点老庄

北周武帝

在楼观道史上，继晋惠帝永兴年间楼观高道梁谌托名太和真人尹轨撰述《楼观先师本起内传》，使得道观道史“别为一传”之后，为上起魏元帝咸熙初梁谌师事郑法师于楼观，下至北周武帝年间通道观的建置留下楼观道史系统著作的，是被时人呼为关西夫子、北周武帝诏封为精思法师的韦节真人。

韦真人学贯儒道、理通天人，一生长于著述，曾撰述《三洞仪序》，注解《妙真经》、《西升经》、《庄子》、《列子》、《中庸》、《孝经》、《论语》，并为《老子》、《易经》等作注论凡八十余卷，可谓著述颇丰。但他在楼观道史上的知名，却是与他隐居华山之时，读《楼观先师本起内传》之后，遂生续作之志，后来，在遍访当世楼观高道的基础上，续撰成《楼观先生本行内传》，即后世流传的《楼观内传》卷二，使得魏晋南北朝间楼观道史有了系统著作。

与本书涉及的其他楼观高道不同的是，他并不曾修道于楼观，但他的续作对唐宋以后的楼观道影响极大，是为继梁谌之后为楼观道史的存留作出巨大贡献的一代高道。

韦法师名节，字处玄[①]，京兆杜陵人[②]。

他后来之所以会辞官入道并成为一代著名高道，是和他自幼好读古书，通览经传诸子并旁通占候之术而致参透人生真谛，无意俗世功名利禄相关。

他的故事，还得从公元510年说起。

这一年，韦节刚交十四岁。

第一节 少年有名侍东宫

公元510年，年仅十四岁的韦节被北魏宣武帝[③]任命为东宫侍书，是为他首次入朝任职。

十四岁的韦节之所以能够被选，原因并不复杂。

韦节出身名门望族，家中藏书甚富，多达万余卷，这在当时的条件下，可谓是比较难得的了。加之他自幼便好读古书，经传诸子无不通览，且极有心得，同时，他还精通占候之术。这就更为难得了。因此上，与同龄人相比，韦节因博通经史、才气过人、少年有名而被宣武帝选为东宫侍书，便是可以理解的了。

韦节任职东宫侍书的这一年，北魏朝廷已经可以说是危机四伏了。其时，随着生产的发展和鲜卑贵族汉化的加深，北魏统治者开始日趋腐

①赵道一撰《历世真仙体道通鉴》写作“处元”。
②西汉宣帝时始置杜陵县，治所在今西安市东南。
③赵道一《历世真仙体道通鉴》写作“魏武帝”；王士伟《楼观道源流考》写作“北魏孝武帝”；樊光春《西北道教史》为“北魏宣武帝”，查北魏历代帝王年表可知，后者比较准确。

化，吏治亦逐渐败坏。从史书记载的高阳王元雍等人的奢华行为中，约略可以看出当时社会的问题所在。当时高阳王元雍富可敌国，其住宅犹如皇宫，童仆多达六千人，单是伎女，就有五百人之多，每餐费用动辄即高达数万钱。在他与河间王元琛斗富之时，其奢侈豪华足以令西晋的石崇、王恺自叹弗如。而被称为饿虎将军的元晖任吏部尚书之时，竟然可以公开定价卖官鬻爵，致使时人称吏部为卖官市场，吏部官吏为白日窃贼。朝廷中枢既已腐化如斯，地方州郡聚敛财富搜刮民脂民膏之举似乎也就顺理成章了。而与统治者及豪门富户的奢华形成鲜明对照的是：繁重的兵役和税赋使得大批农民家破人亡、背井离乡、流离失所，无奈之下，他们只能投靠豪强，重新沦为依附农民，还有一些人则为逃避赋役，被迫出家。这自然会导致朝廷控制的编户日益减少，影响政府收入。而为解决这一问题，统治者加重未逃亡的农民的赋税以及多次搜捕逃亡者的做法却逐渐激发了农民的反抗。这反抗一旦开始，便难以控制，北魏的最终衰亡，也就只是时间的问题了。

宣武帝延昌四年（515年），也即是韦节任东宫侍书五年后，冀州僧人法庆领导了一场对北魏朝廷打击甚大的大乘教起义，该起义迫使北魏政府动员十万大军，费时数年才镇压下去。这次起义后，北魏朝廷的衰败气象，已经是十分明显了。

对身居朝廷之内明了世事兴亡变化之道的韦节而言，斯时他想必对在朝为官已无甚兴趣，况且覆巢之下，安有完卵？在这已然风雨飘摇的朝廷之中，纵然有心兼济天下，恐怕也是心有余而力不逮。况且东宫侍书不过是闲官一个，并无参政议政的资格，即便可以参政又能如何？国家沉疴已久、积弊已深，纵然胸怀兼济天下之志，也必然是回天乏术，无力挽狂澜于既倒。这或许便是孝明帝即位之后，太后视朝，韦节愿意出任鲁郡的原因所在了。

国家中枢既以腐化衰败如斯，鲁郡自然也好不了多少。目睹下层民众生活无所依靠以至于家破人亡、流离失所的悲惨境况的韦节，在对朝廷失望之余，生出入道修行的想法，就不奇怪了。

不过，与大多数高道入道之时的慨然和决绝不同的是：他的入道，却是有着一点波折、一点试探与准备的过程的。

时间是在他有意出任阳夏太守之后不久。

第二节
辞官入道在嵩山

公元528至529年，为北魏孝庄帝在位时期。

已过而立之年且目睹朝廷腐败下层民众生活境况悲惨的韦节，生出了辞官入道的想法。或许，在他看来，兼济天下的方法并非只是入朝为官讲求事功这一种途径，如儒家先师孔子所言："邦有道则仕，邦无道则卷而怀之"，抑或如道家先师老子当年告诫孔子之时所说的："君子得其时则驾，不得其时则蓬累而行。"既然现实注定了他不能在建立事功为天下苍生谋福利上有所作为，那么，精研教理教义，传播道法，或许可以为生活无所依靠的下层民众开启一扇精神的光明之门。若是如此，也可谓是功德无量了。

这或许便是北魏孝庄帝即位之初，韦节听说嵩山有一位隐真道士赵静通法师，其人道法高妙，可以为师，因阳夏郡便于随时入嵩山拜访赵法师，于是他便请求孝庄帝命他出任阳夏太守的原因所在了。

出任阳夏太守之后，韦节也并非是即刻选择辞官入道，而是打算先

嵩山

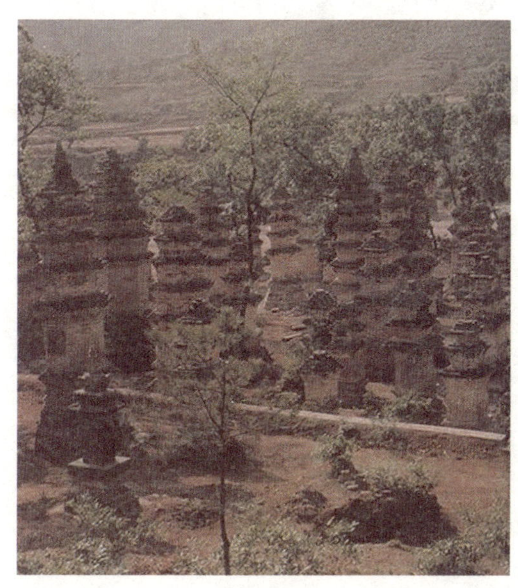
嵩山塔林

专程前往嵩山礼谒赵法师，在证明关于赵法师道法高妙的传闻并不虚妄之后，再做决定的。毕竟，对于已过而立之年且见惯了尘世中欺世盗名之徒的韦节来说，在作出注定将影响他此后人生道路的重大抉择之前，以严肃负责的态度谨慎从事，也是应该的。

韦节最后终于做出辞去阳夏太守之职，彻底弃绝人事，入道嵩山，师事赵法师修习道法的重大决定，便是在初次拜访赵法师并对其道法的高妙十分敬佩之后。

在师事赵静通法师修习上道的数年间，韦节先后得到赵法师所授三洞灵文、神方秘诀、经戒法箓等。韦节追随乃师依法潜心修习，从无懈怠，不久之后，便深得道法之妙了。

多年以后，当韦节西移华山修道之时，受到斯时在长安一带影响极大的楼观派的影响，并在深入探究楼观道教理教义之后，融合了他从赵法师处修习的江南天师道所奉持的三洞经戒法箓，为楼观道在教义上的完善与成熟做出了突出贡献。从这个结果来看，在嵩山师事赵法师修习道法的这一段时间，无疑是为韦节后来在楼观道教义的丰富与完善上取得一定的成就奠定了必不可少的基础。赵静通法师自是功不可没。

不过，此时在嵩山安心修道的韦节可能并不曾预料到，就在他入道嵩山数年并打算就此安身的想法，因为这一天赵法师的一个决定，发生了重大的变化。

这变化的结果，便是韦节西移华山，隐于山南；乃师赵静通前往泰山，云游弘道。

赵静通法师之所以做出这个决定，是和他对当时嵩山为释氏门人占据，而至本为神仙福地的嵩山沦落为积尸沉魄秽浊之地相关。

当时，赵静通法师对韦节这样说道：“嵩高是神仙福地，顷浮屠氏棲于此，非有绝俗之行，直欲托名岳以鬻风声。由是积尸沉魄，秽浊灵山。比者天文气候怒戾失中，恐灾流于此，尚宜安居耶？”从赵法师的这段话约略可以看出，当时，嵩山释氏门人势力可能已经比较强大，而他们与道门之间，想必已有多次交锋。此时虽说距北周武帝朝释道论争的激化尚有数十年之遥，但可能已是剑拔弩张、山雨欲来风满楼了。赵静通法师之决定离开嵩山，可能是与道门势力衰微无从与释家抗衡相关。

无论选择离开的原因究竟为何，赵静通法师的这一决定，改变了韦节此后的命运却是事实。

赵静通法师决定或前往泰山，或乘槎浮于海，却安排弟子韦节往商洛、岷山、益州方向隐修。师徒二人就此分道扬镳，再也不曾重逢。

乃师去后，韦节收拾行囊，向商洛方向一路绝尘而去。

他的目的地，是西岳华山。

多年后，他有了一个名号——华阳子。

第三节
遍访高道续道史

韦节后来之所以被时人呼为华阳子，是和他西移华山之后，隐居于山之阳有关。

离开嵩山拜别乃师赵静通法师隐居于华山之阳的韦节，在饵服黄精、白术、胡麻、茯苓、丹砂、雄黄等药物，并潜心修习三一、雌一、八道九真之术，诵读《黄庭内景经》、《智慧消魔经》外，用力最勤的事情，便是积累整理平生所学，撰述并注解注论儒道经典了。

在撰述《三洞仪序》之后，韦节先后为道家经典《妙真经》、《西升经》、《庄子》、《列子》；儒家经典《中庸》、《孝经》、《论语》做注，还为《老子》、《易经》做注论凡八十余卷。在魏晋南北朝时期，无论教内教外，若论著述之勤、用力之深、范围之广、著述之

丰，无人能出其右。因为这个原因，当世之士也称他为关西夫子，足见其道名之盛、影响之大。不过，如前所述，韦节之所以能够在楼观道史上占有一席之地，以至于后来有唐一代著名楼观高道银青光禄大夫尹文操在撰述《楼观内传》卷三之时，将并不曾修道于楼观的他置于卷首，却是与他续作《楼观先生本起内传》有关。

韦节隐居华山之时，正值楼观道派在晋惠帝永兴年间为梁谌创立之后，历经二百余年的发展，教义日臻完善，高道因是辈出，影响遍及关中之际。斯时，长安一带的道士莫不受到楼观道派的影响，其他道观中归入楼观道的道士也不在少数。不过，与盛行于南方的其他道派不同的是：楼观道始终坚持以老子为唯一教祖，以道德五千言为根本经典，历来不大重视造作道书，自然对撰述本派教史，记述该派高道事迹无甚兴趣。再加上或因天灾或因人祸，楼观道史资料或遗失或被毁，致使有心撰述楼观高道事迹的后来者常常为资料的匮乏而深感遗憾。①

所幸身在华山的韦节此时在读到《楼观先生本起内传》之后，可能有感于楼观虽自梁谌以下，当世高道云集且人人成就非凡，惜乎并无人有志于续作高道传记。这些可能会对后世有志于修道之士提供精神启发的高道的生平事迹极有可能在时过境迁之后湮没无闻，不惟对楼观道派而言是一大损失，对整个教门的发展来说，损失也不可谓不大。出于以上考虑，韦节遂生续作之志，便是可以理解的了。

熟读《楼观先生本起内传》以后顿生续作之志的韦节多次云游至楼观，在遍访楼观当世高道，精心研读楼观所存古碑及其他道史资料的基础上，选择了上起梁谌，下迄张法乐，包括王嘉、孙彻、马俭、尹通、王道义、毋始光、陈宝炽、李顺兴在内的生活在魏晋南北朝时期的楼观派著名高道十人，撰成《楼观先生本行内传》卷二，为魏晋南北朝间楼

①关于楼观道史及高道行状，如今可以看到的，仅是元人朱象先据《楼观内传》三卷精简辑录的《终南山说经台历代真仙碑记》，元人赵道一撰辑的《历世真仙体道通鉴》，清人薛大训撰辑的《古今列仙通记》（该书与赵道一著作多有重合，想必是依据《仙鉴》撰成），其他如楼观现存碑石，记载的也不过是一鳞半爪，难成系统。两宋之后关于楼观高道的资料尤为匮乏，或许就和楼观道派一贯的述而不作的作风相关。这不能不令人遗憾。

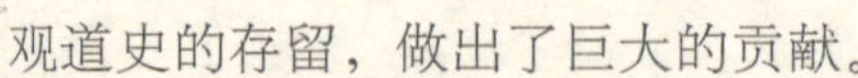

观道史的存留，做出了巨大的贡献。

《楼观先生本行内传》卷二所记述的十名高道中，距韦节续书之时最远的，是楼观派的开创者梁谌真人，也不过是二百余年[①]；而最近的张法乐，与韦节同时而长其三岁[②]。据此约略可以推断，韦节续书内容的真实程度，应该是比较高的。

该续书原本虽已在元世祖至元十八年因与《化胡经》稍有牵连而遭焚毁，从此即告亡佚。然而，幸运的是：在原本亡佚之前，元人朱象先在撰述《终南山说经台历代真仙碑记》之时曾予以节录，赵道一在撰辑《历世真仙体道通鉴》之时曾予以引用，因之，韦节续作能从这些作品中约略窥见其概貌。

多年间隐居华山、精研教理、勤于著述而致道名极盛，为当世之士所敬重的韦节真人住世修行的最后日子，也逐渐迫近了。

时间是在北周武帝太和四年十月二日。

第四节 身乘彩云羽登仙

公元569年，即北周武帝太和四年十月十二日，被北周武帝赐号为精思法师的韦真人在位于华山东岭的太玄精舍寂然解化。从他三十八岁时入嵩山师事赵静通法师修道之日算起，住世修行三十有五年；居留人间凡七十有三年。

华山风貌

就在真人羽化之日的正午时分，太玄精舍上空突然有彩云如盖，覆其庐舍。真人见状后，对弟子们说："予当乘此而去。"说罢，即不再出门，亦不再言语。当日临近黄昏时分，华山上空晚霞满天，寒风渐消，鸟兽齐

①韦节生于北魏孝文帝太和二十一年（497年），羽化于后周武帝天和四年（569年）。而梁谌生于公元247年，卒于公元319年（东晋元帝太兴二年），距韦节不过二百余年。

②张法乐约生于公元500年，于公元553年登真。其登真时间，比韦节也不过早十有六年。

鸣，其声哀恸，真人寂然解化。

是年二月戊辰，武帝曾御大德殿，召集百官及沙门道士两千余人讨论佛道，比较三教优劣，又在四年后的建德二年十二月癸巳，再次召集百官及沙门道士辨识三教优劣，之后，即下诏裁定三教次序为：儒教为先，道教次之，佛教为后。斯时，距离武帝下诏“断佛、道二教，经像悉毁，罢沙门道士，并令还俗”，彻底打击佛教势力，削弱道门力量，也不过只有五个多月的时间了。不过，道门的这一人为的灾难，韦节真人是无从亲见了。

从个人角度而言，韦节真人的幸运，在于他羽化于道门面临玄风渐消、力量大为削弱的四年前。如果他活到公元574年北周武帝沙汰释老门人之时，与当时的高道严达、王延等人一样，自然也不会受到冲击。但对早年即目睹世道混乱、民不聊生而在壮年之时生出弃官入道、弘扬教法、济世度人的韦节真人而言，如果不幸必须面对道门玄风不振的境况，想必内心会极度痛苦，从而可能郁郁而终。毕竟，他的选择入道，并不仅仅是为了自身的长生久视、羽化登真，而是有着在建立事功、救民于水火之志无从施展的失望之后，借道门精神力量来感化世人，为他们在极为艰难的世道之中开启一道精神的光明之门的志向在其中。不过，从另一方面考虑，韦节真人在晚年隐居华山之时，先后数次应北周武帝之诏，或为其传授经文，或制作修真之曲，或为他国使者论析三教短长及内圣外王之道，或许便有借道门力量影响时政的良苦用心。这无疑也是符合道家先师老子当年撰述道德二篇时的真实用意的。他的被周武帝赐号为精思法师，就发生在这一段时间里。

当时，听说了韦真人道行高深而生仰慕之情并想见其人的北周武帝曾亲幸真人所居观中，设坛受《灵宝五符赤书真文》，是日，有白鹤临坛，徘徊许久方去。武帝见状，大为惊叹，此后便屡有赏赐。不久以后，武帝还曾命真人作修真之曲。真人应诏作《精思法》以献。更是令武帝叹仰再四，于是便为真人赐号“精思法师”。后世楼观道众之所以将韦真人呼为精思法师，便是因着这个原因。

不过，真正体现韦真人学究天人、贯通儒道，胸怀天下苍生，有心致君尧舜，以为万世开太平的事件，却是发生在数年以后。

这一年，南朝陈国使者周洪正出使北周，抵达长安之后不久，便明确向北周武帝表达了他对韦节真人素来敬慕之情，同时表示有意当面礼谒问道。武帝便将真人招至长安，命座演教。

其时，韦真人为周洪正纵论天人之理，内圣外王之道，三教优劣之势，其剖析之精微，论证之严密，见解之深刻，无不令周洪正叹服不已，并惊为天人。

听罢韦真人的论说之后，深为真人学问的精深所折服的周洪正如是评价韦真人："此三界杰人，非止二国[①]之可仰而已！"

虽说韦真人此番宏论是否影响到此后北周武帝朝的政治走向，以及南陈使者周洪正在惊叹之余是否在回到陈国之后将真人所说转奏陈君，从而影响到陈国的政治走向，已无籍可考。但韦真人学究天人，胸怀天下苍生，不独求个人得道的境界修为，却是有案可稽，可谓表露无遗，不惟足以令后世修道之士敬佩，亦足以为他们反躬自省之时，提供一参照。

此事过去之后不久，周武帝又为真人赐号为玄中大法师。

是时，或许是因为对北周武帝朝的政治状况深感失望，韦节真人不久之后即结庐于华山东岭，目的不过是为屏诸喧杂，以宅清旷。遗憾的是，与后来的王延真人相同的是，斯时他也已经难以彻底弃绝人事喧嚣。这喧嚣的最后的表现，便是北周武帝在听说韦真人结庐于华山东岭之后，特意下诏为其宅赐名为"太玄精舍"。

北周武帝天和四年十月二日黄昏时分，号为玄中大法师的韦节真人在华山东岭太玄精舍之中寂然解化，享年七十有三，没有留下任何遗言。

①即北周、南陈。

拾柒

严道通法师：振起颓纲真有力

魏太武帝

公元574年，是为北周武帝建德三年。这一年的五月间，身在长安宫廷之内的武帝正式下诏“断佛道二教”，以至于经像悉毁，沙门、道士被强令还民，致使佛道二教均受严重打击。此事件与公元446年魏太武帝诏诛长安沙门、845年唐武宗废弃佛教一起，为中国历史上十分著名的宗教-政治事件，史称“三武之难”。“三武之难”的起因，总不过是沙门僧徒的不良行为有违国之安定，而其实质，则是宗教势力与国家利益之间内在的冲突，这冲突一旦激化，沙汰释门的政治决策的下达，就只是时间的问题了。而在这三者之间，真正做到将利益冲突演化为教义论争，从而在一个看似十分合理的因由之下沙汰释老的，无疑是北周武帝了。

周武帝沙汰释老的政治决策的最终下达，是有着一个较长时间的酝酿以及舆论准备的。由此亦约略可以得窥宗教–政治关系的微妙之处，亦可以由之理解中国历史上政治意识形态和宗教观念之间的或冲突或融合的真正原因所在。

早在周武帝天和三年，即公元568年，作为政治家的武帝应该已经意识到国家意识形态应以儒家为本，释道辅之，从而达到统一三教，配合全面汉化政策，实现富国强兵的最终目的。为此，他曾在大德殿召集道士开讲《礼记》，并在次年于紫极殿集合儒释道三家代表及文武百官凡两千余人共同论辩三教优劣，却因司隶大夫甄鸾所上条策《笑道论》而龙颜大怒。嗣后，僧人释道安撰写《二教论》再次不合时宜地展开对道教的抨击，使得原本在情感上接近道教的武帝更为不悦。三年后，也就是建德二年（573年），已经过多次集合名儒、名僧、名道论辩佛道之优劣的武帝在再次召集群臣辩论之后，确定了“以儒教为先，道教为次，佛教为后”的政治策略，表面上似乎是在较量儒道释三家思想之短长，实质却是希望以国家意识形态整合三教思想的政治努力。事情至此，三教优劣的论争或许可以说是尘埃落定了。然而，一年后的一次佛道辩难，却使得武帝最终做出了沙汰释老的政治决策。[①]这一决策，在打击了佛道二教的宗教势力之外，却无意中成就了道门一位仙真振起颓纲的无上功德。

这位真人，便是严道通法师。

作为“田谷十老”重要代表，在释老之徒处境极为艰难的政治形势之下，他潜心精研道教教理教义，为保存道门血脉，起到了极为重要的作用。

严道通法师的事迹，需从多年前他入道楼观时说起。

①对于这一事件的精深研究，可参见樊光春先生著《西北道教史》，商务印书馆，2010年版，第209-211页；王士伟先生著《楼观道源流考》，三秦出版社，2007年版，第85-90页。

第一节
弱冠入道师侯楷

严道通法师，名达，字道通，陕西扶风人。

他的入道以及最终修成道果，并成为楼观派的著名高道，是和早年的经历有着密切关系的。

在年少之时，严道通就已经对俗世事务无甚兴趣而秉有方外之志。当时，他只要得到一花一果，便十分虔诚地敬献到道祖的神像之前，这一看似微小的举动，多年以后却实实在在地改变了他的人生道路。而真正改变他此后修道之路的重大事件的发生，却是和楼观高道侯楷法师相关。

吾老洞

这一年，一个偶然的机缘使得侯楷知晓了严道通的这一虔诚敬慕道祖的行为，并因此认为严道通与道有缘。在经过简短的对话之后，侯楷法师便对他十分器重了。能得到贞懿先生陈宝炽真人的得意弟子侯楷法师的器重，自然对严道通的心理产生了十分重大的影响，因之，数年以后，严道通便在其弱冠之年来到道教圣地楼观，师事侯楷法师修习道法了。

时间是北魏孝武帝永兴中。①

追随侯楷法师修道于楼观的这一段时间，对严道通而言，无疑是十分重要的了。他之所以很快便道名极盛，除了他少负道缘，在入楼观修道之后又潜心修习并学穷经籍，深契玄理之外，自然也和侯楷法师在斋真之余，常常为他讲说道法不无关系。我们可以明确知晓的是，他很快

① 《历世真仙体道通鉴》卷三十严达条载：“（严达）后魏明元帝永兴中入道。”周永慎编著《历代真仙高道传》严达条载：“（严达）魏明帝永兴（409-413年）中入道。”王士伟《楼观道源流考》载：“（严达）北魏孝武帝永兴年间入道。”据时间推断，前二者说法似为不确，本章采用王士伟先生说法。

便博通妙术，跻身于当时楼观著名高道之列，并为当世之士所推崇。这也为数年后的周武帝建德中（572–577年），武帝在已下令沙汰释门僧人，并命公卿讨论减省道观道士之时，特意诏请他和王延议论道释短长，从而成就了道教历史之中一段十分著名的公案埋下了伏笔；自然也为嗣后武帝特意创立通道观，以安置著名道士，保存道教力量之举提供了某种可能。严道通法师护教之德行，也由此拉开帷幕。

先说武帝召问严道通法师释道优劣之事。

这一事件充分体现了严道通法师道法的高妙以及言辞的机敏，此事虽未能使得武帝改变对道教徒减省的国策，却可能使得原本就对道教怀有感情的武帝最终决定设立通道观，以及在严道通隐居的旧居田谷建通道观别馆，选择包括严道通在内的高道十人居住其间，研习道法，穷究教理，保存道教血脉起到了一定的作用。多年以后的事实表明，严道通法师与武帝的这一问答，可能改变了武帝对道教的政策的走向。严道通法师可谓居功至伟。

第二节
武帝召问论释道

公元574年五月，也就是周武帝正式下诏沙汰释门、减省道观之后的这一天的正午时分，独坐于偏殿的周武帝于睡意朦胧之中突然看到一位黄衣使者手持玉版丹书自空中缓缓下降至面前。这黄衣使者站定之后，便开始声色俱厉地谴责武帝废黜大道经教之举乃是自绝于天。战战兢兢听罢黄衣使者的说法之后的武帝十分惊骇，多日以后，武帝方才决定在都城长安复建通道观，并命楼观高道严道通法师做观主，此后又在严道通法师隐居的田谷口，复建通道观别馆，并精选王延、苏道标、程法明、周化生、王真微、史道乐、于长文、张法成、伏道崇等九名楼观高道居住修道其间，史称“田谷十老”。武帝这一做法，无疑是在沙汰释老门人之后的便宜之举，目的自然在于保存道教力量，以使道法血脉得以延续。

以上说法，虽言之凿凿，但稍加考辨，可知应该是后世道众附会之说，未可全信。倒是武帝在下令禁罢佛道二教之后，特意诏问严道通法师于便殿，问难释道优劣之举，可能才是后来武帝修建通道观的缘由所在。

时间大约也在公元574年五月后的某一天。

斯时，武帝虽已下令减省道观，但还是有心为道门留一余地，故特意将被他视为当世高道的严道通法师召于便殿，于是便有了以下对话。

武帝问严道通法师道："道家和释家哪一个更好一些？"

严道通答道："自然是主优而客劣？"

武帝追问道："何为主？客又指的是哪一个？"

严道通说："释家本出于西方（此处指印度和西域），是东传至中夏的，难道不是客吗？而道家则是中夏本土所生，自然便是主了。"

武帝虽然对严道通的回答较为满意，但还是咄咄逼人地追问道："客既西归，主无送耶？"这话的意思是，既然如今朝廷已经决定沙汰释门，道教又岂能独存？言语之中，已有释老俱废的意思。

北周武帝

严道通法师自然明白武帝此语的真实用意，于是便说道："释家既然生于西域，如今西归了，自然有益于胡土；道家本生于中夏，若能保留下来，自然无损于中夏。去者不追，居者自保，又有什么可送的？"言下之意，自然是在婉言规劝武帝不必在沙汰佛门之时波及道教，由此可见，他应该明白武帝沙汰释门的表面用意所在，故有此对。然而他可能无法明白的是，在表面的佛道思想论争之下，隐藏的却是寺庙利益和国家利益之间的冲突，这冲突，自然不是他几句精妙的答问所能调和的。

从之前多次召集僧道交相问难以及后来复建通道观的举动来看，武帝虽然对严道通法师的言辞机敏、理不能屈极为赞赏，然而遗憾的是，他的真正考虑实际并不在释道教理教义的优劣，因之，为了平息尖锐的佛道论争，他仍然下令在沙汰释门的同时减省道观的数目，但出于对严道通法师等楼观高道的敬重，武帝下令在都城长安修建通道观，以严道通法师为观主，并在楼观道士之中精选出九名高道，与严法师同居通道观修习道法。加上严道通法师共计十人，而这十位高道经常在楼观近旁田谷之左的通道观别馆修道，后世道众便将他们称为“田谷十老”。在政治形势已然不利于道教徒的情形之下，这十位高道为道教血脉的延续，无疑是做出了十分重要的贡献的。

第三节
通道观中振颓纲

作为政治家的周武帝自然知晓，他此次下诏沙汰释老，目的并不在于彻底废弃释道，而是在释老之徒与国家争利的状况下，出于政治利益的考虑不得不为之的选择，因之，在已经下诏沙汰释门并减省道观之后，出于对高道名僧的敬重，特意在都城长安建造了通道观（今西安市北郊汉长安城遗址），命楼观高道严道通法师为观主，同时招收儒、释两教著名学人参与其中，目的是研究儒、道、释三家思想及其教义关系，缓解它们之间多年来因长期论争所造成的无谓的精神损耗，最终为国家精神的建构，提供一种可能。由于楼观高道严道通法师和王延真人任通道观住持，因此上，该观的设立，无疑对提高道教楼观派在北朝道教中的地位，起到了关键作用。道教楼观派也因之成为中国道教在北方的一大宗派。严道通真人自然是为此做出了巨大贡献的。

通道观建成之后，在武帝命严道通法师精选楼观高道十人居住其间共弘真教之时，还发生了一件事情，从这件事情约略可以看出严道通法师对修道之事的基本态度，也可以使我们明了他对武帝沙汰释老以及设立通道观之举的真实用意，还是心知肚明的。

当时，楼观高道王延真人认为，仅仅选择十名高道入住通道观，人数有些偏少，于是建议严道通法师酌情增加入选人数。

严道通法师便对他说：“古之达者，先存诸己，而后存诸人。今上

不欲废道教，而意则去繁。但道贵得人，玄纲自振，何必多人耶。盖多人则多累，反为吾道之玷。夫道不欲杂，杂则多，多则惑，惑则乱，乱则真理丧矣，讵有益哉。”也就是说，在严道通法师看来，弘道之事，贵在有高道持守道法，则教派自然兴盛，人数过多之后，自是鱼龙混杂、泥沙俱下，非但无益，反倒有害。另外，他还认为，武帝并无意于废黜道教，只不过是希望通过减省道观数目的方式，来去除繁芜，存其精要，以利于道法传播而已。于是并不增加入选人数。

包括严道通法师和王延真人在内的十名楼观高道入住通道观之后，常常以道术相忘，潜心精研道教教理教义，而且还可能在多年间与儒家思想及佛家教理的相互交通的过程中，为楼观派思想的进一步发展，做出了一定的贡献。直到多年以后，隋朝建立，道教再次兴起。

第四节
真人返真于楼观

隋室建立之后，道教再次复兴。而距长安不远的通道观别馆，自然是在首批复建之列。

时间是在隋文帝开皇中。

当时，文帝特意下诏重修二庙，并精选高道多人居住其间，以为国家祈福。此后，朝野之内宗奉道教的人也越来越多了。

隋文帝

而早在公元600年，即隋文帝开皇二十年十二月，文帝就曾下诏明确表示他对佛道二教的态度，这态度，自然也影响甚至决定了二教此后的发展状况。

文帝认为，佛法深妙，道教虚融，二者均属大慈降世，目的在于济世度人，因此上，应该修建庙宇，定时祭祀，以表恭敬。而且他还特意强调，凡是有人胆敢毁坏或偷盗佛像以及天尊像的，一律以不道论处。而沙门毁坏佛像，道士破坏天尊的，以恶逆论处。文帝的这一诏书，可以说奠定了隋唐时期统治者对于释道二教的基本态度。道教楼观派的再次复兴并走向兴盛，也与此有着莫大的关系。

随着楼观道的再次复兴，严道通法师住世的最后日子，也逐渐迫近了。

这一天，他在为众弟子讲说完道法之后，来到了周法师所在的偏殿，聆听周法师鼓琴。

周法师的琴声十分幽远，仿佛响彻于空山幽谷之中，随着溪水潺潺与鸟儿的啁啾缓缓而来又飘然而逝。斯时，严道通法师瞬间觉得，自己仿佛已然置身于幽岩之上，眼前可见流云朵朵，耳畔可闻清泉的奏鸣，回身望去，凡间诸物已然悉数隐去，唯留青天一鹤飞升而去。

一曲听罢，严道通法师开口说道："琴声可以感神，应当会有神灵下降于此。你再奏一曲吧。"

周法师于是再次开始演奏，斯时，但见五色祥云逐渐笼罩在殿宇之上，且有仙乐阵阵似从天上缓缓而来，聚集在周围树木之上的群鸟的奏鸣也声声入耳，令人瞬间忘我，乐而忘形。

一曲未尽，众人再去看时，严道通法师已然返真了。

公元609年，即隋炀帝大业五年三月十七日，住世修行已七十余载且在北周武帝沙汰释老门人的情况下为楼观道保存血脉做出重要贡献的严道通法师在他潜心修道、精研教理多年的通道观羽化登真，终年九十一岁。

拾捌

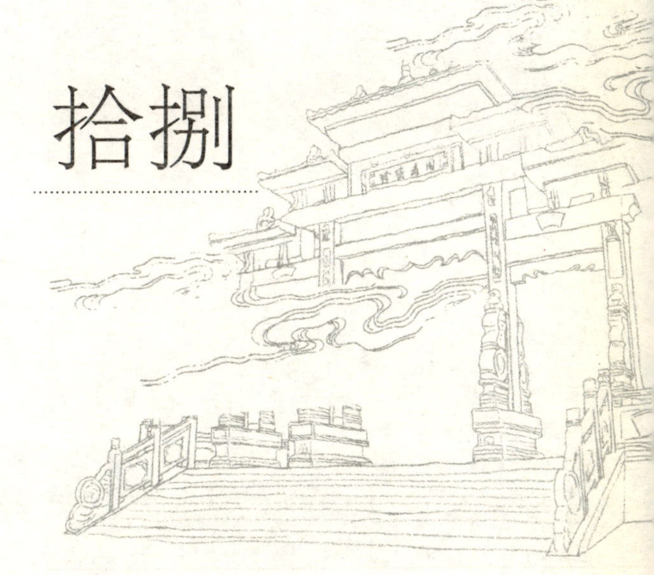

威仪法师王真人：腾腾控鹤返蓬莱

隋文帝

公元574年五月，北周武帝下诏“断佛道二教，经像悉毁，罢沙门道士，并令还民”。是为中国历史上继北魏太武帝之后的第二次十分著名的废佛事件，该事件的起因说来简单，但整个运作过程却颇为复杂[①]。与魏太武帝灭佛不同的是，此次事件在打击佛教的同时，也殃及道门，致使道观亦遭减省，力量大为削弱。但素来对道教颇有好感的周武帝在沙汰释老门人之后，出于对严道通法师等楼观高道的尊重，加之有心为道门保留精神血脉，于是便在都城长安建造通道观，精选著名楼观高道十人居住修道其间，同时招收儒释两教著名学人参

①详情可参见严道通法师章。

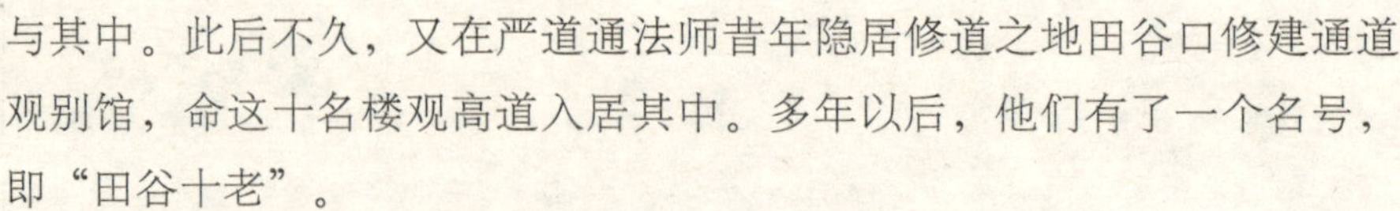

与其中。此后不久，又在严道通法师昔年隐居修道之地田谷口修建通道观别馆，命这十名楼观高道入居其中。多年以后，他们有了一个名号，即“田谷十老”。

除严道通法师外，在这十位高道中间，还有一人，也以道行高妙而著称于世，属“田谷十老”中成就较高者。

这位高道，便是后来被隋文帝诏封为威仪法师的王延真人。

他的事迹，需得从西魏孝文帝大统三年丁巳岁（537年）说起。

第一节
应诏而出弘道教

威仪法师王延真人，字子元，与严道通法师同为陕西扶风人。

王延真人修道之路的开始，是在西魏孝文帝大统三年丁巳岁，即公元537年。

这一年，从九岁起便喜好道法的王延从家乡扶风来到楼观，师从著名楼观高道贞懿先生陈宝炽真人修习道法。斯时，他刚刚年满十七岁。

入道楼观的王延在追随陈宝炽真人修习道法之余，还和同为陈真人弟子后来也是一代楼观高道的李顺兴真人关系甚好，二人常常在一起交相问难，互参道法，共同修习，各人自然是进益非常。在楼观师事陈宝炽真人修习道法的这一段时间虽算不得漫长，但却对王延后来的成就起到了极为重要的奠基作用，陈宝炽真人和李顺兴真人自然功不可没。同时，在陈宝炽真人之外，还有一位著名高道，也影响了王延的修行进路。

这位真人，便是华山云台观高道焦旷。

也就是在师事焦旷真人修习三洞秘诀真经之后，王延便开始和焦真人一起同居修道于石室之内，餐松饮泉，绝粒幽处，以希求真道。

焦旷真人字大度，原本是茅山道士，北周武帝敬慕其道行，于是便将他诏至华山，建云台观供他修行，并拜为帝师，备极尊崇。在师事焦旷真人数年以后，王延真人的道名也传到了长安，北周武帝便派遣使者前来华山征召他前往都城长安。其时，王延真人已经预感到国家形势将会不利于释老之徒，因之，起初他并不愿意奉诏前往，但他的师父焦旷真人临终前的一段话，却改变了他的态度，最终也间接成就了他后来与严道通法师等高道一起振起颓纲的无上功德。

当时，在得知王延并无意于应周武帝之诏前往长安，且预感到自己不久于人世，加之深知由于世道变化，教门将面临危机之后，焦旷真人将王延唤至面前，并对他说："世道夷陵，久失拯援，你可应诏而出，以宏大道教，吾自此逝矣。"也就是说，在焦真人看来，越是在教门面临危机之时，越需要有高道应诏而出，承担振起颓纲的作用。焦旷真人临终前的这一番话，可谓是用心良苦，自然也对原本无意于应诏的王延真人起到了醍醐灌顶、振聋发聩的作用。王延后来之所以在焦真人羽化之后，迅疾应武帝之诏，来到都城长安，并在多年后武帝沙汰释老门人之时，居留通道观，精心校雠三洞经法、科仪戒律、飞符箓凡八十余卷，以及撰述三洞珠囊七卷，为振起颓纲、保存道门精神血脉做出巨大贡献，无疑是与焦真人的临终遗训，有着莫大的关系的。

王延真人应诏来到都城之后，常常被武帝诏请至宫内，为他及百官讲说道法，其道行的高妙被武帝大为赞赏。数年后，武帝之所以在下诏沙汰释老门人之后，特意设立通道观，有心为道门保存力量，除了严道通法师的影响外，王延真人无疑也是做出了一定的贡献的。

第二节
云台观中显道法

居留都城长安以备武帝随时诏问道法数年之后，王延真人因挂念乃师焦旷真人遗蜕存放之地云台观，于是便在这一日奏请武帝诏命他返还西岳。武帝虽有不舍，但也不便强留。

就在王延真人返回云台观数月之后，为了表彰真人的德行，表达他对王真人的敬慕之情，武帝又特意诏命增修云台观以供王延真人修道。

于是，重修云台观的庞大工程，就在王延真人的统领之下，轰轰烈烈地开始了。

不料，令华山道众大为犯难的是，重修工程开始之初，就遇到了一个十分棘手的问题。这问题如不能妥善解决，重修事务，就不过是纸上谈兵、痴人说梦而已。

华山云台观

那就是泥土的稀缺。众所周知，华山之上多石少土。而没有足够的泥土作为基本建筑材料，殿宇的修建便无从谈起。道众们也曾考虑过从山下背负泥土上山，但此举势必劳师动众、耗时费力、不甚合算。为解决这一问题，道众们绞尽脑汁，商议再三，仍然没有妥善的解决办法。就在他们一筹莫展之际，王延真人闻讯赶到了。王真人的到来，不但解决了泥土稀缺的问题，也给道众们提供了一个亲见真人道法高妙的机会。

当时，王延真人在观中默然祈祷之后，观外的道众们便十分惊异地看到，突然有泥土相继从观侧涌出。此后，无论工匠取用多少，泥土总不见少，可谓用之不竭。

道众们遇到的第二个问题，是灯油的缺乏。这一次，也是在他们无计可施之后，找到王真人的。真人让他们在观侧放置一个盛油的器皿。真人默念咒语数通之后，这器皿中便自然有灯油生出，虽日夜取用，也从不见减少。

不过，最令道众们对真人的道法津津乐道且敬佩不已的，是这样的现象：真人居留云台观的时候，只要有宾客即将来到，便有两只青鸟，飞鸣着前来报信。华山的险峻历来令常人望而生畏，但道众们却时常看到，真人登山之时，无论地势多么险要，总是健步如飞、如履平地。而且真人身居山上之时，总有猛虎数只驯绕左右，若相护卫。足见真人道法的高妙，自是过于常人了。

然而，真正考量王延真人道行的事件，却是发生在多年以后的北周武帝建德三年，即公元574年。

其时，周武帝因天下溺于浮屠，加之释氏之徒不能维持禅律之学，故行沙汰，道门亦被波及①。这一事件在打击了佛道二教之后，却无意中成就了王延真人振起颓纲的无上功德。

第三节
通道观中弘玄旨

公元574年五月后的这一天。业已下诏沙汰释门并减省道观的周武帝特意将被他视为当世高道的严道通法师诏于便殿，以打问严法师对其沙汰释老之举的看法。②是为北周武帝朝十分著名的一桩公案，在后世道史中影响极大。不过，就在武帝诏问严道通法师之后不久，还有一位当世高道，因其道德素为武帝敬慕，亦曾被召至便殿，求问道要。且在诸多道观道士已被减省的情况下，武帝还特意下诏命他在自己居住修道并任住持的观中精选道士八人，共弘玄旨。而在通道观建成之后，武帝亦将其召至其中，与严道通法师等十人一起精研教理教义，为道门精神血脉的保存，做出了巨大的贡献。

这位高道，便是时任华山云台观住持的王延真人。

斯时，周武帝沙汰释老之举虽未影响到他的个人修行，但此举对道门力量的削弱却是不容忽视的事实。数年前乃师羽化之前命他应诏而出弘扬道法的临终遗言犹在耳畔，眼见道门玄风渐消的事实，王延真人虽有心力挽狂澜，却无奈世道艰难，心有余而力不逮，每每念及此事，他也只能报以无奈的感叹了。因此，在通道观建立之后，武帝诏命严道通法师精选楼观高道十人居住修道其间之时，王延真人曾建议严法师增加入选人数，便是出于以上考虑。只可惜，连这点小小的愿望，在当时

①对这一事件的真实原因的探讨，详见严道通法师章。亦可参见王士伟先生著《楼观道源流考》源流篇第二章第三节以及樊光春先生著《西北道教史》卷二第五章。
②详情可参见严道通法师章。

的条件下也难以达成，这就不能不让王真人思来想去也无从释怀了。无独有偶，数个世纪以后，有清一代产生了一个十分著名的学派，即乾嘉学派，该学派的问学路线多年后曾被后世学人大加抨击。窃以为，这一问学路线，必然是在十分严酷的政治形势之下有良知的知识人的一种退而求其次的无奈之举，大可不必过于苛责。王延真人后来的一系列行为亦可说明，弘扬道法的方式可以多样，保留经典典籍以供后世有缘人修习，也是功德无量之事。

或许出于以上考虑，入住通道观之后，王延真人对道门的最大贡献，是在校订道书及著书立说上。

其时，王真人先后奉旨校雠三洞经法、科仪戒律及飞符箓等共八十余卷。又撰述《三洞珠囊》七卷，再加上经传疏论八千零三十卷，撰成后均藏于通道观之中，由是玄教复兴，朝廷以大象纪号。王延真人可谓是居功至伟。

数年后，隋文帝禅位之后的一系列崇道之举，多少令身居通道观有心弘扬道法却只能将精力用在校订道书上的王延真人看到复兴道教的一线希望。他后来之所以会在文帝开皇六年丙午，奉诏前往大兴殿，为文帝授智慧大戒，或许就有借机复兴道门的良苦用心在其中。

第四节
真人委化玄都观

继周至楼观、华山云台观、长安通道观之后，王延真人曾长期修道其中的，还有长安玄都观。[①]

多年以后的元和十年，即公元815年仲春，唐代大诗人刘禹锡曾作《玄都观桃花》诗曰：

紫陌红尘拂面来，无人不道看花回。
玄都观里桃千树，尽是刘郎去后栽。

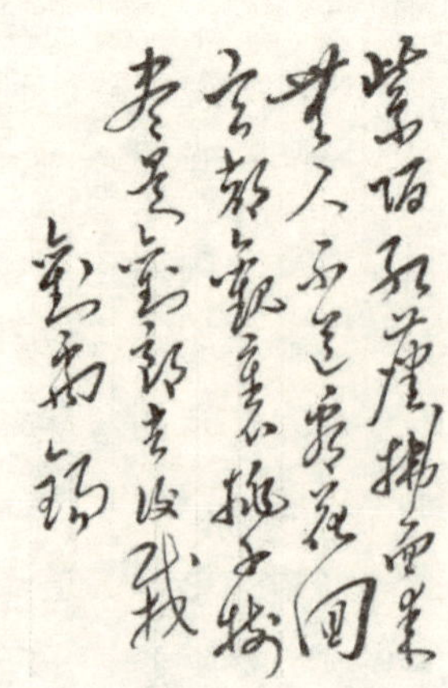

刘禹锡诗书法作品

此诗后来不幸成为刘禹锡再次被贬的口实，也

①隋朝初年，文帝改通道观为玄都观，并将其移至新城内崇业坊，位置在今朱雀路南段。

成为有唐一代影响极大的一桩诗案。大约十年后，重新回到长安的刘禹锡再作《再游玄都观》诗曰：

百亩庭中半是苔，桃花净尽菜花开。
种桃道士归何处？前度刘郎今又来。

玄都观可以说是见证诗人人生的兴衰际遇、荣辱进退的重要物象了。

不过，玄都观对王延真人而言，却有着别样的意义。这意义，数年以后方才显露无遗。

入隋以后，王延真人从文帝设立玄都观并命他出任观主之举中，约略看到了他多年间埋藏心中的尊奉乃师遗训弘扬道法的愿望实现的可能。因之，数年后，在隋文帝召他入宫讲说道法之时，王延真人想必是欣然前往的。

时间是隋文帝开皇六年丙午，即公元586年。

这一年，可以说是自公元574年北周武帝沙汰释老门人事件之后王延真人内心最为舒展的一段时间，隋文帝斯时对他的礼遇也可谓是规格极高，他被授以道门威仪之职，号威仪法师，就是在这一年。

先是隋文帝以宝车迎接王延真人到大兴殿，亲自斋戒问道，并受智慧大戒。其时，隋文帝及百官均看到在王真人抵达大兴殿之时，有丹凤来仪，飞至坛殿，久久不去。王延真人的威仪，自是令人敬佩。于是，隋文帝便授王真人以道门威仪之职。王真人后来之所以被道众呼为威仪法师，就是因着这个原因。道门威仪之制，也就是从王延真人开始的。

再是隋室公卿士大夫，无不北面执弟子礼，其中便包括重臣苏威、杨素等。威仪法师王真人的道名，斯时可谓是达至顶点了。

然而表面的喧哗掩盖的不过是皇室利用道门巩固其统治的政治用心，至于道法的弘扬、教门的复兴，或许并不在隋文帝及公卿士大夫们考虑的范围之内。从王

玄都观

延真人临终前对嫡亲弟子的遗言约略可以想见，在隋文帝礼遇真人、尊奉道教的所谓大好形势下，王真人仍然难以实现多年以来尊奉乃师遗训弘扬道法的愿望，既是如此，个人的盛名，对王延真人而言，便已在可有可无之间了。

只是居留玄都观备受帝王将相公卿士大夫尊崇的王真人，斯时已经有了难以主宰自身去留的无限感慨了。

隋炀帝

仁寿四年春三月吉日，早已对依托隋室弘扬道法不抱希望且已生出离开京都、远离喧嚣、返居山林，以弘扬道教的王延真人对他的弟子说了这样一番话：“吾欲归止西岳，但恐今上未许。”内心的失望和无奈，表达得已是十分明确了。

由此可见，入隋之初内心稍觉舒展，怀抱弘教希望的王延真人曾面对何样一种失望及无奈与无法自主的纠结。如果不是大限之日的很快到来，这失望与无奈自然还会使得他左右为难、无从舒展怀抱。

仁寿四年九月，壮志未酬的王延真人带着未曾了却的弘教心愿委化于玄都观。

真人委化之后，身体柔软犹如生人，且身生异香，俨然如生。斯时，有白鹤群飞、彩雾徊合于玄都观上，亦有异香满庭，闻于数十里之外。这些异象的产生，对已然委化、壮志未酬的王真人似乎已无甚意义，但却使得皇室为之惊诧，后来隋炀帝决意将真人遗蜕护葬西岳，就是和听说了这一现象之后的反应相关。

隋炀帝初登宝位之后，听说了王延真人羽化之时的诸般异象之后，尤加叹异，于是赐物百段，钱二十万，并设三千人斋，送真人遗蜕归还西岳。送葬队伍所到之处，奇香萦绕左右，异云流贯其上。不过，最令炀帝及时人惊叹不已的事情，却是发生在真人遗蜕入圹之日。

其时，负责埋葬真人棺椁的道众们十分惊诧地发现：他们所抬的，

不过是一具空棺而已。

宋人张君房纂辑之《云笈七签》卷八十六尸解部“王延”条如是评价这一现象，他说：“入圹之日，但空棺而已，（王延）得解化之妙焉。”本书作者认为，如若空棺之说不谬，那也极有可能是真人对世事失望之后的一种弃绝态度而已。

王延真人临终前曾留遗言曰：“道应帝王，吾宗不滑。何归休乎！”

千年之下，读之亦令人神伤。

拾玖

金紫光禄大夫岐法师：大夫命号也风流

唐太宗

大唐太宗贞观四年（630年）七月十八日，春秋七十有三的楼观著名高道岐平定法师在携众弟子游罢太白山后，于楼观羽化登真。

斯时，距离他预言天道将改、当有老君子孙治世、道教将大兴，已近二十年（隋大业七年，即611年）；距他改名平定以应李渊义军，并被李渊授为金紫光禄大夫已十有三年（隋大业十三年，617年）；而距唐高祖敕令新修老君殿、天尊堂及尹真人庙，命他主持楼观事务，则已是十一年矣。是年，太宗曾与长孙无忌谈论教化问题，并盛赞魏征的“偃武修文，中国既安，四夷自服”的政治策略的高明。在他羽化十余天后，日本人御田秋、药师惠日等抵达长安，是为日本第一批遣唐使。

作为隋唐之际的著名高道，岐平定法师在道教楼观派的历史上，可谓是承前启后、继往开来的重要人物。

在历史上，楼观之名曾发生过多次改变，称呼也并不一贯。魏晋南北朝至隋代为楼观；唐代则蒙高祖赐名宗圣宫；宋太宗时又改名顺天兴国观。每一次名称的变化，背后均与道教的兴衰休戚相关。而从楼观名称的变化之中，亦可以约略得窥政治变化的内在症候。

楼观的第一次改名，发生在唐代初年。

其时，楼观观主为金紫光禄大夫岐平定法师。

岐法师名晖，京兆（今西安）人，于隋大业十三年改名为平定。

他的改名以及被授为金紫光禄大夫，是和李唐王朝开国皇帝李渊密切相关的。

他们的故事，还得从后周武帝沙汰释老门人时说起。这一在华夏宗教历史上举足轻重的重大事件的发生及其影响，或可以作为理解岐平定法师年长之后的一系列行为的基础语境。

第一节
周武废佛兼黄老

后周武帝天和五年，即公元570年，岐晖初次入道。是年，他刚交十二岁。

初入道门年纪尚幼未能一窥道妙的岐晖自然无从预料，一场事关他所皈依的道门的重大历史事件，正在不远处的长安城中暗暗酝酿。

而追本溯源的话，似乎可以认为，引发这一重大历史事件的导火索，却是与大约二十五年前的公元446年八月北魏大军击败盖吴，进据长安时的一次细小事件相关。

据《魏书》卷114载，魏太武帝率领大军进据长安时，曾在长安沙门种麦寺内发现弓矢矛盾等。太武帝大怒说："此非沙门所用，当与盖吴通谋，规害人耳！"于是命有司案诛一寺，阅其财产，竟然发现酿酒器具及州郡牧守富人所寄藏物，数以万计。同时，还发现僧人与贵室女子私行淫乱。魏太武帝于是下诏尽诛长安沙门，焚破佛像。又下诏曰："彼沙门者，假西戎虚诞，妄生妖孽，非所以一齐政化，布淳德于天下也。自王公已下，有私养沙门者，皆送官曹，不得隐匿。限今年二月十五日，过期不出，沙门身死，容止者诛一门。"

魏太武帝此举，可谓含义深远，名为因沙门非法，而诛灭其教，实为政治对宗教的规训和涵容以及利用的行为，亦可能开启了此后的释老门人与政治权力相勾连的微妙关系的先河。

唐蒲津关黄河渡口遗址

这一举世瞩目的重大事件的发生，以及大约三十年后周武帝的更大规模的废佛毁道事件，不惟在中国宗教史上十分著名，亦可能对亲历后者的整个过程的岐晖法师，发生了重要影响。多年以后，他之所以会在隋大业七年预言天道将改，并在六年后资助在终南山下起兵的李渊之女平阳公主所率七万大军，还在李渊兵至蒲津关时亲率观中道士八十余人向蒲津关迎接李渊义军，根源可能均与周武帝的废佛毁道事件相关。

不过，由魏太武帝发起的中国历史上的第一次灭佛事件，并未波及道教，反而进一步奠定了北朝至隋唐一以贯之的崇奉道教的政策，也为道教在秦陇地区发展，营造了有利的政治环境。①

如果以上判断不至于太错的话，后周武帝为何又会在魏太武帝灭佛之后不久即沙汰释老之徒呢？

其实，从感情上说，周武帝还是亲近道教的，他一开始也并未打算打击道教。不过，作为皇帝，他考虑问题的基点自然不会是某一教门的兴衰，自然也不能以一己之好恶来进行政治事务的抉择。在当

①详见樊光春先生著《西北道教史》，商务印书馆，2010年版，第209-210页。

时，他所着意考虑的是，如何以一种思想来统一三教，并借以配合他全面汉化的政策，最终实现富国强兵的目的。已为历史证明具有凝聚人心、规范君臣关系、使得上下同心人民顺服的儒家思想，此时便是他心之所向，释老之说，自然要退居其次了。

这个决定，并非是贸然选择的结果，而是有一个渐进的比较与筛选的过程的。

公元568年，也即是岐晖初次入道的前两年，武帝曾在大德殿召集道士讲《礼记》；次年又在紫极殿集合当时的名僧、名儒、名道及文武百官二千余人讨论佛道，比较三教优劣。在司隶大夫甄鸾奉命写出《笑道论》言说道教三洞真经伪妄、道法浅陋后，武帝大怒，当众于庭殿焚毁其文，足见他对道教感情之深。四年后，武帝还曾亲幸玄都观，登法座讲说，令道俗辩论，然而仍未分出胜负。第二年冬天，武帝还召集群臣辩论，初步确定了“以儒教为先，道教为次，佛教为后”的策略。由此可见，此时周武帝既无意于废佛，又不会做不利于他怀有感情道教的事情的。

形势的变化，是在两年之后，也即是公元574年，岐晖初入道门之后的第四年。此次变化，究其根本，其实和佛道的优劣以及其对世道人心的作用并无关系，只和国家利益相关。

这一年，关陇地区万余座佛寺、百万僧人以及其所持有的物资田产，已然被武帝视为是在与国家争利。于是他决定废佛存道，并召集僧道辩难。斯时，武帝废除宗教的考虑，仍然未能波及到他一贯喜欢的道教。

武帝之最后决定僧道俱废，实在是和当时道人在辩难之中的无能相关。①

当时参与辩难的道士张宾恐怕至死都不能意识到，他在与僧智炫的辩论时的失败，竟然会开罪武帝，也最终铸就了是年五月武帝下诏：

①周武帝佛道俱废的缘由，应该远比这种说法复杂。细细考量此事的前因后果，或许可以十分谨慎地认为，武帝早在打算以儒教思想教化天下之时，已经做出了佛道俱废的决定，此后的佛道辩难以及道士张宾在与僧智炫的辩论的失败，可能不过是武帝精心谋划的一次政治行为罢了。如果参照多年之后雍正在处理曾静谋反一案时的诸般行为，武帝此举，意义自可辨明。关于后者，可详见美国人史景迁所著《雍正王朝之大义觉迷》一书，广西师范大学出版社，2011年版。

“断佛道二教，经像悉毁，罢沙门道士，并令还民。”还有“禁诸淫祀，非祀典所载者尽除之”的毁灭性结果，自然，他更不会料到的是，有一名道人，就在此次事件中被迫还俗，此次事件也十分深远地影响到了他二次入道之后的一系列行为。

此人便是岐晖。

而当他在武帝废佛毁道之后再次入道，已是十余年后的事情了。

第二节 玄都观中修上道

公元584年，即隋文帝开皇四年，道法重兴，玄都观[①]立，被迫还俗已有十余年的岐晖重新入道，在玄都观中师事苏道标法师修习上道。

这一年，他刚满二十六岁。

二十六岁时再次入道的岐晖的心态自然已和初次入道时的懵懂无知大为不同了，虽然没有资料表明在被迫还俗的这十年间他到底经历了何样一种心路历程，但从当时整个社会的大环境来说，那个时候的他一定是历经内心的冲突和挣扎，或者多少还会有弃道入俗的那么一闪念，沙门的不幸在波及到道门之时，无论僧道，他们内心的苦痛和无所依傍的哀伤应该是类似的。这种哀伤，注定在他们的内心中写满沧桑，也注定将十分深远地影响到他们的修行进路，迫使他们重新思考道法和现实之关系。

基于此，我们或许可以大胆推测，岐晖法师在十六岁上被迫还俗之后，可能并未真正融入世俗生活，也自然不会放弃他初入道门四年来的修行之路。他能在十年后发愿重入道门，且修道之心弥坚，足见后周武帝的大规模废佛毁道事件，毁掉的只是他的生活，而他的精神，却始终坚守着多年以前的选择。在他生命历程中十分重要的这十年（从十六岁至二十六岁）间，被迫还俗的他一定经历过常人无法想象无从测度

①一说通道观，见元赵道一撰《历世真仙体道通鉴》卷二十九“岐晖条”。今人周永慎编著《历代真仙高道传》（中国社会科学出版社，2003年版）亦持此说。此处采用王士伟著《楼观道源流考》（三秦出版社，2007年版）中说法。

的精神的焦渴和内心的冲突，这冲突的影响及其意义的扩大，或可以作为理解他此后多年的行为的心理基础。他对李唐王朝的逢迎和微妙关系的建立，或许均和这十年间无所依傍彷徨于无地之时的日夜反思相关。

师事苏道标法师于玄都观之后，岐晖有幸得到苏法师所授三洞法卧斗之术，他依照此法潜心修习，未尝稍有懈怠，内可以希夷全其真，外则以逍遥适其趣，很快便湛然自得，深明道法之妙了。

不久之后，他便重新回到楼观，并成为楼观观主。

斯时，已经深契道妙的岐法师或许可以测知，他的修道之路的真正的辉煌，很快就要来到了。

机会的来临，首先是隋大业七年，岁在辛未。

第三节
改名平定应时变①

隋大业七年辛未（611年）。

这一年中的某一天，隋炀帝将亲帅大军征辽。就在征辽大军绵延数里、浩浩荡荡、旌旗蔽空开出长安城时。距隋都城长安不远处的楼观之中，发生了这样一件事情。

斯时，刚刚为众弟子讲说完道法的岐法师抬头望望天空，长叹一声说："天道将改，吾犹及见之，不过数岁矣。"

法师的这个说法，自然引起了众弟子们十分的好奇之心，于是他们之中的一个人开口问道："不知来者若何？"

老子祠

法师回答道："当有老君子孙治世，此后吾教大兴，但恐微躯不能久保耳。"

①此章说法，均出自《混元圣纪》卷八，另参照樊光春先生著《西北道教史》，商务印书馆，2010年版，第216页．亦参照王士伟著《楼观道源流考》，三秦出版社，2007年版，第94-102页；周永慎编著《历代真仙高道传》，中国社会科学出版社，2003年版，第87页。资料是否确实，已无从查考，姑妄存之，亦备一说。

就在法师说完这话的几年以后，隋朝治下，果然人心思变，天下大乱。[①]

目睹时变之后，众弟子再度回想起这个说法，自然要感叹乃师预言之精准，道法之高妙了。不过，更让他们感叹乃师预言的神奇的事情，很快便发生了。

时间在六年之后，也就是隋大业十三年（617年）。

这一年，后来成为唐高祖的李渊起兵于晋阳。李渊之女，也就是后来成为平阳公主的柴绍之妻在终南山下起兵响应，尽略长安周边的户县、周至、武功、始平（治所在今兴平市东南）等地。通过数次战役之后，他们便“勒兵七万，威震观中”[②]。

此时，知晓了李渊起兵的消息后的楼观道众，自然就明白了当日岐法师预言的真实所指了。

如果关于岐法师当年预言的记载真实不虚的话，在老君子孙将兴之时，身为老君弟子的楼观道众，在乃师的带领之下，尽以观中资粮援助平阳公主所领兵马，以及在不久之后迎接李渊于蒲津关的做法，都是顺理成章，可以理解的了。而他的改名，也发生在这一年。

公元617年，也即是李唐王朝开国前一年，自晋阳起兵的李渊率军抵达蒲津关（今大荔县东南黄河西岸），距长安城仅有二百余里之遥。

早已料知大隋将灭、李氏将兴的岐晖法师听说这个消息以后，大喜过望，并对弟子们说：“此真君来也，必平定四方矣。”遂改名平定以应之。同时，率领观中道士八十余人远赴蒲津关以接应李渊义军。岐晖此举，自然深得李渊嘉赏。在接下来的数年间，李渊之所以会多次派遣使者前往楼观建醮祈福，并在李唐王朝建立之后数次亲诣老子祠，先后敕令新修老君殿、天尊堂及尹真人庙，并赐田产，且诏令已改名为岐平定的岐晖法师主持楼观事务，使得楼观在有唐一代的诸道观之中有着极为特殊的地位，历世之君及公卿士大夫、后妃公主礼谒不绝，备极尊崇，除了李氏希望借老君的传说巩固统治的用心之外，岐晖法师在李渊

①这个说法是否确实，现在已经无从考证。但约略考察李唐王朝据有天下之后的一系列崇道行为，可以审慎地认为，这很可能是李唐王朝建立之后对道门说法进行了国家意识形态规训之后的传说而已。樊光春先生在《西北道教史》卷三中，亦对此说提出质疑。详见《西北道教史》，商务印书馆2010年版卷三，第216页。

②见《新唐书》卷八十三平阳公主传，亦可参见王士伟著《楼观道源流考》，第94页。

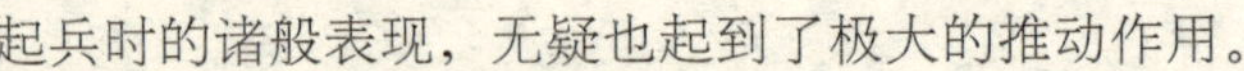

起兵时的诸般表现，无疑也起到了极大的推动作用。

千年岁月悠然逝去之后，我们已经无从知晓岐晖此举的真实用意究竟何在：他是真正预料到“杨氏将灭，李氏将兴”，为天下苍生计，资助平阳公主接应李渊义军；还是因为历经了周武帝的废佛毁道事件之后，洞悉了某一教派如果希望长兴不衰，就必得与政治权力建立某种微妙的关系；还是因为别的，实已无从查考。不过，有一点可以肯定的是，此举确实为楼观在有唐一代的兴盛，开了一个好头。

有了岐平定率领道众接应李渊义军于黄河西岸之蒲津关做基础，李渊率军进入关中之后，当即派遣使者来到楼观建醮祈福，并下诏嘉勉岐平定的诸般做法，便是顺理成章的事情了。李渊诏书中说：“今东应义旗，西开幕府，设官分职，本在忠诚。道士岐平定，铲迹求真，销名离俗，恬淡荣利，无闷幽闲，而能彻损衣资以供戎服，抽割菽粟以赡军粮，忠节丕嘉，理须标授。”于是授岐晖为紫金光禄大夫，岐晖以下道众授银青光禄大夫，以表彰他们的义举。

岐晖力辞说：“草莽之臣，应接圣君，心崇道本，黄冠不贵金紫，玄教岂向银青，虽奉殊私，理恐非惬。”

李渊再次下诏说：“师且受，俟得京城，别有进止。”

岐晖不好再辞，便与道众接受了这一赏赐。多年以后，元人朱象先在撰写《终南山说经台历代真仙碑记》时，称岐晖为金紫光禄大夫，便是与李渊的这次嘉赏有关。

岐晖及其他道众还为李氏的最终胜利，立下过一次大功，这件事在《混元圣经》中有记载。

这事情也发生在隋大业十三年，准确时间是这一年的十一月初八。

当日，不久之前刚刚杀掉隋戎牙郎将宋老生，平定霍邑的李渊兵至长安城下，为求有着决定性意义的最后一战的胜利，派遣使者前往楼观设醮祈福。岐晖自然欣然受命，迅即率众道士设立醮坛，祈求老君福佑，到了这一日的晚间，楼观之上突然白云如幕，从天空遮掩过来，犹如一把巨伞，将醮坛覆盖在下面，同时，有香风阵阵与白云相应。道众们还看到有两只白鹿鸣叫着从天上来，分左右侍立在殿门之外，高声长

鸣之后才相继离去。在它们离去良久之后，道众们分明还可以听到白鹿鸣叫之声自天上来，真真切切如在耳畔。

第二天，李渊果然攻克长安，改元义宁。

就在岐晖率领道众于楼观之中设醮祈福的大约五个月后，也就是公元618年五月，入主长安的李渊称帝，改国号为唐，定都长安，不久之后即统一了全国。中国历史翻开了新的一页，当然，楼观一派也迎来了他们最为辉煌的时期。

这一年，金紫光禄大夫岐平定法师进入了他的耳顺之年。

第四节
真人解化羽登仙

李唐王朝建立之后，出于政治因素的考虑，需要借用老子以及道教来营构政治神话，以确保其统治的合法性以及稳定性。道教及楼观台因此大兴①。

仙游寺

其实，早在隋末，这政治神话已然初露端倪："杨氏将灭，李氏将兴"的说法的广为传播；岐晖所说的"天道将改，当有老君子孙（指李姓）治世"；李淳风自称曾在大业十三年（617年）丁丑得见老君于终南山，并在老君说出"唐公当受天命"之后归唐等等，均是政治神话最初的表现。而身为北魏拓跋氏后裔的李氏宗族，在氏族门第观念根深蒂固的隋唐之际，借攀附道祖老子来提高李氏皇族的社会政治地位的做法，即便仅就政治角度而言，无疑也是极有远见，且可谓一举多得。

①详细论述可参见王士伟著《楼观道源流考》，三秦出版社，2007年版，第95-100页。

因之，有唐一代道教地位的提升以及作为老君当年演说《道德真经》的福地楼观台，屡次被皇帝或敕令重修或划拨田产或亲自拜谒，备受尊崇，自是顺理成章的了。

唐高祖李渊曾两次亲幸楼观，拜谒老子祠。有唐一代楼观之鼎盛，实肇始于此。

第一次是在武德三年，即公元620年，也就是高祖敕令重修老君殿、天尊堂及尹真人庙，赐给楼观田地十顷，并将仙游寺的监地一并拨给楼观，正式任命岐平定法师主持观中事务的第二年。

当时，率领道众迎接圣驾的，便是岐平定法师。

高祖驾临之时，岐平定亲率观中道众迎接圣驾，并准备了千人之食以献。高祖亲自召见观主岐平定、法师吕道济以及监斋赵道隆等人，命他们与百官共同进食。高祖还说道："朕之远祖，亲来降此，朕为社稷主，其可无兴建乎？"

于是，高祖诏赐楼观之名为宗圣观，作为李唐朝廷祭祀老子的专门道观，同时，赐白米二百石，帛一千匹，以供观中修补及香火之资。自此，楼观香火开始旺盛起来。王公贵族、文人雅士闻风前来拜谒的，更是不计其数了。

唐高祖的第二次驾临终南山，拜谒老子祠，是在四年以后①。

宗圣宫

准确时间是高祖武德七年（624年）冬十月，岁次甲申。

负责接待的，还是岐平定法师。

与四年前第一次驾临楼观相同的是，这一次，高祖还率领着文武百官以及后妃礼谒了老子尊仪，并再次召见岐平定、吕道济、赵道隆等。

①此事见载于《旧唐书》卷一《本纪第一》；《新唐书》卷一《高祖本纪》；《资治通鉴》卷一百九十一《唐纪七》。

为了记载此次盛事，高祖还命侍中江国公陈叔达撰写铭文，给事中骑都尉欧阳询撰写碑文，是为《大唐宗圣观碑》，于次年（武德八年，625年）二月十五日立于楼观之中，该碑文至今尚存。

除高祖李渊以外，武德年间前来宗圣观的还有后来成为一代圣主的李世民（时为秦王）。

当时，身为秦王的李世民虽征伐四方，极为繁忙，但还是在这一年的耕作季节，驾幸宗圣观，建醮祈福，并召见观主岐平定法师，求问平定天下之事。

岐平定回答道："陛下（高祖）圣德感天，秦王谋无不胜。此乃上天所命，圣祖（老子）垂佑，何寇孽不可诛也。"又说："今耕之时，稍缺膏雨。但岁丰人赡，天下克日可清也。"

岐平定的这个说法，意在奉劝秦王李世民关心农事，因为当时关中大旱已久，如不及时祈雨，此季庄稼可能会颗粒无收，数万生民也可能会因此陷入困境。

于是，在与秦王谈论罢平定天下之事后，岐平定便请李世民到老子像前炷香祈雨。此后不久，关中果然大雨三日，旱情自然解除，百姓无不称道。

李唐王朝的政治需要再加上楼观观主岐平定法师的多方努力，楼观宗圣宫终于在道教诸宫观之中确立其独一无二的地位，也由此很快走向了它的鼎盛时期。

而为楼观宗圣宫的鼎盛做出了巨大贡献的岐平定法师，在世生命的最后一刻，却逐日迫近了。

时间在唐太宗贞观四年（630年）七月十九日。

此前多年间，岐平定法师除了为国家祈福之外，还坚持修存三守一及卧斗之法。据说

元王蒙《太白山图》

他曾经引用仙经所载，对弟子说过这样的话："欲为仙客入太白。"或许因着这个原因，在解化之前，岐平定法师曾经在弟子之中选择了有志于修道成仙的人，一起相携前往太白山访仙问道。回来之后，弟子们便可以时常听到岐法师的房内传来法师与神仙们谈笑之声。

到了公元630年七月十八日正午时分，岐法师突然对门人说："明天的巳时，我当离世而去。"

次日巳时，法师果然解化，时年七十有三。千年之后，元人朱象先在其撰写的《终南山说经台历代真仙碑记》中，如是评价岐平定法师：

庆逢真主启天休，道法宸章互献酬。

金紫仙家虽未贵，大夫命号也风流。

贰拾

银青光禄大夫尹尊师：道史千年姓自香

楼观台

道教楼观派初创于魏晋，奠基于北周，至唐代达到巅峰。而在有唐一代的楼观著名高道中，最具代表意义和总结性成就的，无疑是被后世称为银青光禄大夫的尹文操。

尹文操，字景先，陇西天水（今甘肃）人。

他一生著述颇丰，先后撰写《先师传》（即《楼观内传》卷三）一卷，《玄元黄帝圣纪》十卷，《祛惑论》四卷，《消魔论》三十卷，共计四种四十五卷。另据《道藏尊经历代纲目》载，隋时有《道书总目》四卷，载经戒三百零一部，九百零八卷，有唐一代则有尹文操撰修《玉纬经目》，藏经七千三百卷[1]。以上诸书，日后成为楼观道教理教义的集大成作品，也使得他成为有唐一代的著名高道、道教楼观派承前启后的关键人物。他不但精通道书，对百家思想也极为了解。这些成就的获取，追本溯源的话，无疑是和他深负道缘、少年早慧有关。他的事迹，也必得从大约五十余年前说起。

第一节
幼秉异气资聪慧

尹文操出生于一个世代官宦之家。他的先祖尹纬在后秦时曾任仆射，因为做官地在长安，为图方便，于是迁居距长安不远处的鄠（今陕西户县），因之，尹真人有时也被称为是鄠人。祖父尹舒在隋朝时为文州（今甘肃文县西北，龙江南岸）别驾，父亲尹真在唐为朝散大夫。尹家既然属世代官宦之家，尹文操在少年时即受到良好的教育，这教育也为他后来不凡的成就奠定了极为坚实的基础，便是顺理成章的了。

他出生于公元622年。他的出生，据唐代崇文馆学士员半千所撰《大唐故宗圣观主银青光禄大夫天水尹尊师碑并序》载，也是有些神异的，这出生时的神异，或许也注定了他此后不同凡俗的人生际遇。

在他出生数月之前，母亲袁氏曾做过这样一个梦。她梦见自己在一日晚间，独自侧卧于床榻之上，暗自思量着家中事务，同时还想象着即将出生的孩子的相貌时，突然看到一位仙女身披五色云彩，下降到卧室之内，将九老丈人之符传授给她，不过，斯时她无从知晓的是，这位仙女便是玄妙玉女，而她传授给自己的九老丈人之符，会在数月后的某一天，表现出极为神异的景象，实实在在地使得家人又惊又喜，事后回想起来，这惊喜之外，或许还有些许担忧在其中。

也就是在做过此梦的几个月以后的这一天，袁氏突然听到在隆起的腹内，隐隐约约有诵经之声传来，而且兼有异光环绕在她的身边。得知

①详细考辨文字详见王世伟先生著《楼观道源流考》，三秦出版社，2007年版，第103-104页。

这个事情以后，众人纷纷感慨，这孩子日后必然会位极人臣，成就一番大事业的。当然，多年以后，他们才逐渐知晓，这神异的指向，不在凡俗功名利禄，却在别处。

这孩子刚刚出生之时，便目光炯然，眸子转盼，似乎可以看到周围事物，而且所见似与常人不同。等到稍稍长大，便自识文字，然而他对可以求取功名之书无甚兴趣，只喜欢诵读《老子》和《孝经》，并且说过："此两经者，天地之心也。"或许是这两经的影响使然，他每每读到"好杀之字"以及"无礼之文"，便十分惊骇，如蹈水火、如坠深泉，足见他的内心所向，自是与常人大异其趣了。

年纪稍稍大了之后，可以自由行事了，他听说距自己家不远处有一个名叫楼观的修道之地，乃是尹喜真人的故居，不免心向往之，于是便时常去尹真人庙中，追随众道士修习《西升经》和《灵宝经》，精心修习数年之后，他更是无意于俗事，只对修道之法，颇为注意了。也就是在他初到楼观修习的几年以后，便和当时的楼观高道周法师，结下了一段道缘，周法师的指点，也为他日后的修习，开启了一道神奇之门。

周法师乃是当时楼观极为著名的高道，闻名朝野，道名极盛，四海之内慕名前来楼观向他求问道要的人，一直络绎不绝。周法师多年间也见过不少修道之人，这些人中间也不乏有些根器的，但在见到尹文操之时，周法师大感惊异了。

当时，周法师一见到尹文操之后，便知道这个孩子器识近道，于是便对他说："你在劫会之中，已受龟山之录。"自此对他格外器重，而且还预言尹文操日后必然修成道果，成就远在众人之上，不久之后，又将紫云妙旨和隐形之法传授给了他。

尹文操依法修习、常行不辍，到了十五岁时，道行已周，且远近闻名了。

而真正改变他一生的修行道路的事件，随着他修为的不断提升，也日渐迫近了。

此事的发生，是在他刚交十五岁时。

时间是公元637年，属太宗贞观年间。

第二节
奉敕修行在楼观

唐太宗贞观年间（627–649年），为配合太宗文德皇后的崇道活动，朝廷曾下诏遍访道林羽士，以弘法修道。年纪十五岁，道行已周，远近闻名的尹文操自然便在被召之列。也就是在这一年，尹文操遵太宗文德皇后之嘱，正式出家修行，并被配住在楼观宗圣观。

正式在楼观宗圣观修行之后，尹文操还曾师事田仕文法师。与他之前的师父周法师一样，田仕文法师也是隋唐之际的楼观著名高道，后世道教徒均尊称其为田法师。

田仕文法师在隋文帝开皇七年（587年）披度入道，时年十九岁，师事韦节法师修习三洞经法及符箓丹诀，服气辟谷闭关修炼多年以后，便可以符咒惠人，道术之高妙远近闻名。尹文操拜他为师时，田法师已在楼观修行近五十年①，而此时距他仙化，尚有六年②。也许是因为欣赏尹文操的不凡器识，田仕文将他收为自己的入室弟子。田仕文法师仙化之后，据《历世真仙体道通鉴》载，尹文操为其唯一的入室弟子，足见田仕文法师对他的器重之深。

师从田仕文法师修习道要数年之后，尹文操便开始云游访道，先后遍游五岳，后来为寻访祖气，隐居于终南山中，直到贞观末年听说周法师羽化而返回楼观为止。

再次回到楼观的尹文操为周法师恭行丧礼之后，又于高宗永徽三年

宗圣宫碑石

①田仕文法师在隋文帝开皇七年，即公元587年入道，尹文操则是在637年进入楼观宗圣观，大致算起来，应该是近五十年。

②田仕文法师于唐太宗贞观十七年六月十九日羽化，斯时距尹文操奉敕修道于楼观仅有六七年之久。

（652年）西游太白山。在太白山上有幸遇到仙师，并得仙师传授紫书赤文、三五顺行以及九六逆取之法。而在他登上太白山顶之时，突然天呈异光，照彻宇内，极为神奇。

这异象的出现，无疑是在昭示尹文操修行的高妙了。

此后三十余年间，修得道果的尹真人潜心修行之余，在救世度人上，也很是用心的。而他的道名，自然早就在朝廷内外传播开来。据《尹尊师碑》载："显庆（656年）以来，国家所赖，出入供奉，询德咨量，救世度人。""三十余年，以日系月，始终不绝，有感必通，凡事效验，君臣同悉。"

于是，这一年的某一天，驾幸九成宫（麟游县天台山）时见到彗星出现的高宗诏问他祥瑞之事，便是很可以理解的了。

当时，在听罢高宗的描述之后，希望借此天象婉言规劝高宗奉行清净无为之道的尹文操便如是回答道："这是上天在警戒您啊。如果您能顺天应人，纳谏征贤，拒斥邪恶、远离奸佞，罢免劳役，减少征战，责躬励行，以合天心，此异象自然不日而灭。"

高宗听罢，极为叹服，于是依照尹真人所说行事，不久之后，异象果然消失不见。

公元656年，即高宗显庆元年。为了为太宗追福，高宗特意在他作晋王时居住过的晋王府旧宅修建昊天观，任命尹文操真人为观主。

二十一年后，也就是仪凤二年（677年），高宗又任命尹文操为宗圣观主。

尹文操真人自此长居楼观，直到于武则天垂拱四年（688年）委化为止，前后主持楼观宗圣观十有二年。他的大部分著作，均撰写于主持宗圣观的这十二年间。

唐高宗

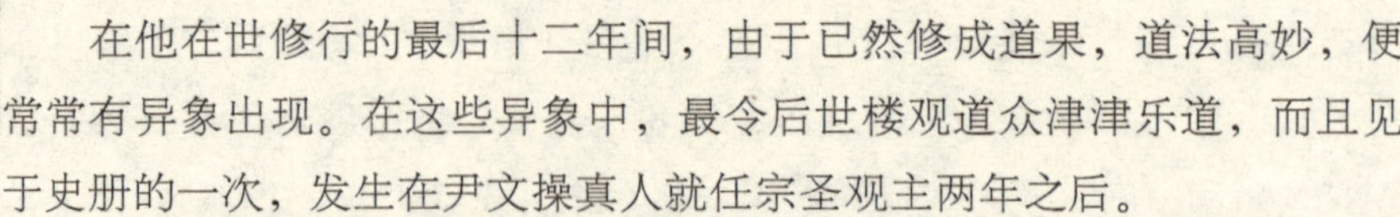

在他在世修行的最后十二年间，由于已然修成道果，道法高妙，便常常有异象出现。在这些异象中，最令后世楼观道众津津乐道，而且见于史册的一次，发生在尹文操真人就任宗圣观主两年之后。

第三节
圣纪撰成叩帝阍

唐高宗仪凤四年，即公元679年的这一天，刚刚从东都洛阳回到长安的高宗率领后妃、诸王、公主及百官侍从驾幸楼观，竭诚参拜老君于宗圣观。而早在高宗驾幸东都洛阳之前，已经派遣使者诏命宗圣观主于楼观宗圣观老君庙设立醮坛，拜祭老子以修功德为国祈福。截至高宗亲幸楼观之时，斋醮活动已经持续了整整三天。

或许是高宗的虔诚拜祭，也或许是宗圣观主的精诚感动了上天，就在这一日的正午时分，斋醮活动临近高潮之际，高宗君臣以及在场道众分明看到老君驾乘着白马，还有不知名的神物侍奉左右，自空中缓缓下降到楼观。斯时，众人还听到有群鸟及兽类鸣叫之声自楼观内外传来，相互唱和，备极神异。高宗及百官道众无不为能够亲承圣音而欣喜不已。

高宗认为，这神异现象的出现，必然是宗圣观主的精诚感动了上苍，于是便诏命观主撰写《玄元黄帝圣纪》。多日以后，接到长达十卷共计一百二十篇的神书之后，高宗“（龙颜）大悦，终日观省，不离于玉案”。这一年夏五月初三正谏大夫兼御医明崇俨的被杀以及由他的惨死所引发的宫内的明争暗斗所造成的心理阴影，就在阅览《玄元黄帝圣纪》之中，被一扫而空了。

欣喜之余，高宗授观主为银青光禄大夫行太常少卿。观主却坚辞不授，在高宗的再三坚持之下，他才接受了一个闲散职位。

这位观主，便是被后世楼观道众称为银青光禄大夫的尹文操真人。

尹文操奉敕撰修的《玄元黄帝圣纪》是道教楼观派的重要经典，该书与《化胡经》及《西升经》主旨相同，均属汇集有关老子历代显化的传说以彰显老君的神异，是楼观道独尊老子的体现，此后也成为后世撰述老子神话的重要依据。被后世历代统治者尊奉的关于老君的重要文献《犹龙传》和《太上老君混元圣纪》二书，就是依据尹文操此书改编而成，足见其影响之大。

撰修完《玄元黄帝圣纪》之后，尹文操真人又先后撰写了卷帙浩繁的《玉纬经目》等书。而斯时，距离他委化于楼观，仅有六七年的时间了。

第四节
真人委化归文仙

武则天垂拱四年，即公元688年，主持楼观宗圣观十有二年的银青光禄大夫尹文操真人委化于楼观，去时面部颜色如常，表情欣然。多日以后，弟子侯少微等将真人安葬于终南文仙谷，并请崇文馆学士员半千撰写尹尊师道行碑。此碑于开元五年十月二日立石于楼观。

在楼观历代著名高道中，很少有人像葛洪那样将“悦生恶死”、“乐生畏死”视作为人之本性，他们往往对生死采取一种超脱、达观的态度，并将其视作自然之常理，这当然也符合他们所尊奉的先师老子的思想[①]。在这些高道中间，真正做到庄子所说的“齐生死”、“不知悦生，不知恶死”的，前有贞懿先生陈宝炽，后有银青光禄大夫尹文操。

尹文操真人对作为自然之常理的生死的达观态度，从以下事件中约略可以看出。

高宗永淳二年，即公元683年，也就是尹文操真人羽化的五年前，计划祀礼于中岳的高宗在临行前，突然感到“圣体不安”，得知这个消息以后，朝野为之震动。武后当即派遣使者秘密前往楼观宗圣观向尹文操真人打问吉凶，也希望尹真人能够为高宗设醮祈福。不承想得知这个消息以后的尹文操真人却说：“真坊仙境，亦著代谢，物有荣悴，气有初终，大道之常。”这话的意思是，即便是神仙所居住的仙境，也难免有生死代谢，这是大道的常则，神仙尚且无法违背，何况常人。在皇帝生

①参见王世伟先生著《楼观道源流考》，三秦出版社，2007年版，第282-283页。

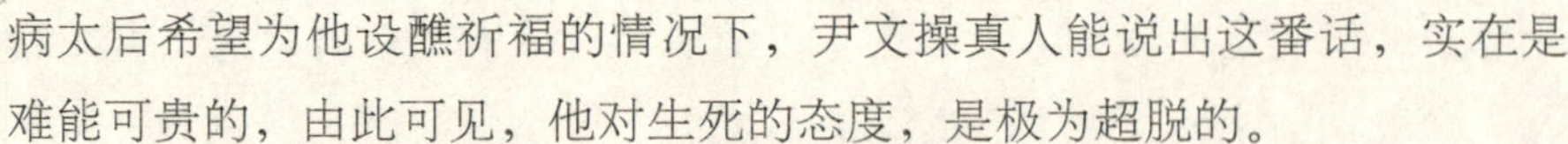

病太后希望为他设醮祈福的情况下，尹文操真人能说出这番话，实在是难能可贵的，由此可见，他对生死的态度，是极为超脱的。

不过，一个人对别人的生死做到超脱达观，并不困难。困难的是当自已面对终末之日时，仍然可以“不知悦生，不知恶死”，若能如是，便是真超脱、真达观了。

就在对武后说出生死乃自然之常理的五年后，尹文操真人在世的最后的日子，也不期而至了。

时间是武则天垂拱四年，也就是公元688年初。

当时，与五年前的高宗一样，尹文操真人也觉得身体欠安，自知来日无多，寿终之期将至，但在听说了弟子们打算向天上表章祈福以延寿命之时，尹真人却制止了他们：“有顺宜遵，不可犯禁。”也就是说，生死代谢乃是万物变化之常理，人只能顺应，不可违抗。说完这话之后，尹真人便欣然委化，去时面色如常，时年六十有六。

尹真人去世之后留下的《玉纬经目》一书，上承楼观高道王延之校订道书，下开玄宗时之编修开元道藏，可谓意义非常。再加上他之前撰写的《玄元黄帝圣纪》、《祛惑论》等书，尹文操真人可谓是著述颇丰。这些成就，也使得他成为有唐一代楼观派承前启后的关键人物，对楼观道教理教义的发展做出重大贡献的道教学者。

元人朱象先所撰之《终南山说经台历代真仙碑记》中有诗一首，如是评价尹文操真人，诗曰：

圣纪修成叩帝阍，银青高爵重褒光。
遗书灿烂人安在，道史千年姓自香。

贰拾壹

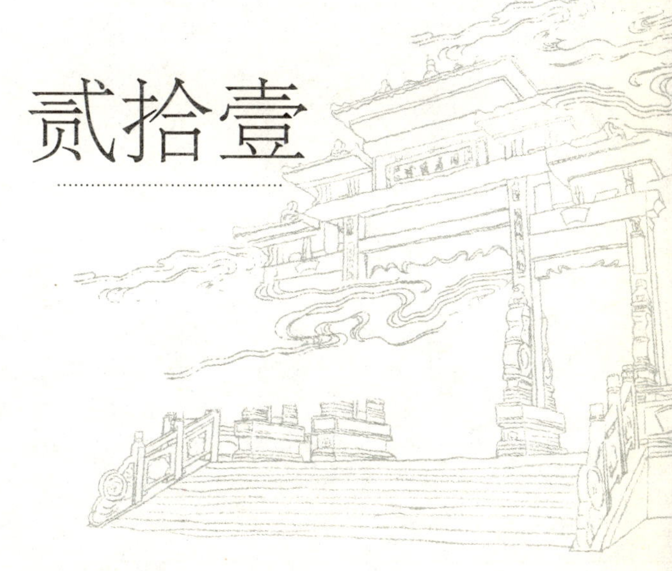

崇元大师张守真：托神发迹事末流

周至楼观台

宋太宗太平兴国八年，即公元983年，凤翔府周至县上清太平宫宫主张守真在完成了宋太宗“君权神授”的政治神话建构的历史使命之后，于这一日的晚间与世长辞。在五代至北宋间活动在终南山周围的著名道人中，张守真无疑是一个极富传奇色彩的人物。与同时期的著名高道陈抟、张无梦、谭峭等不同的是，他在道史上的知名，并非是因为境界修为的超凡脱俗，乃是因为他以过人的才能成功地使得自己借助神灵参与宋初政治神话的建构而在有宋一代备享尊崇。对他的生平事迹应该如何评价，人们曾发生过较为温和的争论。[①]这争论多年以后还会成为问题的焦点。

人们不可能不注意到，张守真在托神发迹之前，曾经师事有宋一代屈指可数的楼观高道之一梁筌真人受经学道，并由梁筌度为道士。因之，若以师承论，说他是楼观道的传人或者是支系别派，应该算不得离谱。况且他托神发迹之后所居之上清太平宫，距古楼观不过十里之遥。但必须提及的是：与乃师梁筌真人所修持的道教楼观派的教义教理大为不同的是：张守真一改楼观派重视老子以及道德五千文，务于经戒修习和身心修炼，无意于神仙灵异等道教末流的传统，而对斋醮结坛、符咒道术颇为用心，并借此而备受皇室尊崇。这不能不让人深思。上清太平宫以其规模庞大、宏伟华丽而成为有宋一代关西道观之首。连宋太宗每逢祭神之日，也要亲率群臣在京师遥向太平宫参拜，并在太平兴国六年（981年）诏封张守真所依托的神人为翊圣将军，张守真为崇元大帅。张守真卒后，宋真宗即位，仍对上清太平宫礼谒不绝，并在大中祥符七年（1014年）晋封神人为翊圣保德真君，同时命枢密使同中书门下平章事[②]王钦若撰述《翊圣保德真君传》三卷，详尽记载张守真及神人事迹和灵验之事以垂范后世。此书撰成之后，由真宗亲自作序，批准刊印颁布天下，使得上清太平宫在有宋一代一直香火不绝，受到朝廷持续尊崇，可谓是呈一时之盛。因是之故，我们在述及有宋一代楼观道史之时，张守真便是一个注定难以绕开的话题。

他以一介布衣，经由一系列精心营构的神话而至备享朝廷尊崇，不但使得自己声名远播且福泽延及后世，也为宋室开国之后屡屡依托神灵缓和内外矛盾强化统治大开方便之门。这一现象本身就颇值玩味。如果我们稍稍放宽历史的视界，从北周武帝沙汰释老事件及有唐一代皇室对道教的尊崇的历史经验观之，张守真的托神发迹行为，足以成为后世诸人反思与考量宗教与政治关系的绝佳案例，其意义尚有待深入研究。

①元人朱象先在其撰辑的《终南山说经台历代真仙碑记》中并未为张守真另设一传，而是在梁筌传中稍稍涉及，个中原因不难猜测。今人王士伟在《楼观道源流考》一书中对张守真的评价亦不甚高。樊光春《西北道教史》中论及张守真之时，言辞之间约略亦可见出不甚推崇之意。但《翊圣保德真君传》中对张守真自然推崇备至，甚至有抑陈抟而扬张守真之意，该书后来被收入宋人张君房纂辑之《云笈七签》卷一百三中，对后世影响颇大。

②有宋一代宰相之名。

他托神发迹的开始，是在宋太祖建隆元年，即公元960年。

第一节
托言神人语神事

依托神人神事而获致其统治的合法性从而起到凝聚人心、缓解社会矛盾并强化其统治的，考诸史册，在漫长的封建社会，可谓代不乏人。后来的一系列事实也表明，身为道士的张守真亦深谙个中三昧，他能见风使舵，恰逢其时地积极为宋初统治者提供他们十分需要的政治神话所需的基本元素，最终使得自身在有宋一代备受尊崇，无疑有力地说明了这一问题。是为有宋一代延续百年而不绝并对内可以缓解社会矛盾，对外足以震慑夷狄的政治神话的肇事者和参与者，其价值和意义自然不容忽视。

张守真托神发迹的开始，却是一个看似微小的事件。恐怕连他自己也无从预料的是，这一微小事件，后来却具有了异乎寻常的意义。

这事件的发生，是在公元960年，即宋太祖建隆元年。

这一年的六七月间，时为凤翔府周至县普通县民的张守真在某一日独自游玩于终南山中时，突然听到有召唤之声自空中来，这声音分外清澈，犹如清泉流泻，初不甚大。听到这召唤之声后，大为惊异的他在茫然四顾并无所见之后继续默然前行，并侧耳细听，行走数里之后，又听到有人这样说道："你若果先行，我便在后。"这样的声音在张守真耳畔一直持续数日之久。张守真既然无从判断这声音的来源，自然可能也并不知道这声音对于自身此后生活的意义。因之，起初他并未理会。直到几天以后他回到家中时，在室内又听到这个声音为止。也就是在这一天，凤翔府周至县普通县民张守真的生活，自此翻开了另一页。

张守真从终南山回到家中以后，于室内再次听到这样一句话："我受命降灵，你为何顽梗如此？不听我说话？我若不是为宋朝大事，当已粉碎你了！"

张守真这才在惊异之余，开口说道："不知是何星辰如此降临？守真性本愚憨且昧，神灵切勿责怪。”

神灵说道：“我乃是高天大圣玉帝辅臣，受命乘龙降世。然而非正真之士，无以奉吾教。你秉有异骨，不类常流，可以潜心奉我道训。”

张守真听罢，继续说道：“我私下里听说过，如您这般显现神异的，非巫即觋。我虽身处凡庸，但还是耻于和此类为伍。”

神灵怒曰：“我乃是天上之神灵，并非鬼魅之类。五岳四渎，我能役使。你若是回心入道，勤奉香火，我自会令你应大国之征命，受真主之恩遇，自是与巫觋之辈大为不同！”

张守真心下这才明白，这神灵自非巫觋之类可比，于是便说道：“神人既然这样教导我，我怎敢不虔心侍奉？”说罢，即设酒肉以为祭祀。

不承想神灵见到酒肉之类后，大为不快：“我乃是神人。你为何以腥秽之物亵渎我？因你并不知晓，故而不加怪罪。以后用清茶及素食鲜果供奉即可，我虽并不食用，但会接纳你虔敬之意。”

张守真听罢，再拜不已。

在张守真精心营构的这一神话的开篇事件的结尾处，神人以这样一句话作为总结：“我乃是你的天上之师，你还别有人间之师，你可遍访高士，以求度为道士。”

既然依托神灵的开端事件已经宣告完成，张守真接下来需要做的事情是：如何使得自己的神灵显得渊源有自，并非鬼魅一类。投靠历朝历代多为皇室尊崇的道门，对他而言，无疑是一个绝佳的选择。

于是，距他家仅有十里之遥的古楼观，便自然而然地进入了他的视线。

第二节
师事梁筌在楼观

张守真在楼观入道之时，师奉的是楼观高道梁筌真人。

梁筌真人，后周显德年间为楼观宗圣宫观主。当年著名高道希夷先

生陈抟在居留仙游[①]宫修道之时，曾与梁筌“密迩往来，为林下友”。宋太祖开宝年间，梁筌被诏封为正一通真真人，在当时道名极盛。

大约十余年后的公元978年，也即是宋太宗太平兴国三年，梁筌真人于楼观羽化登真。同年，他的弟子，也就是在当时已经声名日隆的张守真上奏朝廷，改楼观宗圣宫为兴国观。梁筌真人也因为张守真的原因，屡屡被皇室提及，成为因弟子的盛名而道名日盛的一代楼观高道。这一事实，恐怕是梁筌真人在招收张守真并将他度为道士之时所无法预知的。不过，这已是后话了。

对公元960年时已经开始依托神灵营构神话且急于依托道门高士提升自身的张守真而言，如能师事梁筌真人，不惟可以与楼观一派扯上关系，亦可以使得自己的身份发生重大变化，由草莽之人摇身一变，成为修道之士。这身份的变化的意义，很快便可显露出来。

来到楼观的张守真极为成功地说服了梁筌真人，被度为道士，并与梁真人以师徒相称。从张守真在取得道士身份不久，即离开楼观，在自家旁边建造一座名为北帝宫的庙宇为出家之所的举动来看，他师事梁筌真人的真实目的并不在于追随梁真人修习道法，而只不过是完成他神话营构的第二步，也是十分重要的一步棋而已。目的既已不在追随乃师修道，在成功取得道士身份之后，再长时间居留楼观，自然就意义不大了。

不过，单是与楼观高道有了师徒名分并自建庙宇修道，并不能使得张守真很快脱颖而出。因之，他还需要下一步行动。这行动，便是对自身道术的神话的营构。从后来事态的发展情况来看，他的这一举动，无疑极为成功地迎合了为政者的政治需要。因此上，他很快便得到朝廷的礼遇，并参与到宋室开国之初的一个十分重大的政治事件当中去。

据说，张守真在北帝宫立殿事神之后，日夜崇奉，备极精至。于是，他所依托的神灵又一次开口说话了。

神灵说道：“观汝虔心，称吾教导，贞洁之士，可以驱邪。吾先将剑法传授于你，以为民除妖。以后再命你结坛，以为国祈福。”

①仙游宫在终南山北麓，西距楼观十里。

宗圣宫内老子略传碑

此后，神灵便相继将三剑之法传授给了张守真，并命他为民除妖。又教他九种结坛之法，上坛分别为顺天兴国坛、延祚保生坛、祈谷福时坛，专为国家设立；中坛分别为黄箓延寿坛、黄箓臻庆坛、黄箓去邪坛，专为臣僚设立；下坛分别为续命坛、集福坛、却灾坛，专为士庶设立。由此九种结坛之法及坛名即可约略测知，张守真此坛一旦设立，自然会受到上至皇室，下至庶民的尊奉，个中原因，无须赘述。

我们可以明确知晓的是：练就三剑之法且设立九坛之后的张守真自此道法大进，而且因为颇有灵验而远近闻名。不过，他的真正知名，却是与有宋一代的著名皇帝宋太宗赵光义的大力支持相关。

时为晋王的赵光义之所以对张守真极为宠信，并多次派遣使臣命张守真设醮祭神，从后来他即位的非正统的情况来看，应该说是出于为此后谋朝篡位制造舆论的需要。而张守真多次假托神灵勉力为赵光义即位做舆论准备的诸种做法，其真实用意也不难辨明。这二人事前是否合谋，我们已不得而知。但从保存张守真事迹最为详尽的《翊圣保德真君传》来看，一切事件的发生似乎是自然而然的。只是这由宋太祖赵光义的三儿子宋真宗赵恒出面编撰的作品，其真实性不能不让人生疑。[①]在凤翔府周至县北帝宫依托神灵折腾数年之后，名声大振的张守真终于迎来

①从《翊圣保德真君传》的编撰过程不难看出宋真宗及其臣僚的真实用意。然而，如果以由现代哲人施特劳斯所提出并发展了的解释学原则观之，这精心营构的政治神话表面的合理背后，其实隐藏着诸多多元化解释的可能。

了彻底改变自身地位，从而参与到时为晋王的赵光义的宫廷政变之中的机会。

时间在宋太祖开宝九年，即公元976年十月十九日。

第三节
国运自有真君佑

宋太祖赵匡胤

公元976年十月二十日，宋太祖赵匡胤暴病而亡，赵光义一改自周秦汉唐以来所形成的父死子继的方式，以皇弟的身份继承大统，改年号为太平兴国元年。赵光义的即位，在当时的朝野之中已经引发了不少猜疑及非议，千年以后观之，也可谓是疑点丛生。是为中国历史上关于皇位继承的一大悬案，史称“烛影斧声，千古之谜”。这悬案，多年以后还会成为史家争论的焦点。

赵光义的即位，是有着一个较长时间的舆论准备过程的。从《翊圣保德真君传》所述情况来看，在这个过程中，张守真及其神灵无疑是起到了十分关键的作用的。

宋太宗赵光义

早在宋太祖乾德年间，[①]时为晋王且可能已生出以非常方式承继大统的野心的赵光义在听说了张守真遇神事件之后，或许已经意识到可以借用此事件来为其日后即位张目，于是便派遣近侍前往终南山北帝宫致醮。这使者斋戒焚香之后，代赵光义许诺为天神增修殿

①即公元963年至968年。

字，乞赐官名。天神说："吾将来运值太平君，宋朝第二主，修上清太平宫，建十二座堂殿，俨三界中星辰，自有时日，不可容易而言。但为吾启大王，言此宫观上天已定增建年月，今犹未可。"使者回去以后，便把神人所说的转告给晋王赵光义，据说，赵光义在听罢之后，"惊异而止"。

此事件如果孤立地看，意义自是有限，但若果稍稍放开视野，从数年后赵光义取得帝位之后大兴土木于终南山建造上清太平宫，专门供奉张守真所依托之天神的举动观之，其意义自不难辨明。

不过，斯时对意图借用张守真及其神灵来为其日后登基制造舆论的赵光义而言，借机提升张守真的社会影响力，便显得十分重要了。而提升张守真的地位的最佳方式，莫过于让他与太祖建立交往。因之，张守真的神灵的以上说法，是必须让太祖知晓的。这个过程自然无须过多运作，稍稍放出风去，太祖自会风闻其事。

开宝九年（976年）十月十八日，闻听此事后心存疑惑的太祖在派遣使者前往北帝宫致祷之后，将张守真召至汴京，详细询问此事。张守真便把上述异事复述给了太祖。无奈太祖心中还是疑窦丛生，为了验证张守真所说的真实性，太祖特意安排了一名小太监在殿外长啸，并问张守真道："神人之言若此乎？"

张守真从容对曰："陛下倘谓臣妖妄，乞赐按验，颀臣于市，勿以斯言亵渎上圣。"

太祖便命张守真先暂居京内之建隆观，第二天派遣内臣王继恩前往设醮。张守真明目张胆地为晋王赵光义即位张目，就发生在这一次。

时间是公元976年十月十九日。斯时，距离太祖赵匡胤暴病而亡，赵光义荣登大宝，不过只有半日的时间了。

当时，王继恩再拜虔告之后，神人又说话了："吾乃是高天大圣帝君辅臣，盖遵符命降卫宋朝社稷，来定遐长基业，固非山林鬼魅之类也。今乃使小儿呼啸以比吾言，斯为不可。汝但说于官家，言上天宫阙已成，玉锁开。晋王有仁心，晋王有仁心。"

王继恩听罢此言，虽十分惶惧，但不敢隐瞒，只能如实上奏。据说，在王继恩面奏太祖时，其话语有如神音历历，闻者莫不兢悚。太祖这才默然异之。如果以上说法属实的话，太祖斯时应该有所察觉，如果他稍稍感到此事颇有蹊跷，也许就不会在是日大寒之夜，与其弟赵光义痛饮至深夜并留他同住，为“烛影斧声，千古之谜”留下制造的空间。遗憾的是，太祖对逐渐迫近的阴谋浑然不觉，同样浑然不觉的，还有对他大限之时的逐渐逼近。

公元976年，也即是宋太祖开宝九年十月二十日，当朝天子赵匡胤暴病而亡，其弟赵光义即位，是为宋室的第二位皇帝。

在当时嫡长子继承皇位制度历经周秦汉唐数千年已然成为法定的继承制度的情况下，赵光义即位之后，并非已经可以一劳永逸地安享为人君之乐，他还有很多事情要做。其中，最为重要的，便是设法去堵天下人之口。这事情自然比“烛影斧声，千古之谜”要难办很多，所幸他手中还有张守真和他的神人这张已经使用过多次且屡见奇效的王牌。只是何时用，如何用，需要皇帝赵光义费点心思。

第四节
太平宫成冠关中

公元976年岁末，赵光义即位，改年号为太平兴国元年。

赵光义取得帝位之后的头等大事，就是为他发动的这场宫廷政变制造“天命”的根据，以堵天下万民之口。因之，他还得把张守真及其天神的故事接续下去。张守真也因此迎来了他人生的最为辉煌的时期。

登基当天，赵光义就诏命张守真在琼林苑设立延祚保生坛，举行周天大醮。醮罢，神人又降言给内臣王继恩说：

建隆元年奉帝言，乘龙下降卫人君。
扫除妖孽犹闲事，纵横整顿立乾坤。
国祚已兴长安泰，兆民乐业保天真。
八方效贡来稽首，万灵振伏自称臣。
亲王祝寿须焚祷，遞相虔洁向君亲。
吾有捷疾一百万，诸位灵官万垓人。

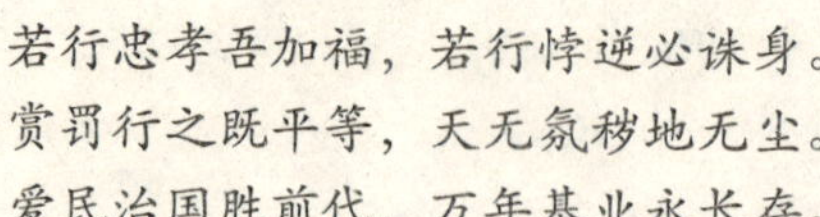
若行忠孝吾加福，若行悖逆必诛身。
赏罚行之既平等，天无氛秽地无尘。
爱民治国胜前代，万年基业永长存。

如果说开宝九年十月十九日神人降言为赵光义即位做舆论准备之时用语多少还有些隐晦的话，这一次，就已经不加掩饰了。

王继恩将此次神人降言录之于简之后，第二天便呈给了赵光义。赵光义阅罢，惊异不已，命将神人之格言藏于内殿。

单是这一做法，还嫌不够，赵光义还必须履行当初的另一承诺。这承诺，便是当时托言神人所说宋朝第二主修建上清太平宫事。

于是，接下来，赵光义便派遣内供奉官王守节和起居舍人王龟从二人前往终南山下修建上清太平宫。

这二人来到终南镇以后，神人又降言说："此地乃修建上帝宫阙之地，不可易也。"于是建宫地址乃定。

此次修建上清太平宫，前后历时三年。三年后，一座规模极为宏大的道观在终南镇落成。赵光义为其赐名上清太平宫，与他的第一个年号太平兴国相呼应。

《翊圣保德真君传》载上清太平宫之规模为："中正之位列四大殿，前则玉皇通明殿，次紫薇殿，次七元殿，次真君所御殿。东庑之外，有天蓬、九曜、东斗、天地水三宫四殿。西庑之外，有真武十二元神、西斗、天曹四殿。又有灵官堂、南斗阁，并列星宿诸神之像。竖钟经二楼，斋道堂室，靡不完备。建碑以纪其事，题曰上清太平宫。"

这里的关键在于，上清太平宫的规模"一如真君预言之制"。赵光义还为上清太平宫设常参官一人任监宫，并选择道士入宫焚修。每逢三元及诞节上本命日，便派遣中使致醮。凡祭神之日，太宗自会亲率群臣在京师遥向太平宫参拜。如果遇到水旱，或者国家将有战事，太宗亦会参拜。

叙述至此，我们不难得出结论，张守真和他的上清太平宫，因为恰逢其时地参与了赵光义的政治神话，而在太宗一朝达至顶峰，可谓备享尊崇，呈一时之盛了。

不过，事情到这里，还远远没有结束。太平兴国初，太宗御驾亲征太原。神人又降言给张守真说："官家已临汾晋，非久克复城池，汝当令监官内侍等设醮，以谢胜捷于上帝。"

守真等说："国家大事，乞俟捷音。"

神人说："上天已定胜负也。"

不久之后，王师告捷，监官们将此事禀报给太宗。太宗又设大醮以谢上帝。斯时，张守真不但主持上清太平宫，还开始统管楼观事务。

公元978年，也即是梁筌真人羽化登真的这一年，张守真上奏朝廷，将楼观宗圣观更名为兴国观，十年后的端拱元年，又改名为顺天兴国观。而早在太平兴国六年（981年），太宗便已诏封"天神"为翊圣将军，张守真为崇元大帅。

崇元大帅张守真在享尽皇家尊崇的同时，为道门教理教义的弘扬，也是做过一些事情的。

据说，这一天，张守真在从容焚香拜祭神人之后，问神人道："守真睹释氏之教，言天上天下，无如佛者。未知三清之上，品位若何？"

神人回答道："佛即西方得道之圣人也，在三清之中，别有梵天居之，于上帝则如世之九卿奉天子也。"

守真说："其教流演，颇盛于世，又何理也？"

神人说："教流中夏，帝之念也。随世盛衰，亦帝之念也。"

守真再问道："道释经典，并垂于世，未审崇奉者何，即获其福？"

神人说："《太上道德经》大无不包，细无不纳，修身炼形，治家治国。世人若悟其旨归，达其妙用，造次于是，信奉而行，岂惟增福，谅无所不至矣。释氏之四十二章经，治心治性，去贪远祸，垂慈训诫，证以千恶，亦一贯于道矣！奉之求福，固亦无涯。至于周公、孔子，皆列仙品，而五经六籍，治世之法、治民之术，尽在此矣。世虽讽诵，多不依从。若口诵而心随，心随而事应，仁义信行礼智之道长存于怀，岂惟正其人事，长生久视之理，亦何远矣！"

以上说法，究竟是出自张守真之口，还是后世附会之说，今已无从考证。但该说论理之妙，见解之深，千年以下读之，亦令人十分叹服。

公元983年，是为宋太宗太平兴国八年，凤翔府周至县上清太平宫宫主崇元大帅张守真在完成了宋太宗“君权神授”的政治神话建构的历史使命之后，于这一日的晚间与世长辞。

至此，有他亲自参与的有宋一代的政治神话虽告一段落，但统治者上层对他的事迹的重说与再度借用，却远远没有结束。

宋真宗即位之后，为维护赵光义嫡传子孙继承帝位的正统性与合法性，继续对上清太平宫礼谒不绝，并在大中祥符七年（1014年）晋封神人为翊圣保德真君，同年命枢密使同中书门下平章事王钦若将张守真及其所托神人的事迹编为三卷本的《翊圣保德真君传》，以垂范后世。

有宋一代，内忧外患始终不绝，为了缓解内外矛盾，起到强化统治的作用，历代君主对道教一直尊崇有加。他们或模仿唐玄宗梦见老君之事，编造出神授天书的故事（真宗）；或自封为教主道君皇帝（徽宗），以道教教主自命。他们也收集、编校道书，为道书的保存，做出过不可磨灭的贡献。遗憾的是，斯时他们所尊奉的，主要是所谓道法一类，实属道教末流，与高道之真修炼养，已然相去甚远了。

这风气的始作俑者，或许便是崇元大帅张守真了。

贰拾贰

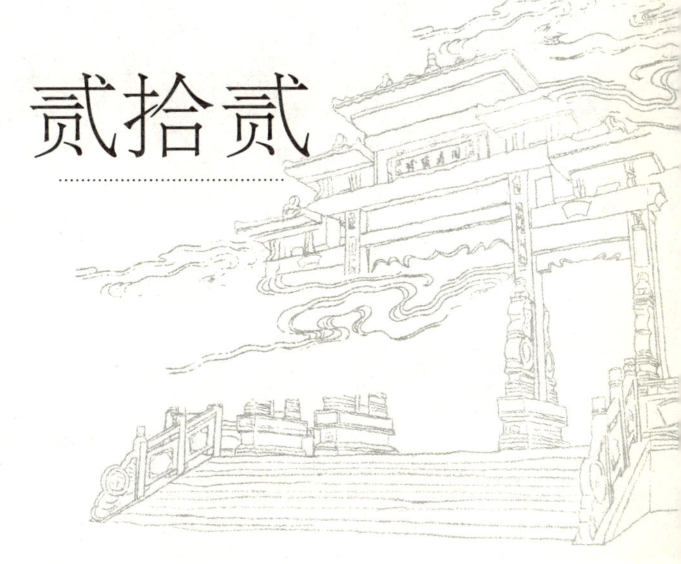

同尘洪妙李真人：仙源流到全真海

魏元帝

公元1236年，是为南宋理宗端平三年，丙申次岁，属猴。这一年，对道教楼观派而言，无疑是一个十分重要的年份，不唯值得历史记取，亦值得后世楼观道众铭记在心。自魏元帝咸熙初（264年）梁考成真人修道于楼观并撰写《楼观本起内传》，标志着道教楼观派自为一宗，别为一传，独立形成，大约一千年后，楼观派正式衍化为全真道，而标志性事件便是同尘洪妙李真人继任楼观观主。是为楼观派信奉全真道之后的第一任楼观观主。

时间在公元1236年。

楼观派之衍化为全真道，原因颇为复杂，[①]其中最为重要的，除了时移世易，楼观派原有的教理教义已然难以适应后期封建社会的政治变革外，楼观在金代末期，因蒙古大军进攻关中，全部殿宇毁于战火，仅存三门、二亭和钟楼一座，此后却无力修复，以至于道士流散，香烟难继也有很大关系。加之距楼观十余里之外的全真祖庭重阳宫，斯时正是香火旺盛，殿宇林立，道众聚集，影响极大的时期。在这样的状况下，楼观道在金元之际迅速衍化为已然使得道教的宗教学说哲理化，宗教生活世俗化和伦理化，更适应当时的社会需要和精神潮流的全真道，便可谓是势所必然。

而同尘洪妙李真人的出现，对楼观历史而言，便是十分重要的了。他对楼观的主要贡献在以下两个方面：其一，他成功使得楼观派“仙源流到全真海”，以全真北方重镇的地位万代流芳；另一方面，在他的努力下，楼观殿宇修建一新，徒侣云臻，备加畴昔，重新恢复了当年盛时的模样并再次走向兴盛。直到公元1331年的一次特大山洪的袭击，使得楼观殿宇大部被毁，教事再次被迫衰落为止。

同尘洪妙真人李尊师道行碑

李真人的生平事迹，虽不见载于《历世真仙体道通鉴》，但《终南山说经台历代真仙碑记》有传，语虽简略，但评价甚高。另外，楼观宗圣宫内所存《终南山楼观宗圣宫同尘真人李尊师道行碑》记载颇为详尽，后世诸人所撰李真人事迹，资料大多来源于此碑。

据此碑载，同尘洪妙李真人，名志柔，字谦叔，洺水（今河北威县）人。

①可参见王世伟先生著《楼观道源流考》，三秦出版社，2007年版，第153-163页；亦可参见樊光春先生著《西北道教史》，商务印书馆，2010年版，第438-442页。

他的事迹，还得从他就任楼观观主的三十余年前说起。

第一节
梦得仙翁授仙书

李志柔后来之所以有志于求仙学道且修成道果，是和三十余年前他的父亲的影响有着莫大的关系的。

他的父亲李志微，因为善治产业，且好积德行善，虽世业农桑，然以门第清白见称于乡里。志微平素即喜欢谈玄说理，曾经师从赵州临城县郝太古高弟开玄真人李君，参受全真教法，及学成行尊，所作歌咏，深契玄理。有诗曰：

少好林泉出尘韵，俯仰坐卧效仙人。

弃剑学丹修真事，不做今人似古人。

志微生有四子，长子志瑞，次子志柔，三子志藏，四子志雍。个个生得眉清目秀，器宇不凡。加之无书不读，无史不观，且效其父，喜谈玄理，无意于仕途之道，飘然有出尘之韵。平素居家，即以谈玄说理相互交通。其家后有玉带河，玉带河水自山中出，清澈见底，游鱼细石，可直视无碍。志微常携其子游于玉带河上游之山林中，并为此山取名为求真山，山中古木参天，其间鸟兽亦怡然自得，见人不避。父子五人于山中游玩时，多有诗句唱和。志微曾作诗曰：

玉带山中求真处，鸟兽虫鱼亦自得。

云卷云舒大化中，妙处怎堪与人说。

他的四个儿子，后来于求仙学道处，均有建树。其中尤以次子志柔为最。有诗为证：

起废成完速若神，琼楼宝殿一番新。

重来尹李还相遇，只恐今人是古人。

李志柔后来之所以能修成道果，除了乃父的影响外，还和这一年的一次奇遇相关，也因为这次奇遇，父亲自此坚信他日后必有大成。

时间是在1192年春夏之交。

这一天，父亲志微已经和他的师父开玄真人约好，十五日去真人所在的观中听取真人讲述全真妙诀，临行前，他把志柔唤进内室，说："你的兄长和两个弟弟今天也要和你母亲一起前往山阴舅父家。只留你一人在家中，要好生照看。"志柔当即应诺。

父亲出行数日之后。因为家中无事，志柔遂偕同村中三五好道者，去求真山上踏青访仙。时值春夏之交，山中草木葱郁，山花遍野。几人行至半山，均感困倦，即在山腰乱石处休憩。唯志柔一人行至山顶的求仙亭，但见山中云雾缭绕，偶有白鹤飞过，不多时，云开雾散，似有仙乐自空中出。志柔暗自称奇。正欲继续前行，突感困倦已极，遂侧卧于求真亭西侧巨石之上，没过多久，便进入了梦乡。

梦中似乎行走到了汉水边，只见一位仙女坐在一叶扁舟之上，吹着笙缓缓从远处来。志柔随即想起他的父亲曾经说过，唐天宝初年长安王懿赴汉水寻访吹笙女的事情，于是开口问道：

"您莫非是天宝初年点化长安王懿之吹笙女？"

仙女微微点头。

志柔说："我兄弟四人追随父亲修仙学道已有数年，从未得窥仙颜，今日既然得见，不知仙女有何赐教？"

仙女缓缓说道："你与长安王懿大有不同。王懿乃京城浪荡子，虽可以得点化而随我同游仙界，然其成就自是有限。而你却有大任在身，多年后必有大成，远在汝家诸人之上。请随我来，自有仙翁点化于你。"

说罢，便示意志柔登船。待志柔登船后，小船迅疾逐波而去。行不多时，但见一山，山在虚无缥缈间，时见仙鹤飞过，仙乐入耳。

小舟靠岸后。志柔随吹笙女弃舟登岸，沿石阶而上，约莫半晌工夫，方至一神奇处。但见：玉宇琼楼殿殿新，仙乐香风处处闻。早有一童子等候在山门外，见吹笙女与志柔，便说："师父已在登仙阁等候。"

此时，吹笙女辞别志柔，兀自飞升而去。志柔待笙乐渐行渐远，以至于不可得闻，方随童子至山后登仙阁。

待至登仙阁，即有一仙翁乘五色云自空中来。仙翁说："我乃广成子，知你根器不浅，他日必有大成，故来点化于你。并赐你仙书五卷，助你修习。"说罢，即乘风而去。

童子遂推志柔曰："去吧。"

须臾，景色大变，琼楼玉宇皆不可得见，但见其父与开玄真人相对而语。开玄真人说："仙语无词，心传道见，神丹之诀，洞箫之音，流注于玄虚渺漠之间，其得之者，又不知几何人哉。"

志柔打算走上前去，忽听得一人猛喝："汝来此作甚？"随即惊醒，自知乃是南柯一梦，唯觉事事如在目前，怀中果有仙书数卷，只是无字。

数日后其父归来，志柔将梦中事具告知。其父大异之，忆起前日开玄真人教诲，其中果有"仙语无词，心传道见"数语，与志柔梦中一般无二。其父自此知神仙事并无虚渺，且知志柔他日必成大道。

第二节
西山盗起真人化

公元1201年，即泰和辛酉年，对志于修道的李志柔而言，也是一个十分重要的年份。

这一年，他开始追随开玄真人，执弟子礼，并长随真人游山间，服勤日久之后，开玄真人觉得他道器非凡，于是将真诠秘诀悉数传授给他。得到真人所授修道秘诀之后，李志柔自此更是炼养愈密，斯时，他也明白当年梦中得到仙翁所授仙书之所以无字，乃是在暗示他道法重在心悟，文字在可有可无之间。此后，他还曾丐食邢、洺两地，有数日粒米未进，然志向并未减退，遍寻隐居仙翁多年后，他先后入广阳两山，谢绝人事者十有二年。其间餐风饮露，日与闲云为伍，野鹤为伴，更觉人事空幻，仙界可求，服食水玉既久，呼吸吐纳之功日勤，但觉心境虚明，万理照彻，飞升之诀，似已明矣。

此后不久，他的师父开玄真人和父亲都解化了。大哥志端、弟弟志藏和志雍于是和他一起，每天修道炼气，谈玄说理，很是自在。

第二年，西山出了一群盗贼，他们常常在晚上入室偷盗，当地官府无力抓捕。不久以后就发展成白天入室抢劫，弄得邢、洺两地人心惶惶。

这一天，志柔把哥哥志端和弟弟志藏、志雍叫到求仙亭，对他们说：“最近一段时间，西山盗贼蜂起，弄得民不聊生。我打算去西山点化盗贼，以解民困，不知你们以为如何？”

大哥志端说：“这个想法固然好，不过我听说这伙盗贼心狠手辣，杀人越货无恶不作，你去了以后，怕没能点化他们，性命反而为其所伤。”

志藏、志雍也说：“大哥所言极是。”

真人说：“各位兄弟不必顾虑，我自有点化之法，况且我不过是一个方外之人，他们伤我作甚？”

于是真人当天就来到西山，要求见盗贼的首领。

话说那盗贼的首领，原来也是读书明理的人，只是因为家道中落，父死母丧，生活难以为继，加之官府课税甚勤，无力承办，万般无奈之下，才落草为寇。当日见到真人以后，匪首便问道：“不知真人来此，有何见教？”

真人说：“你们聚居在西山，杀人越货，无恶不作，已经弄得人心惶惶，不知所为何事？”

匪首答道：“我们做这些事情，为了兄弟多人，聚集一处，大口吃肉，大碗喝酒，好不快活，人生至此，夫复何求？”

真人说：“要说快活，人间有什么可以留恋的？少年时的欢乐还没有享尽就已经老去，而人总是有一死，死亡的痛苦是人间的人无法避免的。怎比得上成仙得道，可以长生不老，也不会有人间的祸福得失。况且你们如今可以逍遥快活，他日官府前来剿灭，自然不免一死，所谓的快活，不过转瞬即逝。”

听到真人这番话，匪首心下便悟，于是自愿遣散众匪，追随真人修仙学道。

真人点化西山盗贼的事情，很快便人尽皆知。于是声名日隆，远近各地慕名来求仙学道的人越来越多。于是真人来到邢台，建造了通真观。通真观外每天都聚集着众多慕名前来求仙学道者。

虽说此时李志柔在师父开玄真人的教导之下已经进益非常，但真正使得他得窥道妙的人，却是在数年之后才出现的。

第三节
长春赐以同尘号

这位注定将改变李志柔的修行进路，从而间接影响到楼观道史的人，便是时任全真掌教大宗师的长春真人丘处机。

公元1223年，李志柔前往宣德（今河北宣化）拜访时为全真掌教大宗师的长春真人丘处机。正是这一次的拜访，彻底改变了他的修行进路，也使得他的师承关系，可以远溯到长春真人名下。

早在三年前，也就是公元1220年春天，李志柔听说长春真人即将从海隅过来，中途要经过燕赵，于是专程前往长春真人经过处，为其送行。这一次的拜会，想必对李志柔影响颇大，否则他也不会在三年后长春真人奉旨南下时，再次前往位于宣德的朝元观拜访真人了。

三年后，也就是公元1223年，长春真人奉诏南下，李志柔便去位于宣德的朝元观迎接。当时，长春真人因他硕德宿望，为他赐号同尘子，而且嘱咐他一定要立观度人，将迎往来，阐化为务。于是真人先后在漳川、奉天建造长春观，在大名建造栖真观，以广纳道众，传播教旨。在他所到之处，愿意追随他修习的人也越来越多，李志柔依照全真传承谱系，一一将这些人收在自己门下。由此可见，李志柔虽然未能像尹志平等十八弟子那样有幸追随长春真人西游，但他曾师事真人，基本上是可以肯定的。也许因着这个原因，数年之后，当时为继丘处机之后的第六任镇掌教大宗师的尹志平真人在1236年又炷礼于楼观之时，看到楼观殿宇在战火之余倒堕劫灰，四顾萧条，而将修复的重任托付给李真人，便是顺理成章的了。

长春真人丘处机

公元1227年，长春真人仙化之后。李真人便杖履南归，途中点化的道众越来越多。而且真人的弟子也在各个地方先后建起大小庵观三百余处，影响并点化道众不计其数，自此真人名号更是声名远播。

第四节 起废成完速若神

在楼观宗圣宫的历史上，同尘洪妙真人的贡献亦可备一说。

他不辞劳苦率领道众重建楼观，积数年之功，便使得毁于战火一片萧条的楼观殿宇一新，重新恢复了盛时的规模，可谓是居功甚伟。

不过，他的重修楼观，是和另一位真人密切相关。这位真人，便是时任全真掌教大宗师的尹志平。

尹志平继丘处机为第六任全真掌教大宗师以后，“道化之行，归功重阳；继述先宗，注心楼观。”他认为，重阳宫乃全真圣地，楼观则为

重阳宫

道教先宗，因此曾先后两次来重阳宫和楼观礼谒致敬。在葬重阳祖师之后，尹志平还专程来到楼观，闲居数月，淡然为神明游，曾作诗曰：

周朝兴逸士，唐代显尊师。
宗祖古楼观，清和得继之。

在这首诗中，他明确表示，古楼观乃是道教宗祖之地，自己也愿意继述楼观仙统。他还曾作《说经台十诗》，其第五首云：

说经台上爇心香，亲见宗师受道章。
一自玄元归去后，五千文义愈昭彰。

出于以上的原因，他在二次入秦礼谒楼观之时，愿意接受楼观观主张致坚的请求重建楼观，便是自然而然的了。

时间是在丙申年，即公元1236年，清和大宗师尹志平从燕赵来到陕

楼观碑石

西，打算拜谒祖宫，李志柔真人也随行到陕西。当时，宗圣宫由于天兴兵乱，楼宇已被焚毁殆尽，几成废址，宗圣宫道士张致坚认为宗圣宫既然是玄元道祖书写《道经》和《德经》的胜迹，自然不能任其荒废。于是希望清和大宗师出面重建宗圣宫。大宗师也认为，无丹山岂能栖彩凤，有任公乃得驮大鱼，便答应承办此事。大宗师吩咐李真人率领道众铲除荒草，陶制瓦壁，经营了一段时间之后，渐渐有了规模。大约十年后，宗圣宫便雄楼杰观，灿然一新，恢复了往日气象，李真人自是功不可没。

斯时，李志柔真人已经在清和真人的安排下，做了楼观宗圣宫的观主。李志柔接任张致坚做楼观观主一事，对楼观道史而言，也可谓是意义非凡，是道教楼观派衍化为全真道的重要标志。

其实，在楼观派的最后一任观主张致坚希望清和真人尹志平帮助重修楼观之时，已经为楼观派的改宗埋下了伏笔。

在李志柔率领道众重修楼观之际，便有众多全真弟子“裹粮来从”，李志柔以清和真人委派的全真大师韩志元、张志朴为助理，协领修建事务，已经使得楼观派的子弟无法在重修之际产生重要影响，而每天数以千计的道众前来楼观帮助修建，这些人，也均为全真弟子。据《大元重修古楼观宗圣宫记》载，当时，李志柔的弟子遍及秦、冀、鲁等地宫观，人数多达三千余人，这些人在乃师的感召之下，先后前来楼观帮助修建，修建完毕之后又大多留在楼观修持，自然使得楼观道士的成分发生重大变化。因之，楼观修复之际，便是其改宗全真之时。尹志平命李志柔接任楼观观主，也可谓是含义深远了。

公元1236年，流播千年的道教楼观派在李志柔手中正式改宗全真道。

到了公元1250年，洺州牧石德玉因为仰慕李真人的名德，便向皇上保奏，加号真人为同尘洪妙真人，并且赐给真人黄金冠服。四年后，皇上在燕京大长春观举行斋醮活动，真人位列高道之选。斋醮活动结束之后，真人在邢洺两地道观中与众道人谈玄说理，广度道众，同时，也修葺一些没有完工的宫观。公元1263年，诚明宗师任命真人督还楼观，凡是有缺漏的地方，全部加以修饰。较之前代，楼观楼宇增加了数倍。直到三年后，真人羽化为止。

公元1266年6月3日，宗圣宫北面的焦家巷居民看见空中有五色云浮动，而且还可以听到仙音朗彻，便赶快跑过去一看究竟，此时才知道是同尘洪妙真人仙化飞升所致，人皆叹为奇观。

在6月2日，真人和平日一样，沐浴正襟，将道众集合起来，告诫他们一定要以修身利物为念，以后观中事情由弟子石志坚主领。后事吩咐完毕之后，第二天，真人便羽化登仙，享年七十有八。

真人羽化之后，仍然面如生人，宗圣宫为真人斋祭三天，并暂时将真人葬在他生前居住的丈室之内。

四年后，门下弟子将真人安葬在了宗圣宫东南成道观之仙游堂。

有诗一首，单表真人事迹，诗曰：

希夷道妙言难穷，诚之所感斯能通。
粤有人兮宿慧充，开玄嫡嗣同尘公。
早年颖悟超樊笼，仁慈清俭居谦冲。
虎龙交媾全真功，炼就骨肉俱相融。
令名籍籍压岱嵩，所在请益来参同。
西翱东翔阐宗风，随机接物开盲聋。
草楼灰烬施神工，瑶坛玉宇增兴隆。
功成道备师知雄，退身闲居德愈崇。
百年厌世游太空，昭昭不亡存其中。
我作铭诗树琳宫，高天厚地齐始终。

贰拾叁

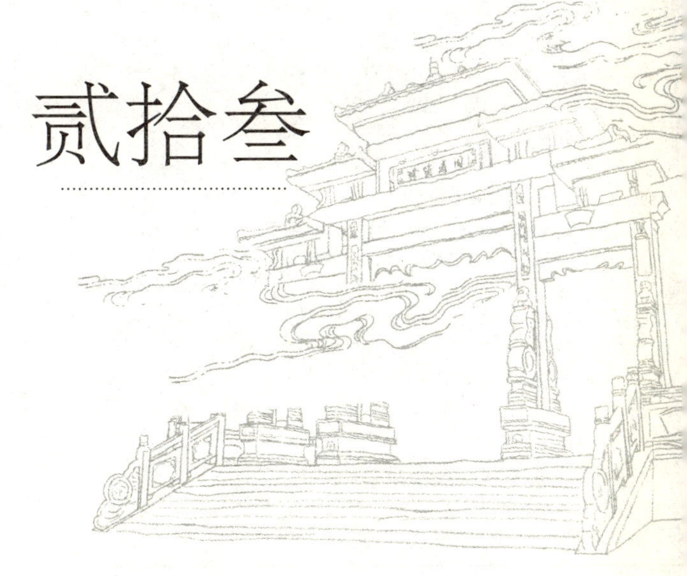

朱象先真人：分席经台校玄旨[①]

楼观说经台

公元1279年，是为元世祖至元十六年，乙卯次岁。

这一年的春夏之交，自命道号为一虚子的茅山道士朱象先自浙右[②]来到楼观，原意不过是为了却多年以来礼谒祖庭、拜会老君遗迹的夙愿，不承想当他驻足于说经台之上，摩挲老子当年系牛之古柏，遍览梁考成真人托名太和真人尹轨所撰之楼观先师传及精思法师韦节、银青光禄大夫尹文操续书，始知楼观地灵人胜，德泽流长，诚非偶然，不禁感慨系之，读其书，想见其为

①本章所用材料，大部出自王士伟先生著《楼观道源流考》一书，另据《楼观先师传碑》、《古楼观紫云衍庆集》及《古楼观系牛柏记》等校订。

②据王士伟先生考证，可能是茅山或江苏其他地方。

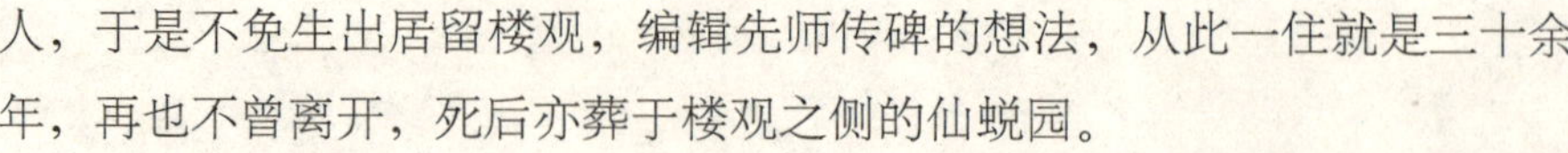

人，于是不免生出居留楼观，编辑先师传碑的想法，从此一住就是三十余年，再也不曾离开，死后亦葬于楼观之侧的仙蜕园。

朱象先初到楼观之时，华夏古国正值贞元之会，当绝续之交，即南宋灭亡、元世祖统一中国之际。斯时，他可能也不曾料定，这一年他的修道之路会发生重大转折。这转折在改变了他的人生道路的同时，也改变了楼观道史，为他后来成为一代楼观高道，为楼观道道史的编撰立下至高功德奠定了基础。他的德行，多年以后还为楼观道众津津乐道、敬佩不已。

在居留楼观，精研楼观道史的这三十余年间，他亲身经历了楼观从道教楼观派衍化为全真道的全部过程，自然他也有机会深入思考在该转化过程中所显露出的一些问题。这些观察和思索，后来分别融汇入他先后撰写的《古楼观系牛柏记》、《终南山重建会灵观记》以及《终南山说经台历代真仙碑记》、《古楼观紫云衍庆集》中，以上这些著述，已然成为后世学者研究楼观道史的基本史料，影响可谓深远。

遗憾的是，他的生平事迹并不见载于《道藏》传记类以及其他道书、碑石，因之，只能从他所撰写之碑记及《古楼观紫云衍庆集》中约略钩沉他的基本行状。

他的生平以及修道之路，需得从大约五十余年前说起。

第一节
修道茅山慕老君

朱象先，自命道号一虚子，又号海陵仙人、华阳真逸，晚年多自称一虚叟，海陵（今江苏泰州）人，约生于公元1229年，卒于公元1308年清明节后，住世修行凡八十余年。

他后来之所以会在知天命之年风尘仆仆、长途跋涉、不远万里自茅山来到楼观，和他在弱冠之年的一个夙愿相关。如果再从他出生之时的情况来看，这夙愿，或许亦是一个人宿命的必然。

公元1229年前后，朱象先出生于海陵。在他出生之前的一个晚上，他素来对道教修仙之事情有独钟的母亲，做了这样一个梦：

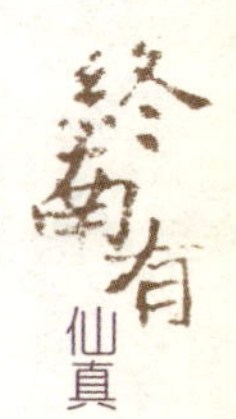

楼观碑石

她梦见自己独自行走在碑石林立、古木参天的道观之中，时见有五色祥云聚集于殿宇之上，耳畔可听见仙乐阵阵自空中来，且有仙鹤悠然行走于庭院之中，香风亦处处可闻。她自然大感惊异了，于是便沿着观前的小道悠然前行，不一会儿，便走到了一处土台之下，只见一株古柏高约丈余，百鸟聚集其上，青牛系于其下，就在她暗自思量这景况究竟主何吉凶之时，突然看到一位仙翁，形容酷似老君，牵着一位道童从土台之上缓缓行走下来，待行至她的面前不远处时，仙翁猛喝一声："去。"那位道童便随声向她所在的方向飞身过来。在她因避之不及而显得十分慌乱的情绪稍稍安静下来时，这道童早已飞入她的怀中，这时候，惊魂未定的她突然醒来，发现不过是南柯一梦，不仅长舒一口气，只是分娩前的阵痛，就在这时候开始了。

既然不过是南柯一梦，似乎也不值得太过在意，况且期盼已久的孩子的出生所带来的喜悦，或许也冲淡了这个梦所带给她的惊恐和疑虑，如果不是这个孩子在读书的年纪所表现出的异于常人的对道书的偏好，也许这个梦也会像她多年以来做过的千千万万的梦一般，永远沉睡在记忆之中，须臾也不会被唤起了。

朱象先十岁的时候，他的母亲就开始意识到，当年的那个梦或许是有着非同寻常的意义的。

因为在这个其他孩子都在诵读儒家经典的年纪，朱象先却表现出对道书特别的偏好。那个时候，他已经对老子所著道德二篇熟读成诵，而且理解精透，令人惊叹。而到了弱冠之年，他便生得方瞳玄鬓、双目如炬、清气逼人，大有仙风道骨之相。斯时，他已对俗世功名利禄毫无兴趣而志在方外了。

直到此时，他的母亲才明确意识到那个晚上的梦境的真实意义。经过十余年内心的纠葛，她已经能够安然领受这或许是上苍注定的她的孩子的命运。于是，在一个月朗星稀的夜晚，她将当年的那个梦详细讲述给了朱象先。

听罢母亲的讲述之后，早已志于修道的朱象先做出了一个注定将会影响他此后命运的重大决定，那就是入山修道。

或许是早年读到的儒家经典的影响所致，在父母尚在之时，他并无意于远游。于是，距他的故乡不远处的茅山，此时自然而然地进入了他的视野。

茅山宫观

茅山，古名句曲山，又名冈山，在今江苏省西南部。茅山的知名，是和三位历史名人相关的。他们是茅盈、茅固和茅衷。相传，汉景帝时，出身咸阳的茅盈兄弟三人因看破红尘，无意于世事，于是在写下“春日才看杨柳绿，秋风又见菊花香。荣华终是三更梦，富贵还同九月霜”的诗句之后，相偕离开故乡，四处访仙问道。他们餐风露宿、披星戴月、日夜兼程数月之后，便来到了位于黄海之滨的高山之上，只见这山中古木参天、绿荫蔽日、芳草如茵、香茅遍地，于是三人一致认为此地是修仙隐居的绝佳去处，便居留下来，潜心修道养性，采药炼丹，以济世救人。多年以后，三人均修成道果，位列仙班。为了追慕三茅的遗踪，后人在他们修道成仙的山中建立了三茅道观，并将他们兄弟三人称为三茅真人，其山命名为三茅山或茅山。相传，当年三茅真人还曾在江苏句容流行瘟疫之时，前往句曲山华阳洞以治病救人。后来句曲山被更名为南茅山，江北三茅山则改称北茅山，或曰茅山。

从《古楼观紫云衍庆集》自题“句曲朱象先”来看，他入道修行之地，应该是位于句曲的南茅山。

南茅山属当时南方正一天师系统的上清宗坛源所，历来高道云集，始有三茅真人修道成仙于汉，次有西晋女冠魏华存及东晋许谧、许翙、杨羲传播《上清经》于后，至陶弘景率领弟子建立一批道观之后，便成为上清派的活动中心。

朱象先能够在福地茅山入道，应该说是得偿所愿了。

在修道茅山的这一段算起来并不短暂的日子里，朱象先每天追随茅山高道潜心修习道法，虽说生活较为艰苦，但内心总算是有了安稳的依托，自是精神百倍、精进异常了。如果不是二十余年后的秋冬之交的某一天他突然想起母亲当年做过的那个神奇的梦，也许他就此待在茅山，不会发愿去礼谒祖庭，自然也就不会有终南山古楼观大宗圣宫三洞讲经师朱象先了。若是如此，也就不会有《楼观先师传碑》和《古楼观紫云衍庆集》了，那么，损失最大的，恐怕便是楼观了。

意识到自己必须了却命中注定与道教祖庭楼观的一段缘分的朱象先，在这一天的黄昏时分做出了另一个即将影响到他的生活道路的重大决定，那就是离开茅山。

目的地也十分明确，就是位于终南山麓的楼观。

第二节
挂剑长春偶相会

茅山道士朱象先在四十岁上做出了一个注定将影响到他此后的修道之路的重大决定，那就是离开茅山，去往位于终南山下的道教祖庭楼观台，目的却也简单，就是为了却多年来礼谒祖庭、拜会老君遗迹的夙愿。只是斯时他可能不会想到的是，楼观台会成为自己的埋骨之处，而楼观道史，也会因为他的到来而发生极为重要的变化，这或许也是宿命的必然，无法逃避，也不能强求。

不过，虽说他最终的目的地是楼观，但此番出行的第一站，却是燕然。

燕然，古山名，即今蒙古人民共和国境内的杭爱山，在中国历史上可谓是声名卓著。早在东汉永元元年，车骑将军窦宪曾领兵出塞，大破北匈奴之后，在燕然山上刻石勒功。后来铭功于燕然便成为战士出塞边疆破敌功成的代称。唐李峤《饯薛大夫护边》诗曰："伫见燕然上，抽毫颂武功。"宋范仲淹《渔家傲·秋思》词云："浊酒一杯家万里，燕然未勒归无计。"由此可见，有汉之后，虽朝代更替频仍，燕然作为一个极富象征意义的地方，多年以后还屡屡成为志于事功的热血男儿的梦想功成之地，亦成就了众多诗人的诗意的边塞想象。

茅山道士朱象先来到燕然，却不是为凭吊古战场，发思古之幽情，而是专为访仙问道而来。

一路上，边塞的风光仍然使得因修道多年内心已然趋于平静的朱象先为之激动不已，此时，他可能也见过"大漠孤烟直，长河落日圆"的景象，当面对着苍茫的大地和寸草不生的戈壁之时，他不免感慨起居身茅山之时内心的逼仄了，大漠的雄浑之气自然足以使一个人的胸襟为之广阔，使得他在瞬间里体验到内心诸般俗欲被荡涤干净的澄明和喜悦。多年以后，当他已经居留楼观之时，偶尔回想起来当年行走大漠时的所见所思所想，仍然十分坚定地认为，那次燕然之行最大的收获，便是内心境界的开拓，这开拓，便是一路上瑰丽的风光所给予他的，访仙问道之事，倒是在其次了。

一路长途跋涉，可谓历尽艰辛终于抵达燕然之后，朱象先却觉得在燕然做长期居留，意义已经不大了。于是，在先后拜会了燕然山上著名高道之后，朱象先便再次踏上了他的求仙问道之旅。

这次的目的地是北京长春宫。

北京长春宫（即今白云观），乃是长春真人丘处机于元太祖十九年（1224年）时居住修道之地，当时名为燕京太极宫。公元1227年，即元太祖二十二年，丘处机羽化之后，其遗蜕即藏于观内的处顺堂（今丘祖殿）。因之，北京长春宫（白云观）被后世的道教徒尊为全真龙门派祖庭。

长春真人执掌天下道教之后，很快便使得道教全真派大行于世，不过，这个时候他的一系列弘教策略，在为全真教赢得众多信众之余，也为多年后全真派与释家的论争在屡次败北之后终至走向衰落，埋下了祸根。

这祸根的首次显露并给全真派造成极大的损失，是在宪宗八年戊午，即公元1258年。当时，全真派已经有意识或无意地更改或者说是违背了王重阳真人在立教之初所倡导的三教合一、三教一家及三教平等之说，开始大肆宣扬《化胡经》，以之作为与释家争夺正统地位的重要理论依据，这自然会引发僧人的不满。长春真人丘处机在西行之初又以老子化胡自喻，自然也会激化二教之间的矛盾。嗣后，全真派玄风大振，使得释家已有被吞食淹没之虞。北周武帝时道释两家相互辩难终至两败俱伤的悲剧性结局，斯时已有再度上演的苗头。

白云观

元宪宗八年，时为嵩山少林寺住持长老的福裕以全真教倡导老子化胡说，造作《老子八十一化图》为借口，开始向道教全真派发难。于是，元代的第一场僧道大辩论就此拉开帷幕，释道双方各派十七人参加，僧人以福裕为首，道士则以长春真人丘处机的大弟子张志敬为最，辩论结果是“道者负矣”，依照事前约定，十七名道士全部被削发，道经四十五部连同经文印版悉数被毁。如若全真道人通晓道史的话，自然应该明白此次论辩以及道经被毁事件与北周武帝沙汰释老时之情境如出一辙，而且深层原因也并无二致，不过双方的角色发生了转换而已。遗憾的是，这一可以说为全真派敲响了警钟的重大政治—宗教事件并未使得全真道上层有所警醒，加之斯时全真教高层已渐腐败，道徒背道，真修稀少，高道乏人，教风渐消，与释家因教产和利益而起的冲突也日渐激化，已然可谓是内外交困之际，在无法认清形势而继续肆意妄为的情况下，全真派的衰落，已经只是时间的问题了。

这不免让我们想到当年北周武帝下诏减省道观之时，严道通法师对王延真人说过的一番话，严真人认为：“道贵得人，玄纲自振，何必多人耶。盖多人则多累，反为吾道之玷。夫道不欲杂，杂则多，多则惑，惑则乱，乱则真理丧矣，讵有益哉。”纵观元代全真道史，真可谓是不幸印证了严道通法师的这个说法。

朱象先居留北京长春观之时，正是全真道山雨欲来风满楼之际。

白云观

因为，继元宪宗八年之后的又一次僧道相争并再次以道人的败北，全真教声名败坏为最终结果的标志性事件，就发生在二十三年后的1281年，也即是元世祖至元十八年。这一年的十月间，第二次僧道辩论中道家再次败北，尽管全真教的中坚力量勉力顶住了外部的强大压力，但内部的问题已然无从消除，继续发展的根基既已动摇，走向衰落便是不可避免的了。而在此事件发生的一年前的二月二十五日，忽必烈已经下旨："宜只依在前断定底，不曾回付来底寺院并属寺家的田地水土，一处回付与；将说谎捏合来得经文并印板，不曾烧毁了底，交毁坏了者……别了在前断定言语寺院并田地水土，不肯回与相争的人每，有罪过者。"用意已是十分明显了。

作为全真龙门派祖庭和长春真人遗蜕存放之地的北京长春宫，在这样的形势之下，自然难免首当其冲了。

不过，这些事件发生的时候，朱象先已经离开北京长春宫一年有余了。

也就是在长春宫，他与后来写下《赠别一虚叟》一诗，为我们留下关于他的行状的最为重要的资料的杜南谷相遇了。

其时，修道茅山多年再加上云游燕然之旅已经使得朱象先的道行过于常人。杜南谷在北京长春宫与朱象先一见之下，便对他极为敬佩，并引以为知己，时常向他求问道要，二人以道术相忘达数月之久。多年后，已经在楼观修道并开始精研楼观道史的朱象先收到了杜南谷的这样一首赠诗：

海陵仙人一虚子，方瞳玄鬓长如此。
胸中一点天地真，清气逼人过秋水。
我昔被君居燕然，挂剑长春偶相会。
别去笑指黄金台，翻然西度函谷外。
浮云紫气上终南，稳驾青牛休地肺。

烟霞猿鹤争欢迎，疑是玄元见文始。
丹峰楼观尚依然，摩挲古柏正逾醉。
从兹与了未了缘，莫向时人话前事。
今犹古兮古犹今，天上人间复何异?
不须忙去升昆仑，逍遥且住人间世。
他年我亦事西游，分席经台校玄旨。

综合此诗以及当年全真教所面临的局势，我们可以约略测知的是：朱象先在居留北京长春宫之时，正值全真教内外交困且山雨欲来风满楼之际。他理应意识到这局势的进一步发展，会给教派带来何样一种极为严重的后果，离开可能成为风波旋涡的长春宫、去往终南山下古楼观的朱象先，在有意了却多年前拜谒祖庭的心愿之外，恐怕也有躲避矛盾，以全其身的用意在其中。他后来之所以在居留楼观之后，与当时高道的风光相比几乎默默无闻，唯务于潜心研究楼观道史，不求闻达于诸侯，死后也分外萧条的结局，极有可能是他在洞悉了当时全真教获罪的根由之后的一种有意为之的英明之举。若是如此，单就这一点而言，朱象先位列高道之选，也可谓是实至名归了。

朱象先离开北京长春宫抵达古楼观的时间，是公元1279年，即元世祖至元十七年，斯时，距离全真派与释家第二次论争和败北，已仅余一年多时间了。

第三节
分席经台校玄旨

公元1279年，已步入知天命之年的朱象先在意识到教门劫难即将来临且因为积弊已深无力挽狂澜于将倒之际，选择离开可能会成为旋涡的中心的北京长春宫，一路风尘仆仆，来到了道祖老子当年演说道德二篇的终南山古楼观。

古楼观虽已不复当年盛世的景况，但老子昔年炼丹之峰和系青牛之柏仍在。当朱象先伫立于说经台上，摩挲古碑，独对眼前的一树残阳和烈烈寒风，抚今追昔，不禁感慨万千。而楼观道众和主持对他的热情礼遇和真诚欢迎，也足以让内心一度因教门玄风的渐消而备受煎熬的朱象先，产生长期居留楼观的念头，这念头一旦产生并付诸行动，便实实在在地改变了他的人生道路。

起念长居楼观的朱象先所做的第一件大事，便是将《楼观内传》节录为《终南山说经台历代真仙碑记》。

当时，每日独坐于说经台之上的朱象先在仔细阅读梁谌托名太和真人尹轨所作的楼观先师传以及精思法师韦节、银青光禄大夫尹文操的续书之时，因教门玄风的衰退而起的内心的忧思逐渐开始消退，斯时，内心升腾起来的，是对作为天下道林张本之地的古楼观历朝历代登真之士的景仰之情。在说经台上独自翻阅楼观内传三卷的很多个日夜中，或面对一树斜阳一轮残月，时有鸟儿飞过白云流过，耳畔间或响起钟鼓之声与虫儿的鸣声，朱象先细读其传且想见其为人，比照时下道门的颓势，他更是切肤地意识到自己应该勉力撰述，以彰显真仙风范，以之作为后世修道之士效法的对象，或也可以对后来玄风的振起，起到一定的作用。

说经台俯瞰图

有了这样的念头之后，朱象先便开始了《碑记》的撰写。在《碑记》的后记中，他曾对撰述《碑记》的始末，作了这样的描述："楼观为天下道林张本之地，自文始上仙之后，登真之士，无世无之。阅诸仙史，不一而足。始以太和尹君别作楼观先师传于晋，次则精思韦法师述之于后周，末则尹尊师文操续之于唐，合卅人，各一别传，为书三卷，垂世久矣。至元乙卯，象先自浙右，炷礼祖庭，因坐于经台，得熟其书，乃知地灵人胜，德泽流长，诚非偶然。第以韫之编牍，末临见闻，遂本其援九，录其要一，各系以赞，编为是碑。复纂文始本传弁之首，以呈宗主聂公、提点赵公，刻之贞石，昭示无穷，俾后裔得以究明祖道而勖之耳。"由此可见朱象先用心撰写此碑的真实用意。从后来由《化

胡经》引发第四次僧道之争之时，因道士败北，《化胡经》被焚毁，波及《楼观内传》遭焚毁佚亡的事实看来，朱象先撰述此碑的用意，应该说是全部达成了，而此碑在保存楼观先师事迹方面，意义则可谓十分深远了。

定居楼观的三十余年间，朱象先应本观主持之请，先后撰写了《古楼观系牛柏记》、《终南山重建会灵观记》、《文仙谷纯阳洞演化庵记》及《终南山古楼观刊关尹子后序》等碑文。这些碑文，后来都被收入他的最后一部著作《古楼观紫云衍庆集》中，该著作全文被《道藏》收录，足见其意义之大。

在这几通碑文中间，《终南山重建会灵观记》值得一提。该碑文较为含蓄地提到楼观从楼观派衍化为全真道的过程中，在教义、教规、人事诸方面与以李志柔为代表的全真派之间所发生的歧义和冲突的真实情况。[①]对于这一情况，各种道史及碑石均无记载，对此，该碑文如是写道："是观之复，盖借诸方师友之力。殿宇既立，复以执事者龃龉不合，宗师教札敦谕，清规遂定。"由此约略可以测知，当年楼观最后一任楼观派主持张致坚在请全真掌教大宗师清和真人尹志平帮助重修楼观殿宇之时，可能并未做好改奉全真道的精神准备，自然也可能很难接受在楼观重修事务大功告成之后，楼观的主持大权旁落并改奉他宗，因之而起争端，自然是可以理解的了。

楼观碑石

朱象先的最后一部著作，是《古楼观紫云衍庆集》。

该书收录了自唐代至元代高道名士所撰之楼观碑文及朱象先自撰碑文共计十四篇；唐宋元人有关楼观题咏诗词九十三首，加上朱象先自题楼观诗二首，计有九十五首。从撰写时间上看，该书所录诗文始于唐武

①相较于元以后的楼观道史著述的缺乏，朱象先此书的价值及其对楼观道史的贡献，自是十分明显的了。

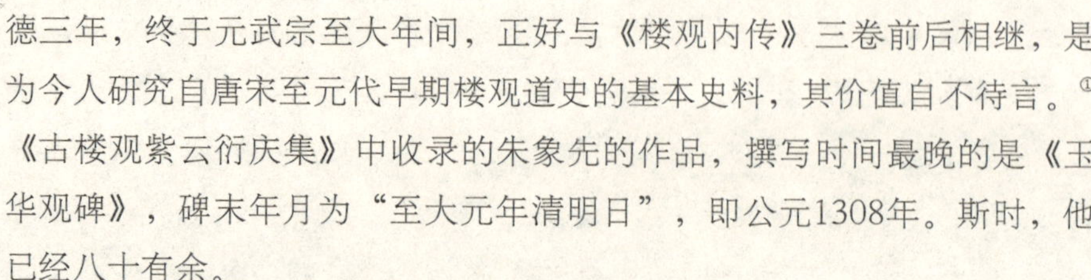

德三年，终于元武宗至大年间，正好与《楼观内传》三卷前后相继，是为今人研究自唐宋至元代早期楼观道史的基本史料，其价值自不待言。[①]《古楼观紫云衍庆集》中收录的朱象先的作品，撰写时间最晚的是《玉华观碑》，碑末年月为“至大元年清明日”，即公元1308年。斯时，他已经八十有余。

公元1308年之后的文字资料的付诸阙如，或许可以从侧面证明，这一年，距离朱象先羽化登真之日，应该是为时不远了。

第四节
真人化归仙蜕园

为楼观道史的存留付出半生心血的朱象先真人生前可能无法预料的是，他晚年的行状以及羽化安葬之地，竟然会在多年以后成为一个难解之谜。这不能不令人感慨。

宗圣宫内碑石

自1983年即开始潜心研究楼观道史的王士伟先生，在撰写有关楼观道的重要著作《楼观道源流考》一书时，曾先后翻遍《道藏》传记类、各种道书及楼观碑石，惜乎数年间并未发现有关朱象先真人羽化安葬之地的确切记载。[②]直到三年后的某一天，一位楼观农民垦荒之时的重要发现，使得关于朱象先真人羽化安葬之地的谜底，终于得以揭开。

最终揭开谜底的，是一块碑石。

这块十分重要的碑石的发现，实属偶然。

①在撰写同尘洪妙李真人传时，作者已经意识到在楼观派改奉全真道之时，应该是有着一个冲突和融合的过程的，但翻遍《道藏》及其他与楼观有关的书籍之后，并未发现与此相关的记载。朱象先此碑，是唯一提到这一情况的史料，其价值自然不容忽视。

②本书作者在撰写朱象先真人传之初，也先后翻阅了诸多相关书籍，亦未发现有关朱象先真人生平事迹的详细资料，可见王士伟先生所言不谬。现今坊间流传的关于朱象先真人行状的说法，均不出王士伟先生著作《楼观道源流考》中考证的范围。

楼观碑石

公元1986年，一位农民在楼观附近的荒地中垦荒造田之时，无意中从地下两米处掘出一块石碑。该碑石质粗糙，刻制亦十分简陋，碑头无篆额，前后碑阴亦无撰书人姓名及立石年月，但其碑身正面的两行共十字的碑文，却令在场的人大吃一惊。

该碑文为：说经台主持朱象先之墓。文字清晰完好且并无缺损。自此，关于朱象先真人晚年行状及葬身之地的诸般猜测，终于尘埃落定。

据王士伟先生考证，此碑所在之地，即是元代楼观之仙蜕园（即道士羽化之后的安葬之地）。而由此碑文亦可得知，朱象先真人晚年曾任楼观说经台主持，[①]死后即依照惯例葬于楼观之侧的仙蜕园。

朱象先真人羽化登真的时间，只能据《玉华观碑》末所署的年月推测为公元1308年清明节后，住世凡八十余年。

斯人已逝，唯留一通粗糙的碑石，在百年之下的烈烈寒风之中，向前来拜谒的人们诉说着墓主朱象先真人生前的寂寞和身后的萧条。

① 《中国道教》1992年第一期陈万卿撰《朱象先〈创建长春观碑记〉》一文中称，《创建长春观记》碑文首题撰书人为“终南山古楼观大宗圣宫三洞讲经师朱象先撰并书”，是为关于朱象先真人晚年在楼观曾任道职的又一佐证。

贰拾肆

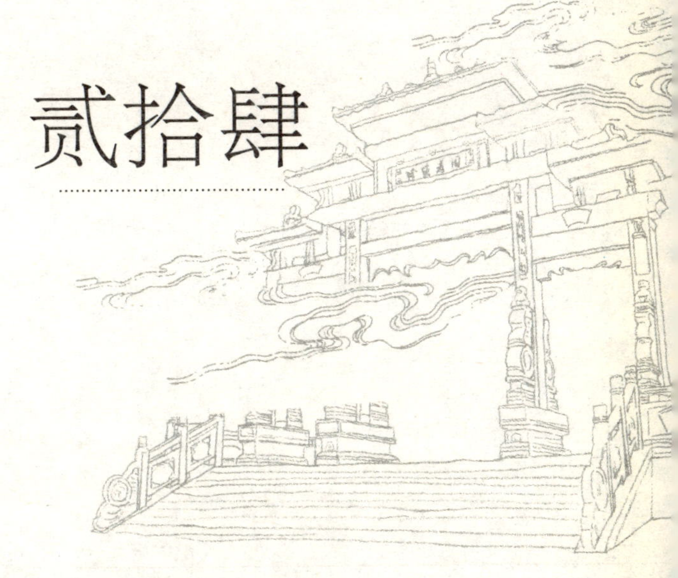

梁一亮、刘合仑真人：福地增胜振宗风

天下第一福地楼观台

公元1725年，即清世宗雍正三年，志于修道，学于西山，先后云游罢五台、武当、太白等名山的梁一亮道长带着拜谒祖庭的虔诚之心来到道祖老子当年演说道德二篇的神圣之地楼观台，不承想眼前的景象会让他大吃一惊：只见老子说经台殿宇已悉数被毁，仅存遗址连同周围萋萋的衰草于残阳之中，显现着颓败的境况。而在梁一亮道长想象之中楼观台的殿宇林立、道众聚集、香火旺盛的兴盛模样，如今已然为雨打风吹去，须臾不可得见了。站立于残垣断碑与萋萋衰草之中的梁一亮道长，面对着如血的残阳和残阳下楼观台的颓败模样，抚今追昔，不禁黯然神伤。

也就是在这个十分平常的下午，黄昏逐渐逼近的时刻，因长途跋涉已然疲惫不堪的梁一亮道长立下宏愿，定然要以恢复祖庭基业为己任，哪怕困难重重，即便粉身碎骨，也矢志不渝。

经过十余年的艰苦努力，楼观台在梁一亮道长的复修之后，已是焕然鼎新，堪称秦中第一名胜。斯时，本台道众及四方游者，前来楼观问道者每日不下百人。颓败已久的楼观台，再次道众云集、香火旺盛起来。

梁一亮道长重修楼观的功德，自然是会永载史册的了。

大约63年后，即嘉庆三年（1798年），白莲教起义波及关中，白莲教徒与官军在楼观台附近相持数年。兵火退去之后，梁一亮道长辛苦兴建起的楼观殿宇再次被毁，荒废几近……楼观的此次劫难，却无意中成就了另一位道长重修楼观的无上功德。

这位道长，便是有清一代，在重修楼观的事业中与梁一亮道长齐名的刘合仑道长。

楼观道在有清一代，借助龙门派中兴全真道的机会，迎来了它的第四个兴盛阶段，梁一亮道长与刘合仑道长的功行至关重要，自然也可备一说。

他们的功行，自然需分头说起。

第一节
发愿重修几丧命

先说梁一亮。

从清世宗雍正七年（1729年）开始修建，到清高宗乾隆二年（1737年）修建完毕，梁一亮道长为复兴楼观，先后花了近十年时间，如果再算上他立志修建之后的四年，前后就有十四年之久。在这十四年间，个中甘苦，可能是外人难以测知的。

梁一亮，字春风，北直隶宛平（今北京城西南）人。早在年少的时候，梁一亮便有志于修道，在西山学道数年后，他便开始了此后多年的云游修道之旅。怀抱着拜谒祖庭的虔诚之心的梁一亮风尘仆仆地来到楼观台拜谒时，看到的并非是殿宇林立、香火旺盛、道众云集的景象，而是楼观台在满清入关之后毁于战火的衰败模样，在感慨之余，他发愿重修楼观，以恢复道教圣地盛时的模样。不过，斯时他不曾料到的是，他此后会为这一宏愿付出何样一种代价。

时间是清世宗雍正三年，即公元1725年。

立志修复楼观的梁一亮在修建之初，面对的第一个困难就差点让他付出生命的代价。

当时，楼观因年久失修，仅存遗址，已经难以使得修道之人长居于此，于是，楼观道众大多已经流散到其他宫观。更为严重的问题倒不在此处，而在于楼观旧有土地大多已经被当地乡人强行占去，残存的庙宇也为火居道士所经管。梁一亮要重修楼观，自然必须讨回被乡人所占之田产，方能有资金完成修建。而他就差点丧命于向乡人讨回田产的过程中。

宗圣宫

据说，某一天，已经居住在楼观修道的梁一亮道长前往楼观周围村中，讨还被占田产。不承想当地乡人并无意归还，两相争执之下，社中人群起反对并大打出手，梁一亮道长竟然被“殴致毙命”，幸好在被道众抬回楼观之后渐渐复苏，否则的话，他可能会因出师未捷身先死而抱恨终天的。

此时，他才真切地意识到重修事务并非像他当初预料的那样简单，经过这次劫难，他的重建之心倒是未曾衰减，但已经知道必须采取其他方式，方可望最终完成心愿。

在尚未想到合适的解决问题的方式之际，梁一亮只能选择暂时离开楼观，以避免再次发生冲突。

黯然神伤离开楼观打算去往北京白云观的梁一亮道长可能不曾预料的是，他此次回到白云观之后，竟然会遇到贵人。后来的一系列事实表

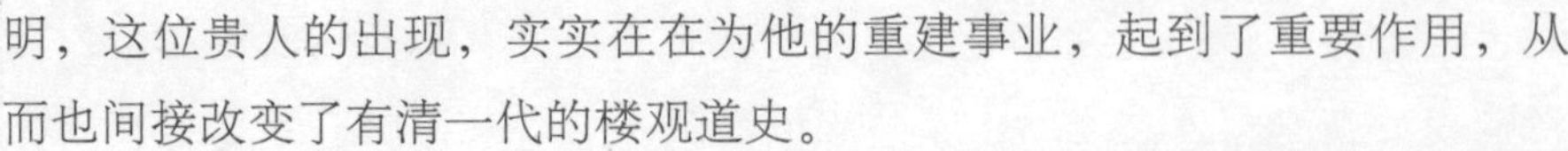

明，这位贵人的出现，实实在在为他的重建事业，起到了重要作用，从而也间接改变了有清一代的楼观道史。

第二节 十年辛苦不寻常

这位注定将改变梁一亮道长的重建事业的贵人并非寻常百姓，而正是清世宗雍正皇帝。

楼观碑石

雍正皇帝后来之所以会下诏梁一亮道长收回楼观原有宫观产业，并使得梁一亮道长能够最终完成修建事务，却是和一件小事相关的。

可以想见，胸怀重建大志且立下宏愿但出师不利的梁一亮道长在离开楼观重回北京之时，心中十分黯然。到了白云观之后，他很可能因为始终牵挂着重修事宜而愁眉不展，也可能反复将重建楼观之事说给与他交往甚厚的王公贵族们。其他人听罢梁道长的诉说之后，最多也是感慨万千、深表同情，却也无计可施、爱莫能助。但其中有一位亲王，在听罢梁一亮对道祖老子演说道德二篇之地当年的兴盛和如今的颓败情状的禀告以及重建之事的真正困难所在之后，却暗暗记在心间，数日后，在他因事面见圣上之际，把此事说给了雍正皇帝。

正是他的这一举动，彻底改变了梁一亮道长的重修事务。

公元1729年，也即是发愿重修楼观却因困难重重、无计可施的四年后，梁一亮道长接到了雍正皇帝的诏书。诏书敕令他收回楼观原有宫观产业并重修为战火所毁殿宇。

接到雍正皇帝的诏书之后，喜出望外的梁一亮道长当即收拾行囊并日夜兼程赶回楼观，在没有任何阻力的情况下顺利收回楼观原有田产并开始着手修建。

一年后，也就是雍正八年（1730年），来自官方的援助再一次惠及梁一亮道长的重建事务。

这一年，湖北学正凌如焕奏称大丛林及全真道院管理不善，僧道多不遵守纲纪，以至于混乱不堪，奏请“俱应于本寺观中公举一人，严令管束”。嗣后，周至县正堂奉凤翔府文，发给楼观台公事碑一面，碑文曰：“查楼观台道人全真梁一亮，素行端方，通晓经义，堪应此任，合行给牌严查。为此牌。仰监院道人梁一亮，遵照文内奉旨事理，即在于所管各观中道士内，不时稽查，倘有妄为生事、不守清规之人，即行秉公惩戒，如再不遵，许以禀报，以凭大法究处，立即驱逐……”[①]

雍正八年四月十六日，此碑立石于楼观之侧。自此，梁一亮道长正式有了监院大权，可以大刀阔斧地率领道众进行修建了。

从雍正七年到乾隆二年的十年间，为复兴楼观，梁一亮四方奔走，多方募捐，备尝艰辛。据《说经台梁公道行碑》载：“其修楼观也，以农为本，而佐之以募化，故日计不足，而岁计有余。凡木石灰斤砖瓦之数，皆口授手画，不差毫发，虽匠伯工师，皆自以为不及也。”足见梁道长之能力自非常人可比。更令众人十分惊异的是，在修建楼观的过程中，梁一亮道长“综理周致，虽蔬果醯酱、竹头木屑，下至溷厕粪壤，莫不处之有道，可使后来者永远遵守”。他的计划之详密，处置之妥当，自然可能是天分所致，“非人可学而能者”。

据《重修终南山古楼观说经台记》载，经过十余年的努力之后，梁一亮真人先后重修了原有的启玄殿、四子堂、灵官祠，使之金碧琉璃、灿然改观。将迎仙门增广三楹以利于出入。而且还创建了藏经阁、碑厅、藏经楼。建造斋室以利于道人静修，建造云堂

启玄殿

①以上所引文字均出自《监院梁一亮任职公文刻石》，见王忠信编，《楼观台道教碑石》，三秦出版社，1995年版，第177页。

以便于接待大众。除此之外，还修建厨舍仓库等等，使得楼观“朱扉绛殿，丹光紫氛，云日为之生辉，山川为之增丽”。今日说经台的建筑格局，在梁一亮道长的重建之后，已经初步形成。难怪《重修古楼观说经台记》和《说经台重修记》要将梁一亮道长重修楼观的功德，和当年同尘洪妙李真人相提并论了。

第三节 修成道名天下知

梁一亮道长不但将楼观殿宇新建完毕，还重新整肃了楼观道的教义和教制。

王常月

据《重修终南山古楼观说经台记》载，斯时，在梁一亮道长的整肃之下，楼观修道之士，“惟游心于独，观理于妙，参究玄牝，知天地根；明辨有无，入希夷境。诣象帝之家，睹谷神之域，穷理尽性而致命，积精累气以成真”，恪守“叱咤鬼神，嘘呵风雨，斩蛟扰龙，噀蜂化鸽，非不神也，吾道不预焉。黄白点化，阴阳采补，符药导引，推测数术，非不奇也，吾道无取焉。至于习神韬，讲壬遁，释莘野耕云之耒，弃渭川钓月之杆，待诏金门，追踪圯下，诚贤乎哉。吾道亦不贵乎此也”之旨。惟求细参“玄元皇帝五千言，不言药，不言仙，不言白日升青天”。

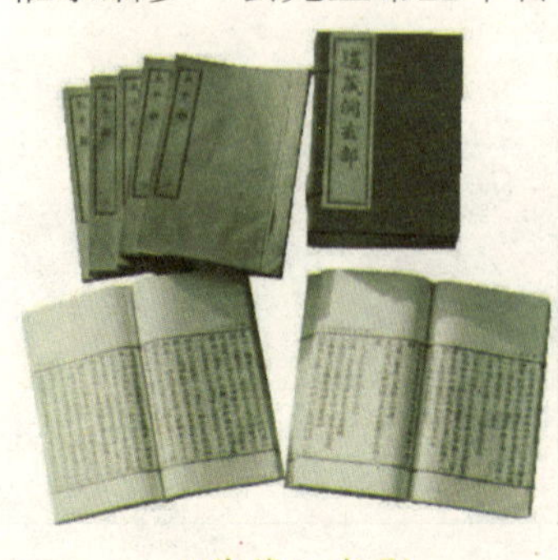

《道藏》书影

这一修道宗旨，据王世伟先生考证，是和清初全真道龙门派的代表人物，也是龙门律宗第七代律师王常月的戒法是一致的，而且可以称得上是早期全真宗风的延续。

特别值得一提的是，修建工程竣工之后，梁一亮道长还亲自去北京购得《道藏》一部，存于新修建的藏经楼，以供道

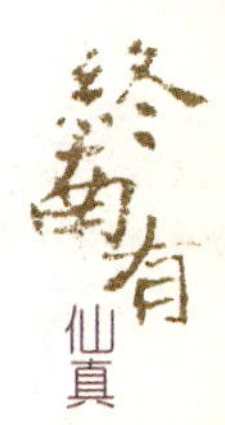

众修习参阅，足见其对教理教义的重视。

在梁一亮道长的苦心经营之下，楼观台殿宇一新，很快便成为秦中第一修道名胜，慕名前来楼观问道之人络绎不绝。梁道长还收养孤弱贫乏、残废老病，给他们提供衣食，在他们离开时还提供路费。未过多久，楼观台梁道长的道名，就远播于四海之内了。

梁一亮道长声名的远播，是和他修道之诚、道行之高妙、为人之谦和，有着莫大的关系的。

在成为楼观监院之后，他仍然谦慎整肃，刻苦精勤，和道众们一起食用粗粝的食物，穿着缀满补丁的粗布衣服，每每在收获的季节，还身先士卒，率领道众前往田间，或耕耘或收获，无不亲力亲为，在他的引导之下，那些偷奸耍滑之徒，自然无从容身。如此便做到了不令而行，不禁而至，足见道长表率力量之大。

而追随道长修习道法的弟子们，在耕耘读经之外，从来不会留意那些旁门驳杂、惊世惑众的学说。自此，楼观道的道风也开始为之一新。

周至县事沁阳杨绎所撰《说经台梁公道行碑铭》如是评价他：

天生斯人，以昌祖庭。文始之墓，老子之灵。同兹不朽，水碧山青。

清初楼观道之“元纲中兴，福地增胜”，梁一亮道长无疑是主要的发动者和组织者，他的德行，自然会永载楼观道史。

第四节
福地增胜振宗风

梁一亮道长之后，有清一代，在重修楼观事务中，功行卓著的，还有刘合仑道长。

相较于梁一亮道长在重修楼观之时所遇到的艰难困苦，甚至险象环生、备尝艰辛的境况，刘合仑的重修楼观，就显得平淡很多了。

他之所以会入主楼观并发愿重修，却是和他早年的修道经历有着莫大关系的。

刘合仑，号昆山，河南禹州（今禹县、密县境）人。

他生于公元1756年，即乾隆二十一年，父母早亡，与兄长相依为命。兄长亡故之后，刘合仑进入禹州王母洞学道。之后，追随乃师寿山张律师云游参访，遍历名山大川，得性命圭旨，戒行精进。

公元1797年，也就是他四十一岁那年，在凤翔羌白镇三圣宫开期放戒。斯时，已有弟子三十余人。九年后的嘉庆十一年，他又来到北京白云观放戒，也就是在这个时候，他遇到了后来改变了他的修道之旅的三人。这三人的出现，最后使得他再次来到陕西，为他多年后入主楼观并完成重修功行，起到了推波助澜的作用。

八仙庵

他们分别是京师善士蔡西林、陕西常制军以及叶中丞。

这三人在北京白云观与刘合仑道长交往之后，深为刘道长道行之高妙，见解之深刻所折服，于是便请刘道长主持楼观台和八仙庵，并寄给他纹银五千两以为建庵传戒之资。

也就是在他们相见之后的第二年，刘合仑道长首先来到八仙庵传戒，这时候，他已有弟子九十七人。

嘉庆十四年春，刘合仑道长来到了楼观台，成为楼观的新一任住持。

斯时，梁一亮道长辛苦修建的楼观说经台已经在嘉庆三年白莲教起事并与官军在楼观附近相持数年之后，毁于战火，荒废几近，留给刘合仑道长的，仍然是与多年前梁一亮道长初来楼观之时同样的颓败模样。

楼观台

刘合仑道长于是率领着弟子朱教先以及楼观道众开始了新一轮的重修事务。他们将荒废的殿宇重新修葺，赎回楼观旧有土地二百七十亩，并在这些田地之中重新种植作物，以作为重建殿宇以及日后传戒的费用来源。

老子祠

在刘合仑重修楼观之时，他的受戒弟子朱教先，也起到了较大的作用。

尤其是当刘合仑晚年回到三圣宫听松歌桂，以自优游之后，朱教先又一次重修了楼观。

时间在他作为楼观都管，协助乃师刘合仑修建楼观完毕并退隐别院，清净自修十余年后。

这一年，陕甘总督常鄂山、布政使邓廷桢及周至县事白维清等人相携来到楼观游览礼拜，在看到楼观不少殿宇已然“风雨飘摇，金碧失色”之后，起念重修楼观，并将朱教先律师请回掌管修建事务。

朱教先律师于是便妥为筹划，募化善信，立愿重修。先后在楼观台之麓增建碑亭一座，将散置在周围的碑石竖立于碑亭之下，以免风雨侵蚀。同时，修葺了说经台殿宇以及吾老洞、化女泉、宗圣宫、玉华观等，使得楼观殿宇再次灿然一新。

经刘合仑、朱教先重修之后，四方道众再次云集楼观，使得住台人数又恢复到了当年梁一亮道长主持楼观之时的规模，由此，楼观台也迎来了又一次兴盛，直到道光以后至民国百余年间再次衰落为止。

当然，多年以后的公元1855年前后，又有一人经理楼观台事，在目睹紫云楼年深久远，风雨剥蚀，殿宇倾圮，触目惊心之后，发愿再次重修楼观，先后重修紫云楼及说经台上之老子殿，成为继梁一亮、刘合仑、朱教先之后，有清一代对重修楼观做出贡献的另一位著名道长。

他便是梅教法道长。他的故事，已不是本文所能容纳的了。

附录
楼观道传承谱系

一、春秋至秦汉间楼观高道传承谱系

文始先生尹喜，字文公，天水人。（师事老子）

太和真人尹轨，字公度，太原人。（传说为尹喜从弟，师事尹喜）

太极真人杜冲，字玄逸，镐京（今西安市长安区西北）人。（尹喜升天后入楼观修道，约略可视为尹喜弟子）

赤城宫仙伯彭宗，字法先，彭城人。（师事杜冲）

太清真人宋伦，字德玄，洛阳人。（彭宗升举后入楼观，亦可视为彭宗弟子）

西岳真人冯长，字延寿，骊山人。（宋伦升举后入楼观，可视为宋伦弟子）

玄洲真人姚坦，字元泰，平阳人。（可能为冯长弟子）

秦陇宫真人周亮，字泰宜，太原人。（师事姚坦）

太微真人尹澄，字初默，汾阴人。（师承未见记载）

大有真人王探，字养伯，太原人。（师事赵先生）

西岳仙卿李翼，字中辅，颍川人。（师事王探）

上清真人封衡，字君达，陇西人。（师事鲁君）

太清高仙张皓，字文明，汝南人。（师事封衡）

二、魏晋南北朝时期楼观高道传承谱系

郑法师，乡里及师承不详。

梁谌真人，字考成，扶风人。（师事郑法师，为道教楼观派的开创者）

王嘉真人，字子年，陇西安阳人。（师事梁谌）

孙彻真人，字仲宣，乡里不详。（师事王嘉）

马俭法师，字元约，扶风人。（师事孙彻）

尹通真人，字灵鉴，传说为尹轨后裔。（师事马俭）

牛文侯真人，陇西人。（北魏末与尹通、王道义同居楼观修道，师

承未见记载）

王道义法师，并州（今山西太原）人。（师事牛文侯法师）

毋始光法师，猗氏（今山西临猗县）人。（师事牛文侯）

贞懿先生陈宝炽，颍川人。（师事王道义法师，法师羽化后，又师从华阴陆景真人）

王延真人，字子玄，京兆扶风人。（师事贞懿先生陈宝炽）

李顺兴真人，杜陵人。（师事贞懿先生陈宝炽）

侯楷法师，字法先，京兆人。（师事贞懿先生陈宝炽）

于章真人，字长文，扶风人。（师事侯楷）

严达真人，字道通，扶风人。（师事侯楷）

（严达与王延、苏道标、程法明、周化生、王真微、史道乐、于长文、张法成、伏道崇并称“田谷十老”）

尹起法师，乡里及师承不详。

张法乐，南阳人。（师事尹起）

张通，乡里不详。（师事尹起，一说张法乐弟子）

精思法师韦节，字处玄，杜陵人。（师事赵静通法师，因撰《楼观内传》卷二而被列入楼观道史）

三、隋唐时期楼观高道传承谱系

王延真人，字子玄，扶风人。（师事贞懿先生陈宝炽，于隋文帝仁寿四年委化于玄都观，在隋代生活了24年）

严达真人，字道通，扶风人。（师事侯楷，于隋炀帝大业五年在楼观返真，入隋后生活了29年）

于章真人，字长文，扶风人。（师事侯楷。于隋炀帝大业十年委化于楼观，入隋后生活了34年）

巨国珍法师，武功人。（师事游法师于楼观）

田仕文法师，扈邑（今陕西户县）人。（师事韦节）

银青光禄大夫尹文操真人，字景先，天水人。（先后师事周法师、田仕文）

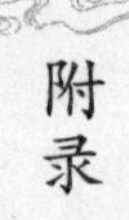

金紫光禄大夫岐晖法师，字平定，京兆人。（师事苏道标法师）

侯元爽，曾奉敕修撰《开元道藏》，乡里及师承不详，据《一切经音义序》记载，侯元爽应为唐玄宗时宗圣观主。

四、五代至北宋时期楼观高道传承谱系

正一通真梁筌真人，后周时期为宗圣观主，与曾居仙游宫之陈抟交往甚厚，可能受到后者内养思想的影响，为多年后楼观派衍化为全真道埋下伏笔。乡里及师承不详。

张守真真人，乡里不详。（师事梁筌）

强德安真人，在宋太宗端拱元年（988年）楼观更名为顺天兴国观后任观主，乡里及师承不详。

姜善信真人，宋仁宗天圣六年为顺天兴国观主，乡里及师承不详。

童行真人，在顺天兴国观更名为太平兴国观后任观主，乡里及师承不详。

五、金元时期楼观高道传承谱系

清和真人尹志平，字大和，东莱人，全真第六任掌教大宗师，在楼观派衍化为全真道过程中起到了举足轻重的作用。（师事王重阳）

同尘洪妙李志柔真人，字谦叔，河北洺水人，为楼观派衍化为全真道之后的第一任楼观观主。（先后师事开玄李真人、长春丘真人）

李宗琼，生平及乡里不详，至元二年（1265年）为宗圣宫住持。（可能为李志柔弟子）

石志坚，字庭玉，汾州人（今山西吉县），金泰和五年（1205年）生，世习儒业，夙有道缘。金贞祐四年（1216年）时出家入邢台通真观师事同尘真人李志柔。至元十四年（1277年）微疾而化。继李志柔为宗圣宫主，并以宗圣宫主身份入重阳宫主持全真道学院。

成致远，仕志安、王志安、聂志真、赵志玄、李志元等，先后以宫主、知宫、宫宰、提点等名义住持楼观宗圣宫事，皆为李志柔门下全真道士。

朱象先，生于大约公元1229年以前，江苏泰州人，早年修道于茅山，为茅山道人。后一度云游访道于蒙古和北京长春宫（今白云观），1279年自茅山至楼观，精研楼观道史。著有《终南山说经台历代真仙碑记》、《古楼观紫云衍庆集》等，是为对楼观道史研究贡献甚大的高道和教内学者。

六、明代楼观高道名录

孔潜真，号虚宅，明英宗正统年间为说经台主持，乡里及师承不详。

庞宗文，为嘉靖年间（1522–1566年）宗圣宫住持，乡里及师承不详。

仵明宫，乡里不详，为嘉靖年间（1522–1566年）宗圣宫住持，与其师庞宗文先后主持重修楼观五祖七真殿及三清殿。（师事庞宗文）

巨明晏、何明海、张道一、高宗贤。四人均为明穆宗隆庆年间（1567–1572年）宗圣宫住持，生平及乡里不详，师承亦未见载于史册。

王宗朝、张明堂，为明万历间（1573–1620年）楼观住持，乡里及师承不详。

姬东坡，明万历间隐居修道于楼观，为有明一代受到皇帝最高礼遇的楼观高道，乡里及师承不详。

姬真合，天启年间（1621–16276年）居于楼观，乡里及师承不详。

侯圆方，为明代崇祯间年楼观炼师，乡里及师承不详。

云霞逸人，乡里不详，明亡后隐遁修道于楼观，以云霞为号，不显姓字，精通五千言，后东游嵩山少室，至南阳邓州委化。

七、清代楼观高道传承谱系

梁一亮，字春风，北直隶宛平（今北京城南）人。师承关系不详。

刘合仑，号昆山，河南禹州人（今禹县，密县境内）。（师事寿山张律师）

朱教先，号还虚，乡里不详。（师事刘合仑）

八、晚清至民国楼观高道名录

张元顺，乡里及师承不详，清道光年间任楼观监院。

吴明亮，乡里及师承不详，清道光年间任楼观监院。

梅教法，清咸丰年间任楼观监院，师承及乡里不详。

李园亭，民国六年至九年任楼观监院，师承及乡里不详。

李园甫，民国九年至十二年任楼观住持，曾先后对楼观各下院如显灵山、化女泉、品祖洞等进行修葺。师承及乡里不详。

尹至修，民国十二年继任楼观住持，师承及乡里不详。

雷明物，民国十五年任楼观住持，1941年曾率众大举修复宫殿堂宪。（师事八仙庵李宗阳）

曾永寿，民国十五年至三十八年间为楼观住持，师承及乡里不详。

后记

写作这部书的这一段日子虽算不得漫长，却是我进入而立之年后最为艰难较为困苦极为无奈深感寂寞的一段时间。诸般杂事的催逼和内心持续的煎熬，每每使我深陷彷徨于无地的精神困境之中，事后回想起来，真可谓是内外交困、身心俱疲。在细细思量最终却也无计可施之余，便只有长长的感慨了。

这个时候，与楼观众位仙真的相遇对我而言，可以说是这三十年中的一个十分重大的精神事件。这事件已然影响到我这一段时间的人生，或许还会影响到我此后的人生。

因之，这部多少有些粗糙的书无疑带有我这一段时间精神冲突、挣扎与突围的印记。也难怪，当一个人置身于精神困顿的境况之下时，如有机会与另一些人人生中的荣辱进退、喜怒哀乐、悲欢离合、兴衰际遇遭逢，总难免会产生或嘤鸣求友，或寻求解脱，或设法对话的想法。这些想法，无论深刻还是粗浅，哪怕是荒诞不羁之念，总是一个人在特定时期最为真实的精神状态的写照。这些，也都不可避免地出现在这部书的字里行间了。或许总有那么几位与我有着同样的遭际、苦痛和无奈，也同样希图在阅读关于那些人生境界高于常人的仙真的传记作品之时，获取即便是一星半点精神的慰藉。若是如此，当他们翻开这部书时，如能从作者对于众位仙真的人生境界及生平遭际的描述与论说之中获得一点启发，一线希望，一点独立面对惨淡人生的力量，作者也就不枉辛苦这数百个日夜，自然也颇觉安慰了。

在这里，有必要对作者在写作本书时对现有资料进行取舍的基本态度略作说明：本书作者认为，宗教所关涉的，乃是人的诗性、或者说是灵性的生命状态，最不能以所谓的科学的、理性的精神大加砍伐并强行规训，因之，作者除对史籍及现存碑石资料广泛采用之外，对道门流传之仙话故事也谨慎地持有兼容并包的态度。比如，本书首章老子传在写到老子为尹喜授罢道德二篇之后的去向之时，即在对后世流传之诸多资料的详细考辨的基础上，审慎地做出了老子死于关中、葬于楼观近旁之就峪的处理，但考虑到仙话故事以及司马迁“莫知其所终”的说法，却在结尾写到尹喜于悲痛之余，朦朦胧胧地看到一位形容酷似老子的老人驾乘青牛绝尘而去。而在尹喜章则保留了《犹龙传》及《神仙传》等道书对老子去向的处理，写作老子数年后降身于成都，以等待修成道果的尹喜相偕云游天下。考虑到篇幅，未曾描述为后世道门所津津乐道的老子化胡之事。至于这样的处理是否妥当，相信读者诸君自会明断，无需作者饶舌。

感谢佳县白云山白云观玄卿道人马至礼（马锁奇）道长，马道长道行高深、学识渊博、为人谦和。在我为本书的写作搜集资料短暂居留白云观期间，马道长不但耐心帮我解答关于全真龙门派的教义教理及修行方法的诸多问题，还将多年来辛苦搜集的藏书悉数搬至我所住的房间供我使用，其中包括在写作这部书期间，我所使用的十分重要且必不可少的参考资料——四十九巨册的《中华道藏》。在与马道长短暂的交往过程中，我可谓是获益良多。从马道长身上，我亦深切地体会到了现代仙真的风范。感谢白云观曹至忠道长，曹道长不辞辛苦，冒着酷暑带我参观了白云观藏书阁，为我查找资料，提供了诸多方便。感谢素未谋面但在电话中为我解答过关于楼观历代仙真的几个问题的王安泉先生；多年来一直关心和帮助我的西安市委党校王琪玖教授；百忙之中为我解答过几个问题的陕西师范大学文学院刘银昌博士；为帮助我查找资料多方奔走的陕西省社会科学院宗教研究所赵国庆先生以及本书的责任编辑焦欣波先生。特别值得一提的是：在本书的写作过程中，我曾从陕西省社会科学院樊光春教授的大作《西北道教史》以及西北政法大学王士伟教授的著作《楼观道源流考》中获益良多，在此一并表示感谢。同时，感谢在本书的写作过程中支持和帮助过我的师长、亲人、同事和朋友们。没有你们的支持和帮助，我可能根本不会有信心将这部书坚持写下去，即便写下去了，也许不会是现在这个样子。

此书献给我的授业恩师齐效斌先生。

杨　辉

2011年11月12日于榆林

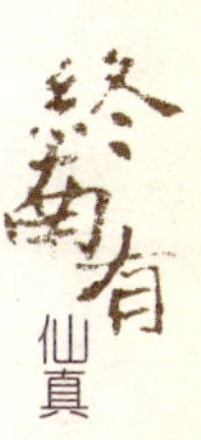

主要参考文献

1．丁福保编，《道藏精华录》，北京图书馆出版社，1991年版。

2．《终南山祖庭仙真内传》见《四库全书总目提要》。

3．《终南山说经台历代仙真碑记》见《四库全书总目提要》。

4．吴枫、宋一夫主编，《中华道学通典》，南海出版公司，1994年版。

5．《四库全书存目丛书》（子部第二六一册），齐鲁书社。

6．王忠信编，《楼观台道教碑石》，三秦出版社，1995年版。

7．中国道教协会研究室编，《道教史资料》，上海古籍出版社，1991年版。

8．周永慎编著，《历代真仙高道传》，中国社会科学出版社，2003年版。

9．袁志鸿著，《当代道教人物》，华文出版社，2000年版。

10．黄信阳、王春景主编，《中国道教文化典藏》，中国文史出版社，2009年版。

11．汪涌豪、俞灏敏著，《中国游仙文化》，复旦大学出版社，2005年版。

12．赵凡著，《道教自然观研究》，巴蜀书社，2007年版。

13．陈鼓应、白奚著，《老子评传》，南京大学出版社，2001年版。

14．中华文化通志编委会编，《中华文化通志·道教志》，上海人民出版社，1998年版。

15．陆林森编著，《道教人物故事》，复旦大学出版社，2001年版。

16．唐明邦著，《论道崇真集》，华中师范大学出版社，2006年版。

17．龚方震主编，《道家杂家神仙家故事集》，上海社会科学院出版社，1995。

18．张广保著，《唐宋内丹道教》，上海文化出版社，2001年版。

19．张继禹主编，《中华道藏》（第19，24，25，26，27，28，29，31，36，37，45，46，47，48册），华夏出版社，2004年版。

20．陈国符著，《道德源流考》，中华书局，1963年版。